JN046615

宮良長包作品解説全集

大山伸子 著

琉球新報社

宮良長包（1883-1939）
音楽教育者・作曲家

裏表紙　共益商社書店の商標はトンボ（とんぼ鉛筆の前身）　明治・大正・昭和の楽譜出版を担っていた

『南島唱歌第一輯』表紙　最初の作曲集
昭和２年８月共益商社書店刊
（東京藝術大学附属図書館所蔵）

中表紙　長包の作品「誰にも言うな」「養老」等７曲収録

『情操教育　新らしい学校劇』表紙
昭和10年10月
宏元社刊（大山伸子所蔵）

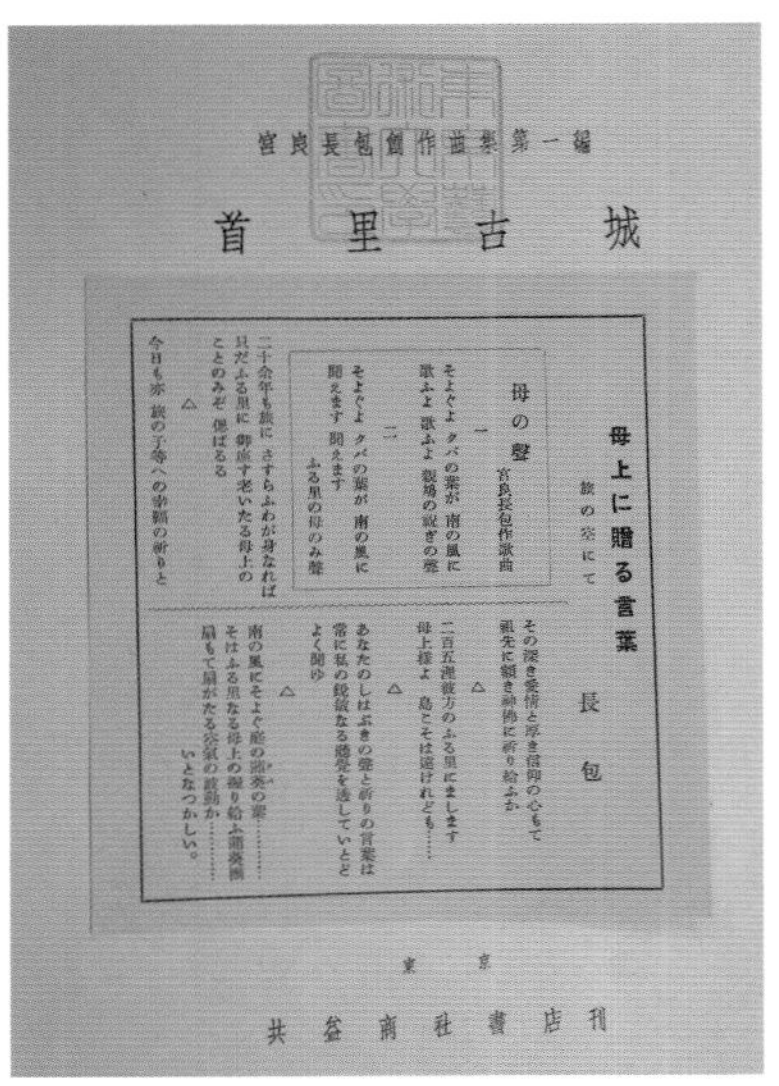
宮良長包創作曲集第一編

首里古城

母上に贈る言葉

旅の空にて　長包

母の聲

宮良長包作歌曲

一

そよぐよ クバの葉が 南の風に
歌ふよ 歌ふよ 親鳩の寂ぎの聲

二

そよぐよ クバの葉が 南の風に
聞えます 聞えます
ふる里の母のみ聲

二十余年も旅に さすらふわが身なれば
只だふる里に 御座す老いたる母上の
ことのみぞ 偲ばるる

△

今日も亦 旅の子等への幸福の祈りと
その深き愛情と厚き信仰の心もて
祖先に額き神佛に祈り給ふか

△

二百五浬彼方のふる里にまします
母上様よ 島こそは遠けれども……

△

あなたのしはぶきの聲と祈りの言葉は
常に私の鋭敏なる聴覚を透していとど
よく聞ゆ

△

南の風にそよぐ庭の蒲葵の葉…………
そはふる里なる母上の握り給ふ蒲葵團
扇もて扇がたる涼気の鼓動か…………
いとなつかしい。

東京

共益商社書店刊

中表紙　「母上に贈る言葉」が記載されている　「首里古城」「母の声」等14曲収録

『首里古城－宮良長包創作曲集　第一編』表紙　２番目の作曲集　昭和11年２月共益商社書店刊（東京藝術大学附属図書館所蔵）

口絵　沖縄県（琉球）の地図と長包の顔写真　「亡父追善歌」「赤ゆらの花」等12曲収録

『琉球の新民謡』表紙　３番目の作曲集　昭和11年７月　共益商社書店刊（沖縄県公文書館所蔵）

男女混声合唱団演奏会（昭和４年頃）　「コイナユンタ」「稲刈歌」「琉球木遣歌」等の重唱曲を数多く作曲、演奏会で発表

沖縄県師範学校の指導風景　黒板には長包手書きのリズム符　年に24回～26回の演奏会開催

宮古・八重山へ演奏旅行（師範学校生を引率）　音楽行脚は精力的に行った

沖縄県師範学校附属小学校創立50周年式典演奏会
昭和５（1930）年

登野城校高等科卒業記念（大正４年）　２列右から３人目

沖縄県師範学校附属小学校職員　３列右から２人目　大正４年４月～大正７年12月の在職期間

沖縄県師範学校生と長包(昭和10年頃)　２列右から４人目

八重山出身の沖縄県師範学校生と長包(昭和12年頃)　２列右から６人目

沖縄県師範学校在学生
と長包

宮良長包一家（大正８年頃）
左から長男長一、長包、三女
キク、妻安津子、長女エミ

［写真提供］１頁、４～８頁　石垣市企画部観光文化課　文化振興係所蔵

はじめに

音楽教育者としての作曲活動

宮良長包（1883〜1939）は、沖縄石垣間切新川（現・沖縄県石垣市字新川）に生まれ、三線や琉球横笛を得意とし、特に、八重山の代表的な民謡「とぅばらーま」を、透き通るようなテノールで歌う少年で、周りの人々に感動を与えたという。

長包が作曲した直筆譜は、長包没後、三女のキクさんが預かっていたが、昭和19（1944）年の那覇大空襲で焼失、現存していない。

筆者は、戦火に埋もれた長包作品の発掘研究を継続的に行い、現在、177曲が判明している。歌曲・オーケストラ136曲、校歌32曲、団体歌・祝典歌9曲でそのうち、殆どが歌曲であることは、長包が声楽を得意としたことを裏付けるものであろう。

長包は、沖縄県師範学校を卒業し（1907）、初任校の八重山島尋常高等小学校（現・登野城小学校）の教員を皮切りに、沖縄県師範学校を退職するまでの32年間（1939）、教壇に立ち続け、傍らで精力的な作曲活動を行った。

長包の作曲活動は、例えば「発音唱歌」（１９１９）からも読み取れるように、当時の標準語励行運動に伴い、子どもの生活言語である沖縄方言を、標準語の正しい発音に矯正する指導法として、子供たちが関心をもって楽しく学習するように工夫・作曲しており、国語教育と音楽教育を横断的に実践している。子ども達が歌う発音を大切にしていた長包ならではの発想である。

昭和２（１９２７）年、勤務校の沖縄県師範学校（男子校）と、兼務していた沖縄県女子工芸学校と混声合唱団を結成した。当時は、〝男女七歳にして席を同じうせず〟の時代でありながらも、音楽教育を積極的に優先させたのである。それを機に、「鷲の鳥」（１９２７）や「琉球木遣歌」（１９３０）等の混声合唱曲を作曲し、重唱曲の作曲活動が活発になっていく。

また、昭和８（１９３３）年、故郷の八重山を襲った超大型台風による惨状を見るに忍びなく、義援金を募るチャリティコンサートを開催するため、「嵐の歌／嵐の曲」（昭和９〈１９３４〉）年を作曲し、長包自らの指揮によって初演された。

今回、『生誕１４０年記念　増補改訂　宮良長包作曲全集』を解題する中で、長包の作曲は、常に〝教育者の視点〟があるという重要なことが確認できたのである。

長包は、常に子どもたちや学生、社会に目を向け、作曲活動を行っていた。

「年に24回から26回の演奏会開催」（長包の高弟・糸洲長良の証言）は、驚異的な回数である。その音楽会は、学生の学習発表会であり、長包の新曲発表会の場でもあった。

さらに、出兵宅や農村宅へ激励の音楽行脚、沖縄本島北部(やんばる)や、石垣島、宮古島の遠島地(当時交通が不便)への演奏会開催等、社会活動も積極的に行った。

長包は音楽教育に、一体どのくらいのエネルギーを注ぎ、強い信念を持っていたのだろう。計り知れないほどの行動力、教育理念、教育的愛情に、自身の音楽的才能を注ぎ込んだ生き方ではなかっただろうか。

何の衒(てら)いもなく、奢(おご)りもない自然体の作曲活動から、長包の生き方や人間像が浮かび上がってくる。

大正11(1922)年8月、「日本教育音楽協会」の発足協議会が、東京音楽学校(現・東京藝術大学)で開かれ、長包は、はるか沖縄から足を運んで出席している。【資料1】

「日本教育音楽協会」設立の目的は、日本の音楽教育者の資質向上を意図したものであり、特に、地方の音楽教諭の技術向上を図るものでもあった。長包は、沖縄の会員を増やすべく奔走し、昭和7年には64人に達している。会員が急増した理由は、長包が沖縄の音楽教育の向上を目指し、主体的に精力的に働きかけた結果といえよう。

長包自身も研究や指導法を学ぶため、協会主催の講習会を受講し、その折に、協会理事の福井直秋(初代武蔵野音楽大学学長)や作曲家の山田耕筰に出会ったものと考えられる。

何度、上京したか詳らかではないが、当時の交通手段を考えれば、相当に難儀な道程だったであろう。やはり、長包は〝行動の人〟である。

ゞる重要な問題が提出されることもあらうし、また學校音樂に關係ある各種の研究の必要は益其度を高めることでもあるから、此等を攻究する爲に音樂敎育者協會の設立は目下の急務であり、これが設立については在京諸氏の努力を願ひたしとの切なる依賴に胚胎して本會は遂に設立の運びに至つたのである。以後再三同樣な委囑を受けた在京會員は、大同團結を組織して其希望に副ふべしとの願は益々高まるのであり、大正十年の夏期講習會に出席された數名の方々からの催促もあつたが機未だ熟せず、遺憾ながら此れが設立を見るに至らなかつた。時恰も大正十一年の夏期講習會開會の折、多年の懸案を餘りに永びかするは決して得策では無い、萬難を排して此れが實現に努力せよとの切なる依賴に講習會員を中心として在京音樂者諸氏の協議會を開くに至つたのである。

　鐵石も熔けんばかりの大正十一年八月の三日、午後二時と云ふに上野公園內の東京音樂學校校內は左の諸氏によつて訪問せられた。

愛知	福田　登久	愛媛	菱田　弘助
新潟	山岸　貞一	宮崎	山本　恭三
東京	田澤　一	德島	正木　要
兵庫	澤保　治良	愛知	和田　央
岩手	藤原　草郎	福岡	山北小八郎
熊本	淸田　竹男	三重	伊藤　淸朝
大坂	松村　順吉	香川	末澤　信夫
朝鮮	殷　二甲	沖繩	宮良　長包
福島	齋藤　七郎	愛知	岡田　力
山形	鈴木又朮郎	東京	山田　淸次
東京	石川　友松	東京	窪田　寬

【資料1】「日本教育音楽協会」発足協議会に出席「沖縄　宮良長包」と記されている。『教育音楽　創刊号』大正12（1923）、4頁　東京藝術大学附属図書館所蔵

当時の沖縄音楽教育の現状や、未来に貢献した長包の恩恵を、今、私たちは受けているのである。私の「長包研究」の出発点は、沖縄県の音楽教育を過去から未来につないでくれた長包の功績を、私たちも「さらに未来につなげていく責任がある」という、強い思いからである。

本書は、作品177曲の各曲を解説し、曲にはサブタイトルを加え、各曲のエピソードや事実の記録、楽曲分析等を行った。特に、音楽教育者としての作曲活動の視点は、詳述するように心掛けた。

また、後に続く研究者や音楽関係者が活用しやすいよう、本文に加えて巻末【作品表】、【注釈】は、可能な限り具体的に示した。

本書が、「長包研究」に有効活用できる資料となるよう、心から願ってやみません。

大山伸子

2023年8月吉日

「宮良長包作品解説全集」もくじ

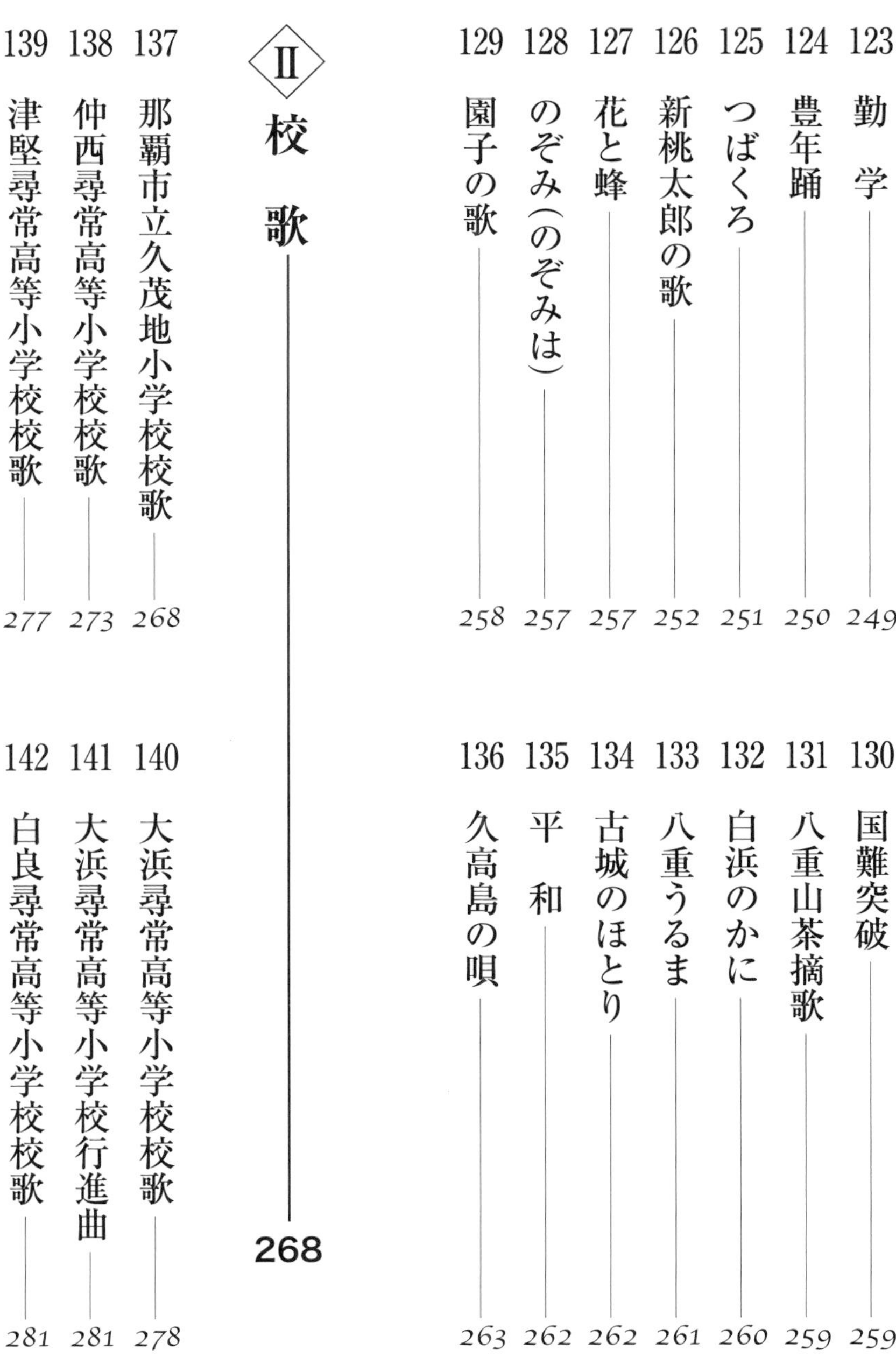

Ⅱ 校　歌

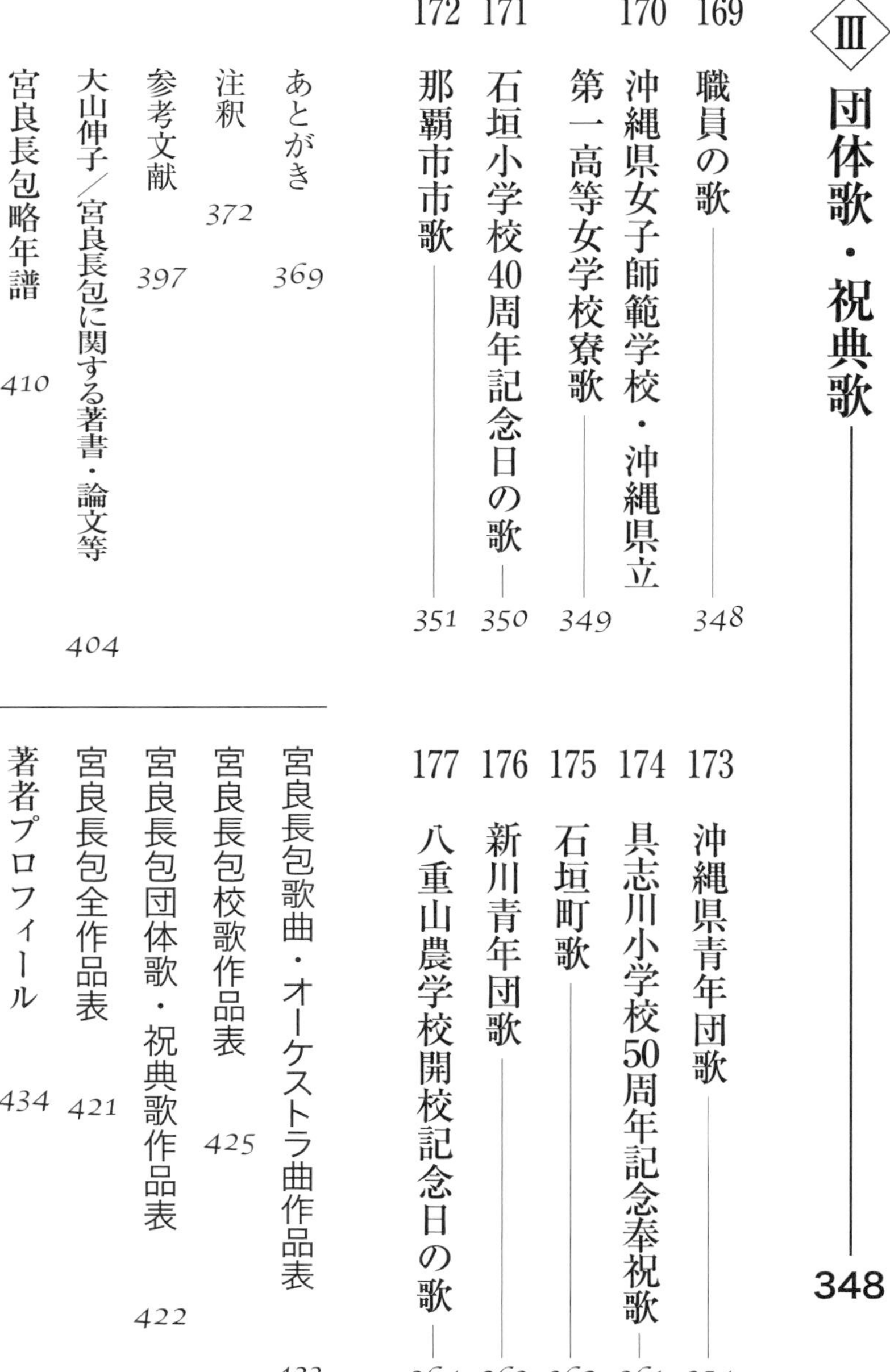

凡例

本書は、宮良長包作品の全177曲を、①歌曲・オーケストラ曲136曲、②校歌32曲、③団体歌・祝典歌9曲のジャンル別に分類し、解説を行った。

1. 作品解説は、作曲年順に掲載し、作曲年不明は後方にまとめた。
2. 各曲に作品番号を付け、巻末のジャンル別【作品表】と一致させた。【全作品表】は、全ジャンルを作曲年順にまとめた。
3. 作品がイメージしやすいように、各曲名にサブタイトルを付した。
4. 作品解説は、同時出版の『生誕140年記念　増補改訂　宮良長包作曲全集』の楽譜を解題している。
5. 本書は作品の楽譜全曲を掲載せず、作品解説の内容によって、【楽譜】、【歌詞】、【写真】を掲載した。本書の解説と前掲の『作曲全集』を合わせてご参照下さい。
6. 宮良長包の作曲技法が理解しやすいように、本文中、五線譜上で楽曲分析をおこなった。
7. 文中、引用文箇所は「原文ママ」とし、旧漢字かな遣いで表記した。
8. 原文中、明らかに誤りと思われるものは訂正し、表記などおかしいと思われるところは(ママ)を付した。
9. 文中、引用文は「　」で、著作物は『　』でくくった。
10. 原文中、活字がつぶれて判読不明な文字は□で表記し、文脈から推測可能な箇所は文字を埋めた。

宮良長包作品解説全集・本編

I　歌曲・オーケストラ曲

01　笛――初作は習作風

明治38（１９０５）年に作曲（22歳）、作詞は『改訂唱歌科教材集』より「笛の音」。長包の初作で沖縄県師範学校在学中の作品である。曲は、ホ短調、２／４拍子、26小節の物悲しい単旋律で、習作風である。

長い間、作詞は「単行本詩集より」とされていたが【楽譜1】、その出典を調査している過程で、『改訂唱歌科教材集』（注1-1）に「笛の音」という曲名が見つかった。「笛の音」の歌詞は、長包作曲の「笛」（注1-2）と全く同じものであったが、当然ながら旋律は異なっている。

【楽譜1】「笛」『宮良長包作曲全集2003』

『改訂唱歌科教材集』に収録の「笛の音」の歌詞は【楽譜2】、長包にも入手が容易なものだったか、あるいは『改訂唱歌科教材集』に目を通していた長包が、習作に活用したか、いくつかの推測は可能である。今でこそ著作権を伴うが、その時代は、既成の歌詞に作曲するということは、少なからずあったようだ。

ただ、『改訂唱歌科教材集』は、大正14年(1925/第10版)発行であり、長包が作曲した明治38年との時間的矛盾はあるものの、当該書は10版であり、初版本の時期と整合性はとれるのかも知れない。

歌詞が同じで旋律がまったく異なる「笛の音」(長包作品は「笛」)

【楽譜２】「笛の音」『改訂唱歌科教材集』より

の存在は、偶然なのか。《誰が手すさびぞ　夜更けし空に》で始まる歌詞の「笛の音」は、『改訂唱歌科教材集』が、明治、大正、昭和前期の唱歌副教材として、音楽教育に広く活用されていたことは、容易に推察できる。

長包没後の初演は、「宮良長包生誕130年音楽祭」（注1-3）において、いしがき少年少女合唱団によって演奏され、好評を博した。

02　義士会の歌——お話し会のテーマソング

明治40（1907）年に作曲（24歳）、作詞者は宮良長包。曲は、ニ長調、4/4拍子、16小節の単旋律である。この作品は、歌詞と曲の存在は知られていたが、楽譜化されていなかった。そのため、記憶して歌える玉代勢秀子さん（元八重山琉米文化会館館長）の歌唱を採譜（注2-1）、楽譜化し、『宮良長包作曲全集』（琉球新報社刊2003）に収録した作品である。（注2-2）

長包は、「義士会の集い」を結成し、児童は学校から帰宅後再び登校、「義士会の集い」に参加した。活動内容は、四十七義勇士のお話や歌を楽しむなど、四十七義士にまつわる内容が豊富に織り込まれ、そのテーマソングが「義士会の歌」である。

那覇市首里の宮城貞子さんは、幼い頃に歌った「義士会の歌」の旋律を鮮明に記憶しており、メロディーを正確に歌えるお一人だが（注2-3）、曲にまつわるエピソードを、ご自身の詩集『旅路』（注2-4）で次のように克明に述べている。

「12月14日は四十七義士のお話があるのが毎年の習わしであった。夕方からぞくぞく学校に集まって、堀部安兵衛、赤垣源蔵などのお話しを、中戸を取り外した教室で、床板の上に座りっぱなしで聞かされた。選ばれた弁士たちは流石にみな上手で、熱のこもった身ぶり手ぶりの声色もよろしく、聞く方も酔いしれて、時間の経つのも忘れていた。帰りは夜も10時ごろ、3、4人がかたまって提灯を手に《儀に勇むますらおが》を唄いつつ、いつ迄も興奮さめやらず、三々五々散っていくのである。（中略）あの風習は戦後もつづけてほしかった」。

弁士は校長や教員、講談専門家、高等科の児童などが務めたようだが、もちろん、長包も弁士の名人で、身振り、手振りで軽妙洒脱に語り、子ども達の興味を引き付けたという。

「義士会の歌」は、子ども達に赤穂浪士四十七義士の討ち入り場面を、弁士が語って聞かせるお話し会であり、そのテーマソングを長包が作曲したのである。

石垣市立大浜小学校の『創立百周年記念誌』（注2-5）を繙（ひもと）くと、「大正元（1912）年3月14日、義士討入記念講演会ヲ開ク」とあり、さらに「大正14（1925）年3月8日、赤穂浪士記念祭ヲ催ス」と記述されており、学校教育で義士会を導入している様子がわかる。（注2-6）

また、『石垣市立石垣小学校「百年誌」』（注2-7）によると、大正2（1913）年12月14日の活動内容には、「赤穂義士討入記念日ニ付午後一時半ヨリ第一回記念講演会開催其ノ次第左ノ如シ」と記述がある。プログラムには、長包出演のヴァイオリン演奏や詩吟、神崎與五郎（赤穂浪士四十七士の一人）の講話があり、長包の活躍が見て取れる。（注2-8）

因みに大正2年は、八重山島高等小学校の教諭に在職しており、石垣尋常高等小学校に招かれての講演ということになる。

『読谷村立古堅小学校73周年記念誌』（注2-9）によると、卒業生の新崎盛秀氏（当時2年生）が、「我那覇校長はお話の大家で、毎年の年中行事になっている12月14日の義士討ち入りの場の話になると、講談師よろしく愈々熱気があふれ、他の先生方はじめ狭い三教室に集まった。生徒は一声も聞き漏らすまいと、ツバを飲みのみ聞くのであった」と述懐している。

『与那国小学校百周年記念誌』（注2-10）には、「大正7年1月26日　旧12月14日に付き正午より義士記念会を開催し義士銘々伝を職員交互に講演し午後5時閉会せり」、「大正9年2月4日　旧12月14日に付き義士会を開催す」、「大正10年1月22日　旧12月14日に付き義士追慕会を開催し、尋常科5学年以上列席して義士に関する講話をなせり」等、毎年のように「義士会」に因んだ催しを行っている。当時は、学校教育で授業の一環として、義士討ち入りのお話し会を導入していたことがわかる。

前出の宮城貞子氏は、「『義士会の集い』は長包先生が始めたものです」と語っており、課外授業としての取り組みは、長包の発案なのかもしれない。

03　送別の歌――勤務先の校長を称えて

明治42（1909）年に作曲（26歳）、作詞者は宮良長包。曲は、ヘ長調、4/4拍子、32小節で歌詞は一番のみである。お別れの歌というイメージはなく、むしろ、明るく爽やかな曲である。

長包の最初の勤務校である八重山島高等小学校は、登野城尋常小学校、登野城尋常高等小学校、登野城国民学校、登野城初等学校と改称しながら、現在の登野城小学校（昭和24〈1949〉年～現在)へと変遷を辿った。

八重山島高等小学校の二代目校長である、大浜用要(任務期間／明治32年8月1日～42年2月17日)が依願退職する折、長包が「送別の歌」を作曲し、職員が送別会で歌っている。曲の副題に「大浜用要に送る送別会の歌」と付けられている。

旋律は、小学校教諭を永年勤められ、長包音楽に影響を受けた、川平永介氏に「送別の歌」を歌っていただいた。(注3-1)

川平氏は、ご自身が書きまとめた楽譜集に(注3-2)、「送別の歌」を掲載しており、長包音楽に、いかに造詣が深かったかを伺わせる。

川平永介氏は、大正8(1919)年、沖縄県石垣市登野城に生まれ、台南や東京都内の小学校で生涯教壇に立ち、長包の音楽教育に触発されて、約70曲の自作曲を書き遺しており、音楽教育にも力を注いだ。

04 師を送る歌――転勤する教師へ

明治44(1911)年に作曲(28歳)、作詞者は宮良長包。曲は、ト短調、4/4拍子、16小節で単旋律である。長包の勤務先、八重山島高等小学校において(現・石垣市立登野城小学校)、3月の異動期に教員の転勤に伴って、教師への感謝やお別れの思いを「師を送る歌」に託し、子ども達が歌った惜別の歌である。前出の「送別の歌」は、ヘ長調で明るい調子だが、「師を送る歌」は、ト短調でどこか物悲しい。

05　子供会の歌――転拍子の萌芽

大正2（1913）年に作曲（30歳）、作詞者は宮良長包。曲は、ハ長調、拍子が変化する転拍子で、長包の特徴的な作曲手法の萌芽ともいうべき曲である。転拍子を多用する作曲手法は、その後の長包作品で数多く見られ、長包の特徴的な作曲技法の一つとなっている。

曲は16小節の短い曲だが、前半部の軽快な3/4拍子の後、レガートでしっとりと歌う4/4拍子の中間部、再び軽快な3/4拍子の後半部で構成されている。このaba形式の音楽構成は、クラシックやポップス、歌謡曲などあらゆる楽曲の音楽的形式の基本ともいえるだろう。

長包は、校外活動として子ども達の自主参加による「八重山子供会」を発足、子ども達に伝記物語や武勇伝、創作話や歌を教えたりしたが、その会のテーマソングが「子供会の歌」である。

日本の民俗学者・言語学者で「沖縄学の父」と呼ばれている伊波普猷（1876～1947）は、大正2（1913）年3月10日、「子供会」を発足している。この会は、子ども達に講話や歴史物語、民話、児童文学作品の読み聞かせや唱歌を歌うなど、多彩なプログラムを織り交ぜ、子どもの感性を育てることを目的に立ち上げたものである。

伊波が発足した「子供会」と長包が10月に立ち上げた「八重山子供会」は、活動内容や教育目的が同様で、しかも、伊波が那覇区(現・那覇市)で立ち上げた半年後に、長包は八重山村石垣(現・石垣市)で立ち上げている

06 すみれ——小学生の詞に作曲

推定、大正4－7(1915－18)年に作曲(32－35歳)。当時小学3年生だった新垣菊子の詞に長包が曲を付けた。新垣は、長包が、沖縄県師範学校附属小学校に勤務していた時の教え子である。

曲は、へ長調、2/4拍子、16小節で単旋律である。詞の内容は、《すみれさん》と《キクコさん》を登場させ、《すみれの花》と《菊の花》を比喩的に表現、植物を擬人化して、二人の会話のやりとりを、8分音符と16分音符のリズムで愛らしく表現している。

この作品について、朗読教育の上原明子氏(注6－1)は、「作詞者の新垣菊子は、自分の名前の《菊》との対比で、《すみれ》を大好きなお友達として設定し、《キクコさん》と《すみれさん》との対話を、子どもの純粋な視点で描いている。詞から表出される愛くるしさや、温かさを、長包が

メロディーで見事に表現している」と分析した。

長包は、その後の作曲活動に、教え子や先輩・後輩、同僚たちの詞に作曲することを積極的に行い、同郷の後輩で、詩人の伊波南哲（注6-2）とのコンビで、不朽の名作「首里古城」を作曲している。

また、沖縄県女子工芸学校（長包は師範学校と兼任）の同僚で、国語教師の泉国夕照とのコンビで「鷲の鳥」（1927）、「コイナユンタ」（1929）、「だんじゅ嘉利吉」（1930）、「琉球木遣歌」（1930）等、八重山民謡や沖縄民謡の旋律をモチーフにした作品や、「駅路」（1928）、「春小雨」（1928）の二重唱曲など10曲を作曲している。

「宮良長包生誕135年記念音楽祭」において（注6-3）、仲松あかり氏、金城里沙子氏によるソプラノ二重唱（編曲／瑞慶覧尚子）を演奏、教室を舞台に、すみれさんとキク子さんの会話が展開するという場面設定で、所作を伴ってオペレッタ風に演じ、聴衆から好評を博した。

長包自身、よもや「すみれ」が、オペレッタ風に歌われるなんて、思ってもみなかったのではないだろうか。

07 発音唱歌――沖縄方言の矯正歌

大正8（1919）年に作曲（36歳）、作詞者は宮良長包。曲は、ト長調、2/4拍子、24小節の単旋律で、歌詞は4番まである。

終止音が、主音のG音（ソ）ではなく、第5音のD音（レ）で終止しているが、歌い出しもD音で始まっている。これは1番から2番、さらに3番から4番へと、歌に連続性を持たせ、開始音と終止音をあえて同音にして、しりとり風に効果を表出、子ども達が楽しく、関心を持って歌うよう工夫されたものと考えられる。

この曲を作曲した当時は、仲西尋常高等小学校の校長として勤務していたが（大正7〈1918〉年12月～大正9〈1920〉年3月）、県下の標準語励行運動に伴ない、児童たちにとって生活言語である沖縄方言を、標準語の正しい発音に矯正する指導法として編み出したのが、「発音唱歌」である。

長包は、子どもたちが興味・関心をもって、容易に標準語が習得できる指導法に腐心したようだが、日頃から、子ども達が歌う発音を大切にしていた長包ならではの発想だろう。

この「発音唱歌」について、近藤健一郎（北海道大学大学院教授）の研究論文によると、『作曲全集2003』に掲載されている歌詞と異なる新史料が見つかり、その相違点に実証的研究が必要であると示唆している。（注7-1）

【楽譜3】「発音唱歌」数字譜

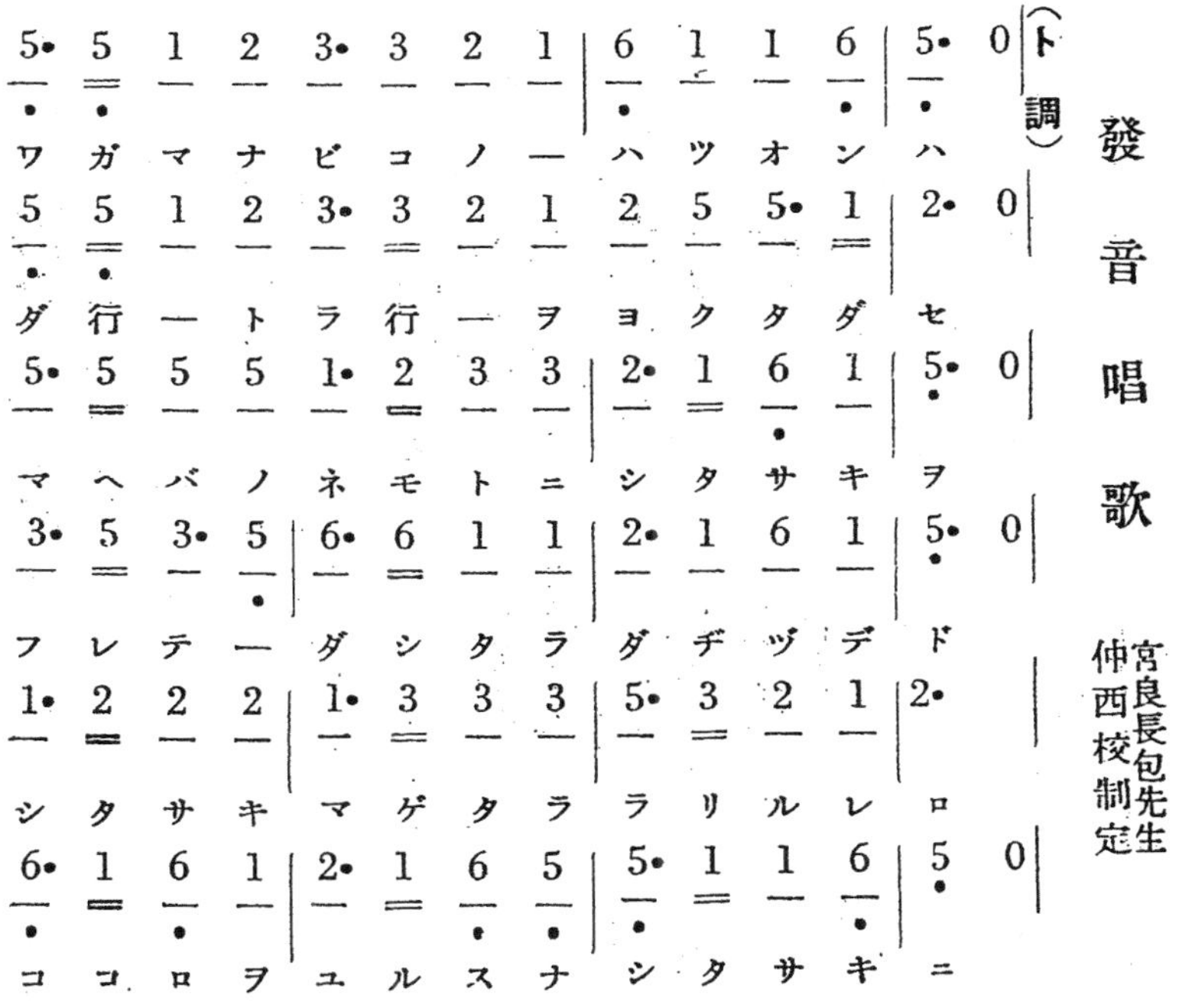

發音唱歌

宮良長包先生
仲西校制定

(ト調)

5• 5 1 2 3• 3 2 1 | 6 1 1 6 | 5• 0
ワ ガ マ ナ ビ コ ノ ― ハ ツ オ ン ハ

5 5 1 2 3• 3 2 1 2 5 5• 1 | 2• 0
ダ 行 ― ト ラ 行 ― ヲ ヨ ク タ ダ セ

5• 5 5 5 1• 2 3 3 | 2• 1 6 1 | 5• 0
マ ヘ バ ノ ネ モ ト ニ シ タ サ キ ヲ

3• 5 3• 5 | 6• 6 1 1 | 2• 1 6 1 | 5• 0
フ レ テ ― ダ シ タ ラ ダ ヂ ヅ デ ド

1• 2 2 2 | 1• 3 3 3 | 5• 3 2 1 | 2•
シ タ サ キ マ ゲ タ ラ ラ リ ル レ ロ

6• 1 6 1 | 2• 1 6 5 | 5• 1 1 6 | 5 0
コ コ ロ ヲ ユ ル ス ナ シ タ サ キ ニ

新史料と『作曲全集2003』に収録されている歌詞の異なる点は、①歌詞が4番まであること【歌詞1】。(『宮良長包作曲全集2003』の歌詞は3番まで、新史料にある2番の歌詞がない)②数ヵ所の歌詞が若干異なること③楽譜は「数字譜」であること(『作曲全集2003』は五線譜)である。【楽譜3】

近藤研究は、筆者が行なった「発音唱歌」楽譜化の再考を刺激する、大変興味深い内容であった。(注7-2)

今回出版の『生誕140年記念増補改訂　宮良長包作曲全集』においては、歌詞は2番を加え4番までとし、数字譜及び五線譜（1〜4番歌詞）を掲載した。

現今、沖縄県は「しまくとぅば（島言葉）」を奨励し、学校教育、県や市町村議会など、県下挙げて方言の浸透を図ろうと、民間ボランティア団体や公共機関も協力体制で運動している。

その時代、標準語励行運動が世間を席巻し、学校では子ども達が方言を話すとペナルティとして、「方言札」を首から掛けられたというから、現在とは隔世の感がある。


【歌詞1】「発音唱歌」（注7-3）1〜4番歌詞（現代漢字かな遣い表記）

1．我がまなびこの発音は
だ行とら行をよくただせ
前歯のねもとに舌先を
ふれて出したらだじずでど
舌先まげたららりるれろ
心をゆるすな舌先に

2．ふだんこのんでだじずでど
ついた言葉をゆだんなく
なんどもよんだらだんだんと
たやすく出せるだじずでど
舌先まげたららりるれろ
前歯にふれれらだじずでど

3．雨ふりあとのどろ道を
はだしで通うこどもらが
どろにころんでどろだらけ
お気の毒だとだきおこし
どろ手やどろ着をふいてやる
我がまなびこのけなげさよ

4．さすそとしゃしゅしょもよく正せ
修身読書に算術や
唱歌に体操図画手工
習字に綴りや裁縫と
教科の発音注意して
さすそとしゃしゅしょをよく正せ

08 鳩間節――実質的な作品第一号

大正10（1921）年に作曲（38歳）、作詞者は宮良長包。曲は、イ短調で前奏・間奏・後奏部分を含む41小節、歌詞は3番までの二部唱曲である。拍子は、3/4拍子と6/8拍子が、交互に転拍子を繰り返し、長包の特徴的な作曲手法が現れている。

「鳩間節」以前に作曲した長包の作品は、単旋律のみであったが、初めて歌にピアノ伴奏譜が付けられ、曲の完成度から長包の第一号作品と位置づけられよう。「鳩間節」は、八重山民謡「鳩間節」と同曲名であるため混同されることも多いが、八重山民謡「鳩間節」とはまったく異なる旋律である。楽譜は、ピース版としても発行された。（注8-1）

また、世界的に著名なオペラ歌手、藤原義江（明治31〈1898〉年～昭和51〈1976〉年）が、「鳩間節」をハワイ公演で歌ったといわれている。

長包の教え子、志磨のぞみの『海南時報』によると、「藤原義江はハワイに於ける在日本人の為、『鳩間節』を声高らかに歌い、万堂の聴衆は全く特権のショックを感動して熱い涙をたたえていたそうで、藤原義江はアンコールの渦に再びステージに立ったということである」と記載がある。（注8-2）

藤原の輝かしい演奏履歴には、大正13（1924）年、「ハワイ及び本土太平洋沿岸各市で20数回の独唱会」(注8-3)、また、昭和8(1933)年6月、「渡米、ハワイ及び本土太平洋沿岸各市とシアトル、ポートランド、タコマ、バンクーバ(カナダ)、オグデン、シカゴ、ニューヨークで独唱会」(注8-4)と記録はあるものの、演奏曲名の書き込みは見当たらない。

藤原は、ヨーロッパ・米国を舞台に国際的に活躍しているが、リサイタル演目には、イタリア歌曲、オペラ、山田耕筰や滝廉太郎の日本歌曲が、中心のようである。

興味深いことに、藤原の経歴に、「1959年春、台湾、沖縄へ」とある(注8-5)。藤原が来島するということは、当然、演奏会開催が目的だろう。しかし、詳述はなく、それ以外の情報は読み取れない。

【写真1】藤原義江記念館(山口県下関市)

藤原義江記念館(山口県下関市)を訪ね調査したが、宮良長包と関連付けられるような資料は見当たらなかった。【写真1】

現在、国内外で活躍中の「藤原歌劇団」は、昭和9(1934)年6月、藤原を中心に創設され、昭和25(1950)年、「財団法人・藤原歌劇研究所」を設立、西洋オペラの普及と向上、発展を目指し、名実ともに音楽界の大御所として活動している、有名なオペラ団体である。

09　大鷹小鷹——やや異なる旋律も存在

大正10（１９２１）年に作曲（38歳）、作詞者は大浜信光。曲は、4/4拍子、15小節の単旋律である。大空を悠々と舞い上がる親子の鷹を、音域の広さを生かし、旋律やリズムで表現している。音の重量と軽快さの対比は、大鷹と小鷹が天高く飛翔している姿を、一層強調している。石垣島のピキダー（伝統凧）と、大鷹小鷹のイメージが重なり合い懐かしい気持ちになる。

　石垣市立大浜小学校の運動会では、「大鷹小鷹」の創作ダンスを子ども達が楽しく演じている。プログラ

【写真２】大浜小学校の運動会「大鷹小鷹」を演じている児童（2007.10. 4）

【写真３】（2022.10.30）

ム「みんなで遊ぼう」の演目の一曲で、宮良長包作曲という認識ではなく、「大浜で古くから謡い遺されている〈わらべ歌〉」と記している。（注9-1）

「みんなで遊ぼう」のプログラムは、「じゃんけん」、「かごめかごめ」、「かぞえうた」、「通りゃんせ」、「月のかいしゃ」など、わらべ歌や遊び歌を取り入れており、その中に「大鷹小鷹」もプログラミングされている。

この「みんなで遊ぼう」の発表は、昭和27（1952）年頃から、運動会の演目に取り入れられているという。伝統的に継承されており、かれこれ70年間、歌われ演じられていることになる。【写真2】、【写真3】

この曲は、玉代勢秀子さん（前出）が記憶を辿って歌った旋律を採譜、楽譜化し『作曲全集2003』に収録した作品である。

しかし、その後、この曲を巡って、幾つかの情報が寄せられた。

（1）「大鷹小鷹」は、『生誕120周年記念宮良長包作曲全集2003』（注9-2）に収録されている曲と、旋律や歌詞がやや異なるものが存在する。

（2）筆者が発掘曲として位置付けた作品には当らない、という指摘である。

※検証

（1）について、確かに若干異なる旋律もみられるが、口承で歌い継がれてきた曲にはよくあるケースで、それぞれ個人が記憶した環境や伝承地域、時代背景などの違いでも若干旋律の違いが生じる。

従ってどれが正しいか、という判断は難しく、それゆえ伝承曲はなおの事、楽譜化が必要であるだろう。

下記楽譜の両者を比べてみると、左記と右記の丸囲み箇所は、若干異なっている。【楽譜４】

どちらが正確でどちらか不正確というのものではなく、両者とも伝承されてきた「大鷹小鷹」である。

（２）について、「発掘作品に当たらない」という指摘は、そもそも、『作曲全集２００３』の巻末分類表に（注９-３）、「曲名は判明しているが楽譜不明の作品を楽譜化した」という位置づけで明記している。

前述したように、歌をご存知の方々は、「大鷹小鷹は、『大浜で古くから歌われているわらべ歌』」と認識しており、実際、『大浜村誌』にもそのように記述されている。（注９-１に同じ）

「大鷹小鷹」が詠み人知らずのわらべ歌ではなく、れっきとした作者「宮良長包」が存在しているという発見は、ある意味「発掘作品」ともいえるのではないだろうか。

【楽譜４】大鷹小鷹15小節目

筆者は、長包作曲の「大鷹小鷹」が、子ども達の感性を豊かにし、人々の愛唱歌として継承してほしいと強く願っている。

「大鷹小鷹」のように伝承曲になっているケースでは、長包の原曲譜が発見できない場合に、録音・採譜などで楽譜化することは大切であり、それゆえ、筆者は、昭和19（1944）年の那覇十・十空襲で戦火に埋もれた長包作品を、楽譜化する発掘研究に努めている。

10 潮花節（しおはな）——石垣島の歌舞伎座で発表

大正10（1921）年に作曲（38歳）、作詞者は宮良長包。曲は、工工四譜で作曲されている。大正12年8月12日、宮良長包が主催し、石垣島の歌舞伎座で開催された「音楽会」のプログラムには、次のように掲載されている。

「24番　琉球音楽（イ）稲マヅン　屋嘉宗徳　（ロ）潮花節　宮良長包氏作曲　森田永船　（ハ）伊計離節　瀬名波氏」とあり、曲名、作曲者、演奏者名が記されている。

プログラムによると「潮花節」は、宮良長包作曲、演奏者は森田永船とある。【歌詞2】

この程、「潮花節」の原本が見つかった。『八重山謹識工工四』（喜舎場孫知／1921年）に宮良長包作詞・作曲の「潮花節」が収録されており（注10-1）、「宮良長包作曲」の記載も確認でき、き

【写真４】「潮花節」原本の工工四譜　喜舎場孫知編『八重山謹識工工四』所収

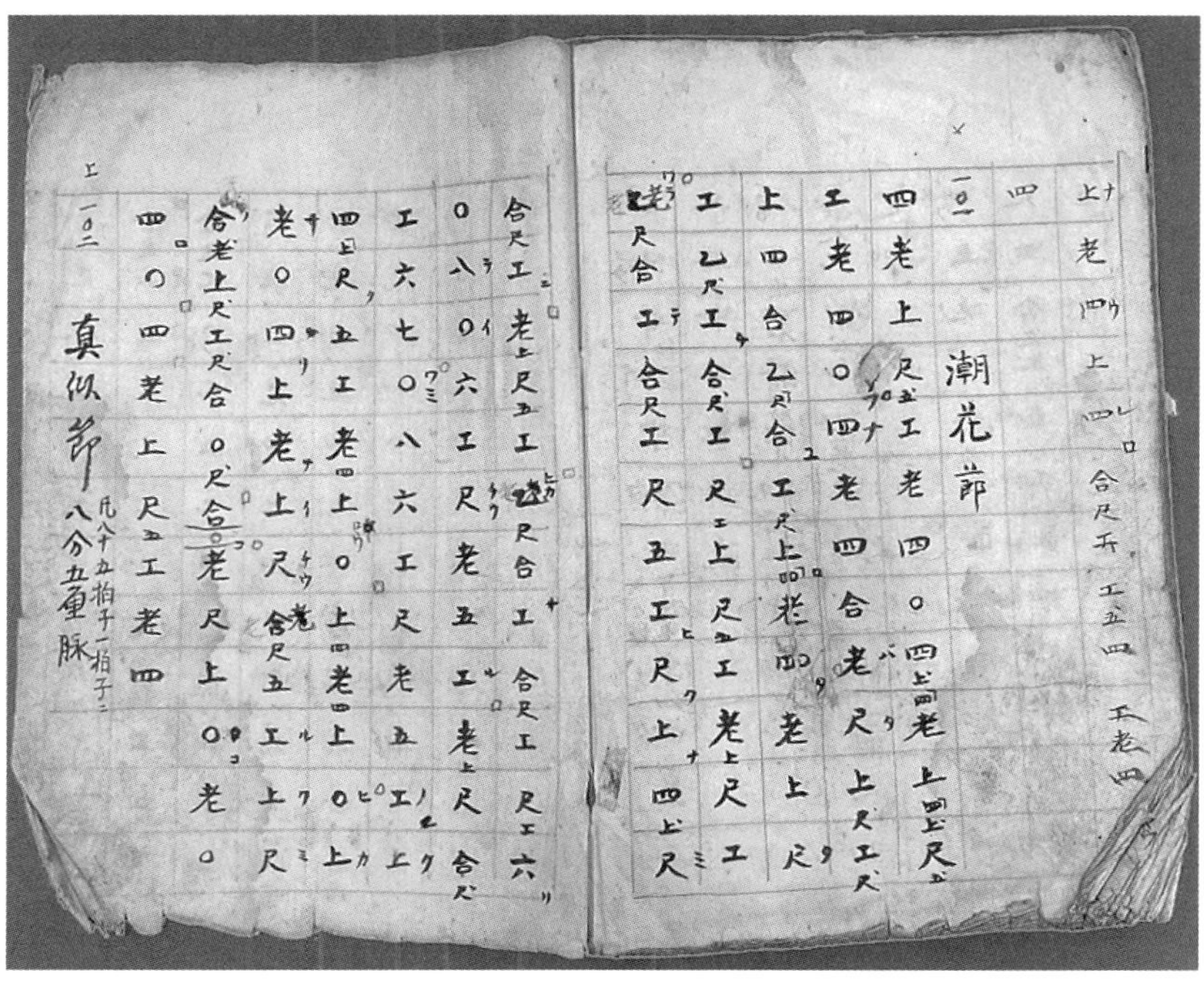

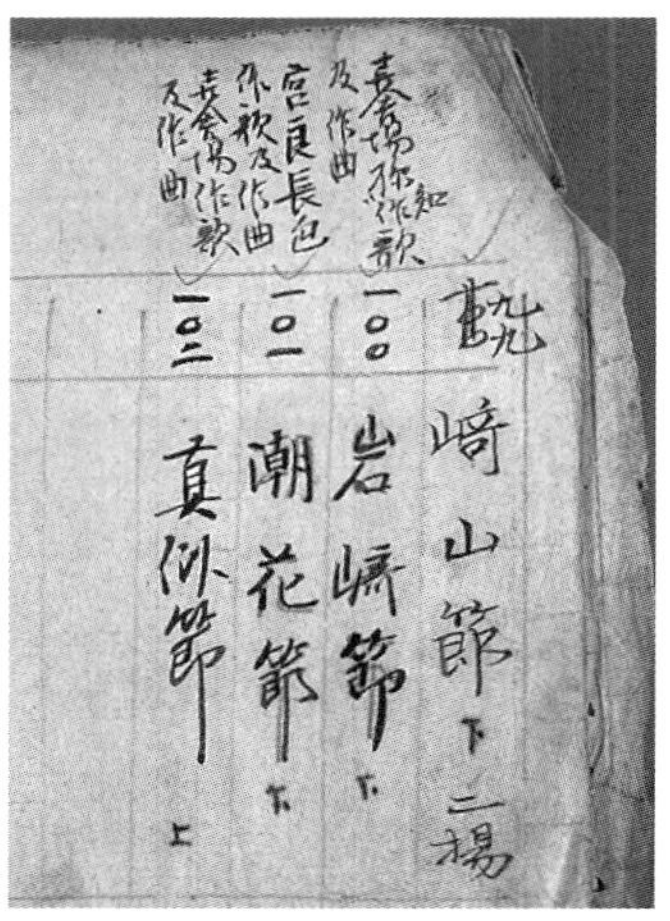

【写真５】「宮良長包作歌作曲」と明記されている

【歌詞2】「潮花節」歌詞（注10-2）

1．ふなばたゆ　たたち　わらて　ひくなみに ひかさりて　ちうる　わみぬくくる ひかさりて　ちうる　わみぬくくる （船端ゆ叩ち　笑て　退く波に ひかさりて　ひかさりて　来うる ひかさりて　ひかさりて　来うる　我身ぬ心 ひかさりて　ひかさりて　来うる　我身ぬ心）

わめて貴重な第一資料である。【写真4】【写真5】

これまで、「潮花節」工工四譜の第2資料（複写）を入手することはできたが、原本の第一資料に出会えるとは、誠に幸運であった。

さらに、驚嘆すべきは、これまで作詞者は、「伊波普猷」という定説だったが、宮良長包自身であることが、わかったのである。

原本「潮花節」の工工四譜掲載の次ページに、「宮良長包作歌作曲」と明記されている。【写真5】

これらの発見は、大変重要なことであり、ジャンルを超えた多くの研究者に、多大な朗報をもたらすことだろう。

長包作品の楽譜は、五線譜が大半を占めるのだが、工工四譜は2曲確認できる。長包が、いかに三線技法に長けていたか、窺い知ることができる。

11　ハンタン山マーチ――長包ゆかりの通学・通勤路

【写真６】戦前のハンタン山と赤木

大正10（1921）年に作曲（38歳）、作詞者は不明。戦前のハンタン山は、首里城に隣接した赤木の大木が生い茂った自然豊かな小高い丘であった【写真６】。しかし、戦火で黒焦げのハンタン山の赤木は、無惨な姿を露出している。

昭和14（1939）年に他界した長包は、ハンタン山の美しい自然が、戦争の犠牲になり、このようにむき出しの赤木が、悲惨な姿になろうとは思ってもみなかっただろう。【写真７】

ハンタン山は、首里城の石垣塀と道を隔てた、曲がりくねった緩やかな坂道で、長包が沖縄県師範学校在学中の通学路であり、沖縄県師範学校附属小学校に勤務した時代、そして沖縄県師範学校の音楽教諭として、精力的な教育活動と作曲活動に励んだ時代に、長包にとってハ

【写真７】終戦直後のハンタン山と赤木

【写真８】現在のハンタン山と赤木。観光客で賑わっている

ンタン山は、常に生活の身近にあった。それを「ハンタン山マーチ」に表現したのである。
ハンタン山は、首里城の城壁と赤木の群生に挟まれた通りで、現在は、観光客でにぎわいを見せている。【写真8】
残念ながら、作詞も旋律も不明だが、軽快で明るく、心弾むリズミカルな曲だったに違いない。

12　赤ゆらの花——目まぐるしく転拍子

大正11（1922）年に作曲（39歳）、作詞者は大浜信光。曲は、ニ長調、アウフタクトで始まる33小節で、拍子が頻繁に変化する転拍子は、長包独特の作曲手法が顕著に表れており、ピアノ伴奏が作曲されている。
「赤ゆらの花」は長包の故郷、八重山（石垣）の方言で「あかようら」といい、沖縄県花「でいご」の呼称である。【写真9】
曲は、6/8拍子、8/8拍子、4/8拍子が目まぐるしく変化、歌詞は2番まであり、歌と歌の間にピアノの間奏が入っている。
13小節目（くり返し17小節目）の、《ふるさとののに——》は速いテンポで歌い、間奏（21小節目）の後、《こずえにとおき——》を歌うフレーズでテンポが遅くなる。

【写真９】「赤ゆらの花」（でいごの花）

【楽譜５】「赤ゆらの花」宮良長包作曲　13～16小節目

【楽譜６】「赤ゆらの花」泉惠得氏の見解　13～16小節目

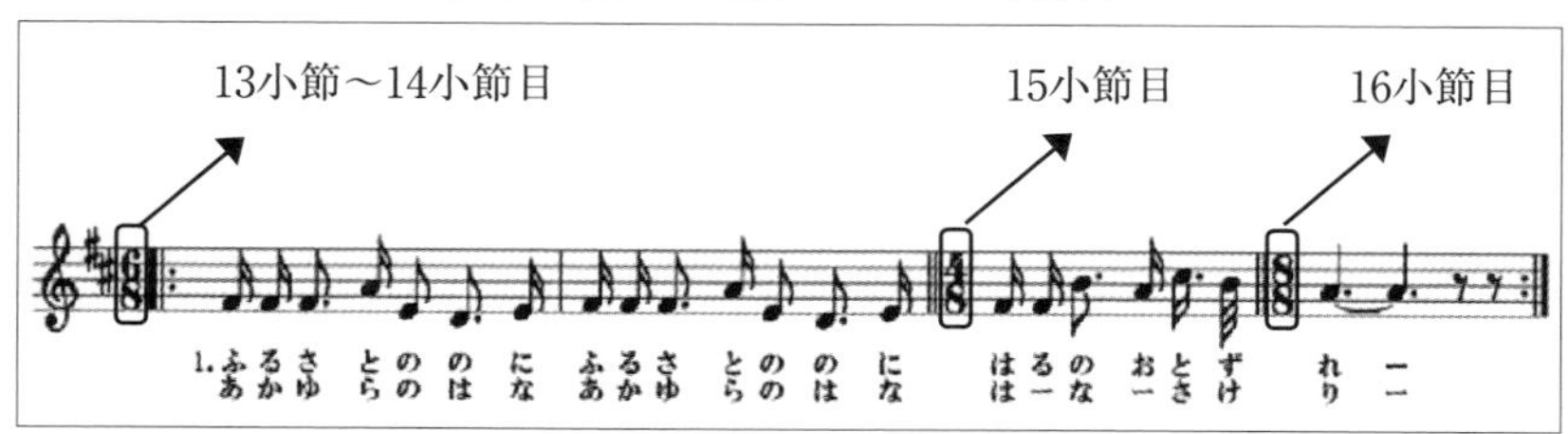

琉球大学名誉教授で声楽家の泉惠得氏は、「15小節は、《はるのおとず》まで4/8拍子にして、そのあと、《れ～》から次の間奏部分を含めて、8/8拍子にすると、自然な流れで歌い易い」との見解であった。【楽譜5】、【楽譜6】

琉球音楽がベースになり、西洋音楽と絶妙に合わさった長包音楽は、長包のインスピレーションがそのままメロディーになり、独特の作風を編み出した長包音楽の醍醐味といえるだろう。

また、曲名が同じ意味合いの「赤陽羅（あかようら）」が最近になって見つかったが（作詞：伊波南哲　作曲：宮良長包／昭和5〈1930〉年）、「赤ゆらの花」とは別作品であり、「赤陽羅」は、歌詞は判明したが、旋律は不明である。

13　嘆きの海――八重山民謡「とぅばらーま」をモチーフに

大正11（1922）年に作曲（39歳）、作詞者は大浜信光。曲は、変イ長調、4/4拍子で前奏が20小節あり、長包の声楽曲の中で前奏が最も長い曲である。全曲69小節、二重唱とピアノ伴奏で構成され、長包の声楽曲で最も長い楽曲である。

特に、前奏部のメロディーラインは、八重山民謡「とぅばらーま」のモチーフを随所に散りばめて、情緒豊かで美しい。

この二重唱曲は、男声と女声の交唱で演奏されることが多く、旋律の美しさがより強調される。八重山民謡「とぅばらーま」の交唱スタイルを取り入れ、「嘆きの海」に生かしている。最終フレーズは、上行しながら高音2点:♭A音(・♭ラ)で曲のクライマックスとなり、演奏家の聴かせどころで、最終小節のピアノ伴奏32分音符の連打音は、圧巻である。

「嘆きの海」は、楽譜ピース版でも発行された。(注13－1)

この曲は、「宮良長包生誕135年音楽祭」(宮良長包生誕135年記念音楽祭実行委員会/2018・6・30)において、与儀巧(テノール)と平山留美子(ソプラノ)の共演で(ピアノ:宇江喜ゆり)、聴衆から絶賛された。

14 夕やけ——酔っぱらいを表現

大正11(1922)に作曲(39歳)、作詞者は大浜信光。曲は、ハ短調、2/4拍子で16小節、単旋律で歌詞は2番まである。いわゆる、〝酔っぱらい〟を表現した曲で、16分音符と8分音符のリズムを中心に構成され、〝足取りがヨタヨタして重い〟はずの酔っぱらいの〝千鳥足〟が、軽快な明るい調子で表現され、コミカルでユーモラスな雰囲気を醸し出している。

お酒に因んだ作品は、「千代栄(ちよえ)節」(作詞:山川文信/1934)、「酒は泡盛」(作詞:宮良高夫

／１９３６)がある。

「千代栄節」は禁酒歌で、「酒は泡盛」はお酒の奨励歌である。お酒を飲んでいいのか、飲まない方がいいのか、真逆のテーマを手掛ける長包の、作曲家としてのプロフェショナル魂が窺える。

ところで、長包はお酒を好んで飲んでいたのだろうか？　ご令孫の仲地千賀子さん(那覇市首里在住／元中学校音楽教諭)にお尋ねしたところ、「祖父は私が生まれる一年前に他界していますが、晩酌も嗜まずお酒は飲まなかったようです」とのお話しであった。

「酒は泡盛」は、三線や太鼓で賑々しく歌えや踊れの曲で、歌詞・旋律は存在しているのだが、「千代栄節」の場合、歌詞は見つかったものの、曲は判明していない。

15　静夜の調べ――美しい音階的旋律

大正11(１９２２)年の作曲(39歳)、作詞は中山興真。曲は、変ホ長調、高音2点‥C音(‥ド)の変則的な音で始まり、4|4拍子、16小節の単旋律で、歌詞は3番まである。アウフタクトで始まり、付点2分音符(又は2分音符)と8分音符で組み合わされたリズムパターンと、後半13小節目から、8分音符の音階的上行形メロディーラインが、曲の盛り上がりを効果的に表わし、14小節目から下行形で静かに終止する。

16　ノスタルジア――歌詞・旋律は不明

推定、大正11－12（1922－23）年に作曲（39－40歳）、作詞者は大浜信光。大浜の詞と長包の曲がどういうものなのか、イメージは広がりにくいが、ノスタルジアの意味を確認すると、「故郷をなつかしみ恋しがること。また、懐旧の念。郷愁」（注16－1）とある。

長包の経歴で大正11（1922）年は、前年に、沖縄県師範学校教諭〝心得〟として着任し、作曲活動を始動している頃である。私生活においても、翌年に四男の長顕が誕生した年である。公私ともに充実した時期だと思われるが、長包の郷愁的感情を表現したものか、広範な意味でのノスタルジアを表現したものか、残念ながら、歌詞・旋律が未だ不明である。

17　朝暁（あさげ）の光――全く埋もれていた発掘作品

大正12（1923）年に作曲（40歳）、作詞者は不明。この曲は、記憶を辿って歌った玉代勢秀子さん（前出）の歌唱を採譜し（注17－1）、『作曲全集2003』に収録した曲である。

そもそも「朝暁の光」は、曲の存在も旋律もまったく知られていなかった埋もれていた曲で、今に甦った貴重な一曲である。【楽譜7】

この発掘作品については、筆者の先行研究「宮良長包の音楽教育活動に関する研究(2)―発掘作品のパフォーマンス化―」(注17-2)で論述したが、長包の作品であるかどうか精査・検証を行なった過程で、主旋律が、声楽教則本「コンコーネ50番-No.28」の旋律モチーフを活用し、長包の他作品「中山城万歳マーチ」、「楽しく遊べ」にもほぼ同一の旋律を転用、長包が好んだ作曲手法が見出された。そのことが「朝暁の光」は、長包の作品であると断定する決定的な要因となった。

作曲年はこれまで、大正11(1922)年-大正12(1923)年と推定していたが、確定できる根拠が見つかった。石垣市在の「宮鳥御嶽(メートゥルオン)」(注17-3)【写真10】は、大正12(1923)年に改築され、建築に携わった玉代勢秀子氏の岳父「玉代勢秀喜」は、当時の棟梁で、拝殿の扁額に名前が記されている。【写真11】

そこで、宮鳥御嶽の落成日である、「大正癸亥歳季秋吉日」(大正12〈1923〉年の秋吉日)【写真12】と、玉代勢秀子氏の「小学二~三年の時、学校の行き帰りに歌った」という証言は、「朝暁の光」と何らかの関連性があるのではないか、と判断した。

「朝暁の光」の歌詞は、宮鳥御嶽を祝した歌であり、玉代勢秀子氏が、小学2~3年生の登下校で歌ったという証言と、宮鳥御嶽の改築落成日が扁額に刻まれている「癸亥(ミズノトイ)季秋吉日」と、ピタリと一致する。

それらの状況を踏まえて、「朝暁の光」の作曲年不明を、大正12（1923）年と確定し、拙稿「宮良長包の音楽教育活動に関する研究（10）」に著した。（注17-4）

幸運なことに、「宮鳥御嶽（メートゥルオン）」の神司（かんつかさ）である小川喜美江氏に会うことができ、「宮鳥御嶽（メートゥルオン）」の名称由来や歴史について、話を伺う機会に恵まれた。（注17-5）

さらに、石垣字会が発行している、「みやとり新聞」（2023年新年号）に目を通すと、内容に驚くと同時に、その偶然に感動したのである。というのも、森永用朗氏執筆による、「今年は、奇しくも「宮鳥御嶽拝殿改築（大正12年）から満百年を迎える」」、「落成式は大正12年11月25日午前九時より開会式、（略）村長の祝辞が終わると余興に」と掲載されている。

『石垣市史　資料編近代（5）』（注17-6）にも、宮鳥御嶽拝殿改築について記述されている。

「朝暁の光」の歌詞は、明らかに「宮鳥御嶽」の祝歌であり、歌を記憶して歌った玉代勢秀子氏（前出）の記憶とも矛盾していない。

筆者は、すでに、「朝暁の光」の作曲年を、大正12（1923）年と確定しており（研究論文「沖縄県立芸術大学紀要27号、平成31〈2019〉年」）、不明だった作曲年について、20年も調査を続けた研究が、間違いではなかったことに安堵したのである。

「朝暁の光」は、長包没後の初演を、「第9回尚志会芸能祭」（沖縄尚志会主催／2005・1・23）において、オーケストラによる演奏（指揮／編曲：高宮城徹夫　演奏：沖縄交響楽団　ピアノ：

【写真10】扁額１「宮鳥嶽（メートゥルオン）」

【写真11】扁額２（左）「八人の大工名」秀喜（玉代勢）が棟梁

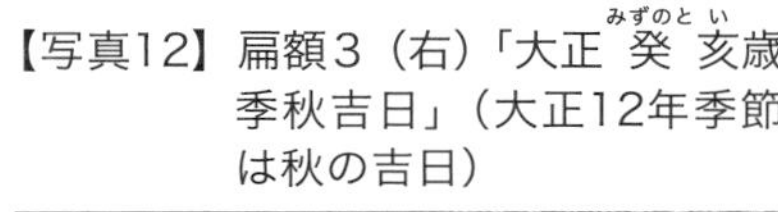
【写真12】扁額３（右）「大正癸亥（みずのと い）歳季秋吉日」（大正12年季節は秋の吉日）

【楽譜7】「朝暁の光」

朝暁（あさげ）の光

不　　明 作詞　玉代勢秀子 歌唱
宮良長包 作曲　大山伸子 採譜

砂川貴彩子）で、好評を博した。

雄大なオーケストラ演奏は、まるで日の出をイメージしているような幸福感に満たされる。その初演後、「朝暁の光」は、他の「宮良長包音楽祭」にも名曲としてプログラミングされ、たびたび演奏されている。

また、宮良長包の映画「ドキュメンタリー&ドラマ『えんどうの花』」（注17-7）は、「朝暁の光」と「えんどうの花」の2曲をテーマ音楽として位置付けた。映画は、東京の上映を始め、県内外の各地で上映され、小・中・高等学校の学校現場でも、児童・生徒が鑑賞する機会が持たれた。発掘曲「朝暁の光」は、名実ともに〝甦った〟作品となった。

18　泊り舟――森繁久彌・美空ひばりが歌い全国的に

大正12（1923）年に作曲（40歳）、作詞者は大浜信光。曲は、ヘ短調、6小節のピアノ前奏で始まる17小節で、4/4拍子、10小節目のみ3/4拍子、再び4/4拍子に戻る転拍子で構成され、長包独特の作曲手法である。

那覇港北岸東側にある港町の渡地（わたんじという地名）は、人々が行き交う港の賑わいを見せるが、ひとたび悪天候になると一変する。悪天候時は、船は出航せず停泊するため、船底をねぐらに晴天を待ちわびる人や、優雅に歓楽街で時間を過ごす人等、長包は、様々な人間模様を描写、人々の侘しい心情を歌った哀愁漂う旋律である。

俳優の森繁久彌が、「わたんじの唄」という曲名で歌い（昭和35〈1960〉年）、全国に広まったようだが、作曲者、宮良長包がどの程度認知されていたのだろうか。

森繁の「わたんじの唄」は、《渡地とは沖縄の小さな港です。南国のシケにあった親子の船頭は、ここで帆を下ろして海の晴れるのを待ちます》という、森繁補作の台詞で始まる。（注18－1）

他に、大阪フェスティバルホールでのライブ録音には、美空ひばりと森繁のデュエット曲で「わたんじ」がある。（注18－2）

左奥の煙突近辺は【写真13】、明治12（1923）年～昭和4（1929）年の間、当地に所在した監獄である。【写真14】は、渡地（わたんじ）周辺の地図であるが、「泊り舟」は、これら写真の風景を背景に、作曲したと思われる。

【写真13】右手前　山原船が停泊した「渡地」左方奥の煙突のある囲いは監獄（刑務所）

【写真14】「渡地」明治36（1903）～昭和15（1940）　垣花・奥武山の埋め立て前

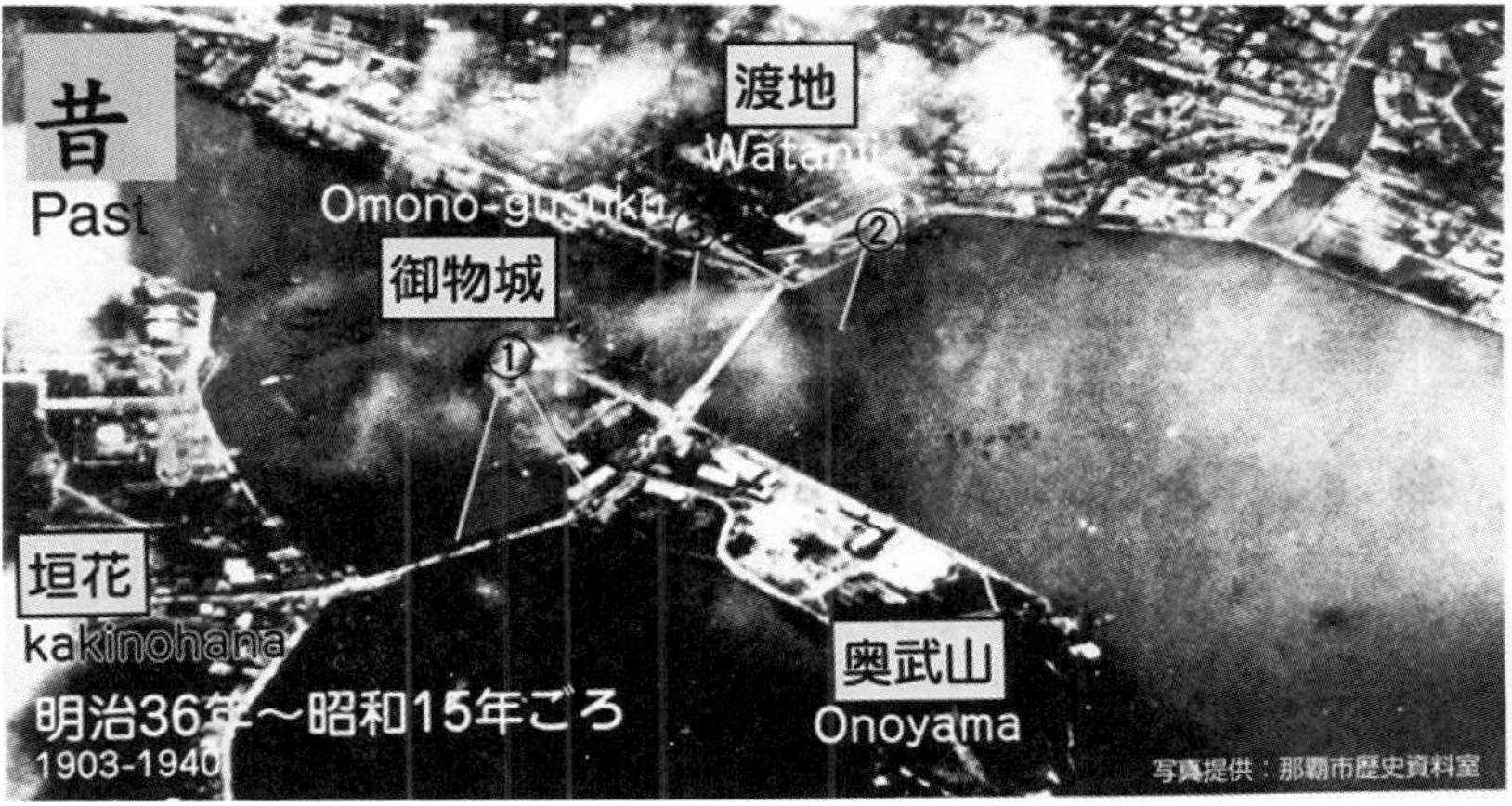

19　南国の花――まるでマジシャンのような転拍子

大正12（1923）年に作曲（40歳）、作詞者は北村重敬（しげゆき）。曲は、イ短調、28小節でピアノ伴奏も作曲している。

出だし1小節↓6/8拍子に始まり、9/8拍子、6/8拍子と1小節ごとに頻繁に拍子が変化、目まぐるしく転拍子を遂げている。さらに、14小節～23小節目のように【楽譜8】、9/8拍子、4/8拍子、3/8拍子、4/8拍子、9/8拍子、6/8拍子、4/8拍子、6/8拍子と、まるで、拍子を自在に操るマジシャンのような作曲の技である。

歌詞は、真紅の「でいごの花」と真白の「ゆりの花」を対比させ、赤は誠の心、強き男、白は情け、清き乙女の姿を表現、A旋律に対してB旋律が受けて歌う旋律フレーズが、絶妙なバランスである。

長包はこの頻繁に変わる転拍子を、なぜ、作曲手法としたのか。あくまでも、筆者の分析だが、言葉一つ一つに一音一音、リズムと言葉を組み込んで明瞭に表現したかったのではないか。特に、言葉を延ばす音は、転拍子を使っている。

【楽譜８】「南国の花」14～23小節（言葉とリズムと旋律）

結果、頻繁に変化する転拍子になり、しかし、リズムと言葉と旋律が見事なまでに一致している。
「南国の花」の音楽的妙味は、言葉とリズムと旋律がぴたりと一致した表現にあり、南国情緒を醸し出していることである。

20　兎の電報――長包作品であることは証明

大正12（1923）年に作曲（40歳）、作詞者は北原白秋。大正12（1923）年8月23日の八重山新報紙面に、音楽会プログラムが掲載されている。「斉唱　兎の電報」（宮良長包氏作曲）と明記され**【歌詞3】**（注20-1）、演奏会で披露しており、曲の存在は明らかだが、どのような曲であるか、内容は不明である。

同名曲で、作詞：北原白秋　作曲：佐々木すぐる「兎の電報」（大正8〈1919〉年）の曲は、確認できるが、前掲の通り

【歌詞3】「兎の電報」
作詞：北原白秋（原文ママ）

えつさつさ、えつさつさ
ぴよんぴよこ兎が、えつさつさ
郵便（ゆうびん）はいたつ、えつさつさ
唐黍（たうきび）ばたけを、えつさつさ
向日葵（ひまわり）垣根（がきね）を、えつさつさ
兩手（りょうて）をふりふり、えつさつさ
傍目（わきめ）もふらずに、えつさつさ
「電報。」「電報。」、えつさつさ

現代漢字かな遣い：
えつさつさ→えっさっさ
唐黍（たうきび）→唐黍（とうきび）
ぴよんぴよこ→ぴょんぴょこ
兩手（りょうて）→両手（りょうて）　傍目（わきめ）→脇目（わきめ）

「宮良長包氏作曲」と明記されている根拠から、長包作曲「兎の電報」は、間違いなく存在していたことになる。

翻って、長包の第一号作品「笛」は、佐々木すぐる（注20－2）の「笛の音」にヒントを得て作曲した形跡があり、佐々木と長包の関係はあながち無縁ではなさそうだ。

21 石垣校万歳マーチ——長包の作詞・作曲を長女エミ氏が独唱

大正12（1923）年に作曲（40歳）、作詞者は宮良長包。大正12（1923）年8月23日の八重山日報紙面に、音楽会のプログラムが掲載されているが、「石垣校万歳マーチ」（宮良長包氏　作歌　作曲）、「独唱　附属　宮良エミ」と記されている。

演奏者紹介の宮良エミは宮良長包の長女で（注21－1）、長包の音楽的才能を譲り受けたエミ氏が、父親の作詞・作曲「石垣校万歳マーチ」を独唱した貴重な記録がプログラムに遺っている。

長包の作品として存在は明らかだが、「石垣校万歳マーチ」の歌詞や旋律は、未だ不明である。

22　高離節変体(変奏)曲——斉唱や合唱曲で発表

大正12(1923)年に作曲(40歳)、作詞者は不明。この曲は、大正12(1923)年8月23日付、八重山日報紙面に音楽会のプログラムが掲載されており、「斉唱及三部合唱　高離節変体曲(宮良長包氏作曲)男一同」と明記されている。

「変体曲」とは、「変奏曲」の事であろう。高離節は、高離り島(現在の宮城島)の琉球古典民謡であり、それを元歌に、斉唱や三部合唱に変奏曲を作曲したと思うが、しかし、「高離節変体曲」の詞や旋律は、不明のままである。

「男一同」は、沖縄県男子師範学校在学生一同による演奏の紹介で、プログラムで明記されている通り、宮良長包作曲「高離節変体曲」の存在は、明らかである。

23　我が家——曲の存在が証明される

推定、大正12-13(1923-24)年に作曲(40-41歳)、作詞者は不明。歌詞、旋律とも不明である。

これまで、「我が家」の存在は知られていたが、その根拠となる決定打がなかった。

長包の教え子である志磨のぞみ氏が執筆した「海南時報」に、その根拠となる一文が見つかった。（原文ママ）

「（略）この『鳩間節』が国境を超えてハワイで歌われて以後、先生の創作に対する情熱は燃えたぎり、遂に『嘆きの海』、『南国の花』等のホームランがヒットした。そうして沖縄のあらゆる人が南海の楽の天才児の胸から異様な無限にみりょうするメロディーに浸り、賛美し憧憬して完全に宮良リズムに統一されてしまった。その後、『我が家』の作曲に依り先生の芸術創作の世界は百八十度の転換をなし、新しい生命が流れ、南国的郷土的な臭味から全く脱却されたのである。次に『故郷』の曲に於いて第二回の転換をなし、近時の傑作、『珊瑚礁』で第三回の発展を見せているように思われる。（略）」（注23－1）

つまり、『我が家』の前後に紹介されている『鳩間節』（1921）、『嘆きの海』（1922）、『南国の花』（1923）や、『故郷』（1924）、『珊瑚礁』（1935）と作曲年を照合すると、『我が家』は、確かに存在していること、推定作曲年は大正12（1923）－13（1924）年と確認ができた。

さらに、沖縄教育音楽協会主催「通俗演奏会」が、沖縄県立第二高等女学校講堂で開催されているが、そのプログラムには（開催日時記載なし）、「第2部　No.6（イ）駅路（うまやじ）　宮良長包曲　（ロ）我が家　宮良長包曲」と明記されている。「我が家」は、長包の作品であることは確かである。ただ、「駅路」の歌詞は掲載されているものの、「我が家」の歌詞は記述されておらず、どのような歌詞で旋律であったかは不明である。

24　えんどうの花――長包音楽の象徴

大正13(1924)年に作曲(41歳)、作詞者は金城栄治。曲は、変ホ長調、4/4拍子、16小節の単旋律で、歌詞は3番まである。長包作品の中で最も愛唱され歌い継がれている代表的な作品で、長包音楽の象徴ともいえる。

多くの演奏家が、ジャズ、サンバ、合唱、独唱、重唱、三線、室内楽、オーケストラ等、さまざまな演奏形態でコンサートの演目に取り入れ、また、CDやDVDをリリースしている。宮良長包の演奏会では、最終演目に「えんどうの花」が演奏され、会場と混然一体となった大合唱でフィナーレとなる。

2003年、宮良長包生誕120年の節目に、評伝や作曲全集、著作集、絵本など出版物の刊行や、演奏会、音楽劇、映画製作・上映、CD、DVDが相次いで発表され、「長包音楽」が大きなうねりとなり、再び脚光を浴びた。

さらに、「えんどうの花」は、ドキュメンタリー映画のタイトルにもなり、「長包音楽」のシンボルとなっている。

ところで、「えんどうの花」が、初めて楽譜集に収められたのは、宮良長包著『南島唱歌第一輯』（昭和2〈1927〉年／共益商社書店）で、長包自身が編集した「えんどうの花」の収録本は、後にも先にもこの一冊のみである。

『南島唱歌第一輯』が、東京藝術大学附属図書館に所蔵されていることを、収集家の野々村孝男氏から情報をいただき（2005・5）、早速、図書館に赴き、『南島唱歌第一輯』の資料収集、楽曲分析を行った。

そこで、以前から議論されている2点について着目して見よう。

（1）現在歌われている「帰りましょう」の3番歌詞は、戦前から歌われている「居りましょう」と異なっている。

（2）13小節目の旋律は、以前に歌われていた旋律と、現在歌われている旋律が異なっている、という指摘である。

※検証

「南島唱歌第一輯」【写真15】と、『作曲全集2023』【楽譜9】の楽譜を見てみよう。

（1）写真楽譜は、東京芸術大学附属図書館所蔵「南島唱歌第一輯」の楽譜である。13小節目3番の歌詞は、①写真楽譜「わたしゃ一人で居りましょう」、②『作曲集2023』の楽譜、「わたしゃ一人で帰りましょう」と両者は異なってる。

これまで私たちは、帰りましょう、と歌い継承してきたが、世代や地域によっては、居りましょうで歌ってきたという。

文法的にも、わたしゃひとりで居りましょう、が正しいと、指摘されている。『南島唱歌第一輯』楽譜下の歌詞は、「わたしゃ」ではなく、ワタシハとなっている。【写真15】（13小節目の歌詞□箇所）。

確かに、作詞者の金城栄治が創作した、「一人で居りましょう」を尊重することは極めて重要である。しかし、「一人で」の解釈によっては「帰りましょう」は、奇異でないとも考える。畑仕事を複数人で行っていると想定して、「畑はさむけれど（皆さんも寒いでしょうが）、わたしは一人で帰りましょう（心細いけれどお先に帰ります）、」という解釈はどうだろうか。

長包の長女・譜久村エミ氏が出版した『作曲集』は（注24-1）、2冊とも、「わたしゃ一人で帰りましょう」で掲載されている。

ただ、長包の高弟、糸洲長良氏と外間永律氏が、戦後、手書きのガリ版刷りで発行した「作曲集第三集」には、「わたしゃ一人で居りましょう」となっている。（注24-2）

ということは、長包は、長女エミ氏には、「帰りましょう」と引き継ぎ、高弟の糸洲氏と外間氏には、「居りましょう」と、指導していたのだろうか。

長包自身が、「えんどうの花」を収録した唯一の楽譜集『南島唱歌第一輯』は、出版後、「わたしゃひとりで「居りましょう」を、訂正した痕跡はない。

【写真15】「えんどうの花」「南島唱歌第一輯」６頁

【楽譜９】「えんどうの花」『増補改訂　宮良長包作曲全集2023』

しかし、長い年月、「帰りましょう」が、歌い継がれてきたという事実は、長包自身、「居りましょう」を敢えて封印し、「帰りましょう」を容認していたのではないだろうか。
あるいは長包自身が、譜面上の訂正なしで「帰りましょう」に変えていたという判断もできる。それは、「緋色の小袋」にも同じ傾向が見て取れるからだ。（本書作品No.47詳述）
ただ、もし手直ししていたなら、作詞者の金城栄治本人、あるいは遺族の内諾を得ていたかどうかは、疑問が残る。
金城栄治は、「えんどうの花」の作詞を手掛けて7年後（昭和6年8月）、はやりのデング熱に罹り勤務先の天底（あめそこ）で亡くなっている。（享年27歳10か月）
また、昭和11（1936）年の、「第14回春季演奏会」（注24−3）プログラムによれば、3番歌詞は、「今朝は涼しい風が吹く」となってる。同演奏会には、長包も出演して関わっており、プログラムの「涼しい風が吹く」の記載は、知っていたはずである。誤植なのか、それとも長包は認知していたのか、不明である。
さらに、『久米島小学校創立40周年記念誌』によると、「わたしゃ一人で居りましょう」（注24−4）となっている。久米島小学校出身の方にお聞きすると、「ずっと、居りましょう、で歌ってきているので、帰りましょうは、馴染まない」と話されていた。地域によって、「居りましょう」で歌われ継承されている、ということなのだろうか。
（2）の「13小節目の旋律は、以前に歌われていた旋律と、現在歌われている旋律が異なっている」という指摘については、楽曲形式ともかかわる重要なことである。

①『南島唱歌第一輯』【写真15】、13小節目からG音（ソ）↓F音（ファ）↓E♭音（ミ♭）↓F音（ファ）の旋律ラインと【楽譜10】、②『作曲全集２０２３』【楽譜9】13小節目から、C音（ド）↓E♭音（ミ♭）↓E♭音（ミ♭）↓F音（ファ）の旋律ラインとでは、歌った印象はかなり違う。【楽譜11】

②の『作曲全集２０２３』【楽譜9】では、13小節目と5小節目の旋律が全く同じであり、楽曲形式上、AB(abcb)の二部形式が認められる。従って、②の『作曲全集２０２３』掲載の旋律が理論上も適っており、メロディーが歌い易く、これまで愛唱され継承されてきた一因ではないだろうか。

(1)と(2)を踏まえると、【歌詞4】のように歌い継がれてきたことが、歌い易さや音楽理論上も正確で、調和がとれているのではないだろうか。

※結論

筆者が結論付けるには、まだ、研究不足でありおこがましいが、考えを述べたいと思う。「わたしゃ一人で居りましょう」を長い間、愛唱していて、いきなり、「わたしゃ一人で帰りましょう」と、歌わなければならないということは、一人ひとりの感性が受け入れないでしょう。逆もしかりです。「いつから帰りましょうと歌われているのか」という疑問を持つ方もいるようだが、「えんどうの花」を愛唱している方々は、これまで歌ってきたように歌い、「居りましょう」、「帰りましょう」のどちらでもいいのではないだろうか。

ただ、『南島唱歌第一輯』掲載の楽譜に拘るのであれば、旋律は、【楽譜11】と歌わず、【楽譜10】で歌う必要があり、歌詞のみに一点集中するのは、どうだろうか。

「居りましょう」と歌い、旋律は【楽譜11】で歌うのは、整合性がとれないのではないだろうか。13小節目の旋律の違いを指摘する方は少なく、（沖縄市在の蔵本幸一氏は、旋律の違いを指摘【楽譜11】及び、【歌詞4】で「居りましょう」と歌っているようである。（旋律の上行形）

長包は、「社会大衆にもっとよい音楽を与えよう」、「庶民を音楽に近づけよう」（注24-5）という強い理念を持ち、音楽教育を実践して行った。

また、長包の盟友である、備瀬知範（注24-6）の「音楽歴」に目を通すと、「大正14年〝学校音楽の社会進出〟、〝庶民大衆に良い音楽を〟のスローガンで、宮良長包氏と深く共鳴、首里那覇を中心として此の芸術運動を展開した」と記述している。

長包が唱えていたスローガンは、多くの演奏会を実践した足跡にも実現されている。長包の高弟、糸洲長良氏の沖縄県師範学校学友会音楽部だよりの記述によると、「従来は廿四回と廿六回とかいふ實に多い回數で、（略）」（注24-7）とあり、驚嘆するほどの演奏会開催ペースである。

沖縄県師範学校講堂や学外の昭和会館、平和会館、あるいは、八重山教育館や歌舞伎座、宮古での開催に加え、出兵慰問、農家慰問へ音楽行脚を実践、エネルギッシュに行動している。

【楽譜10】「わたしゃ」の旋律「南島唱歌第一輯」13小節目

【楽譜11】「わたしゃ」の旋律『作曲全集2023』13小節目

【歌詞４】「わたしゃ」旋律の動き

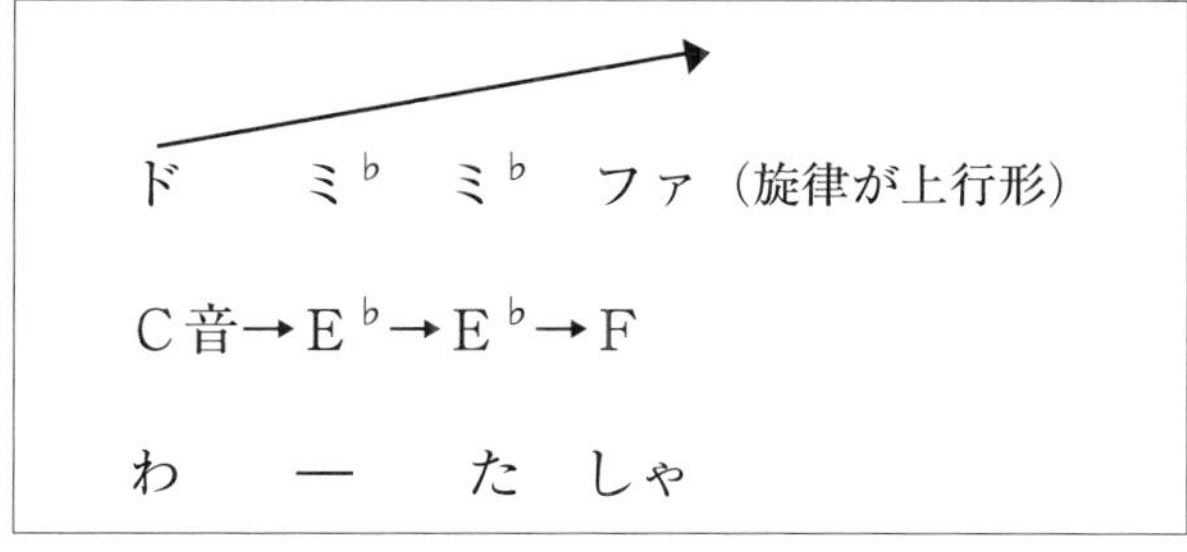

【写真16】「えんどうの花」歌碑　大宜味村塩屋に建立　平成16（2004）

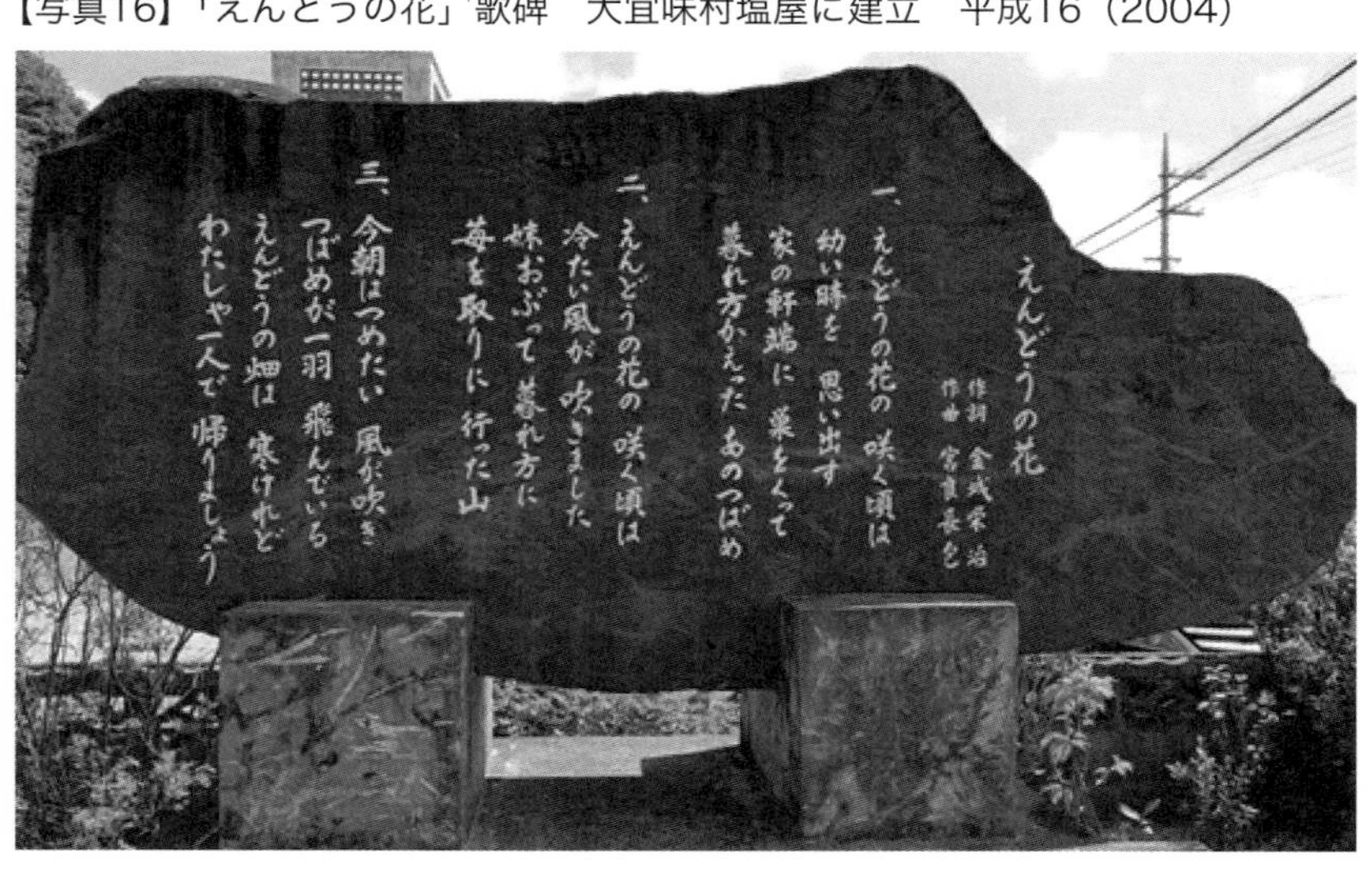

長包の音楽教育の理念である、「音楽を楽しむ心」、「音楽を愛する心」を、私たちに伝えているのではないだろうか。

それは取りも直さず、「居りましょう」、「帰りましょう」の歌詞に拘らず、長包メロディーを愛唱することによって、感性が豊かになり、生活を潤すことになるのではないだろうか。

くり返すと、「居りましょう」、「帰りましょう」のどちらでもいいのではないかと考える。

ところで、作詞者の金城栄治の略歴について、特に、教員時代の履歴が不明瞭で、その足跡を辿ってみる。

金城栄治は、明治36（1903）年10月29日、那覇市垣花町に生まれた。大正5（1916）年4月、沖縄県立第一中学校（現・首里高校）に入学、大正10（1921）年3月同校を卒業し、直後、大正10年4月に、宮古・新里尋常高等小学校教員となり、引き続き、宮古・教員養成所の教員として任務に当たるが、その期間は「不明」で、証左の必要がある。

ところが、次の勤務校である塩屋小学校の『大宜味村立塩屋小学校創立百周年記念誌』によると、「金城栄治」の着任について、「大正12年4月」と、明確に記録にされている。（注24-8）

しかし、離任時期は未記載である。

右記に照らすと、宮古・教員養成所の離任は、「大正12年3月」となるだろうか。

つまり、先の塩屋尋常高等小学校勤務は、大正12年4月から大正13年12月末日（推定）の期間で、1年8か月である。

大宜味村塩屋に、「えんどうの花歌碑」が建立されたのは【写真16】、金城栄治が、塩屋尋常高等小学校に勤務していた期間と、歌詞を創作した時期（大正13年6月）が、一致しているという根拠が理由のようだ。さらに、『稲嶺尋常高等小学校創立四十周年記念誌』（現・名護市立真喜屋小学校）を確認すると（注24-9）、稲嶺尋常高等小学校は、「大正14年1月5日」に赴任し、「昭和5年5月1日」に離任している。

つまり、「稲嶺尋常高等小学校」は、大正14年1月から昭和5年5月の期間の5年4か月である。

『名護市立真喜屋小学校創立百周年記念誌』には、当時、4年生か5年生だった宮里定三氏が、〝えんどう花は萎まず〟のタイトルで、金城栄治について述懐している。（原文ママ）

「あの歌を作詞された金城栄治先生は塩屋校から単身で赴任して来られた。あの頃は陸上交通も不便で先生は引っ越し荷物と共にクリ舟を仕立てて稲嶺の浜に第一歩を降ろされたのである。私達の学級全員が動員されて浜辺で先生を出迎えた。荷物は宿舎として決めておられた稲嶺の宮平屋までみんなで運びこんだ。はじめて会った先生の印象は目が細く眼鏡をかけて温顔であるが、何か寂しそうなご様子で校内でも何故か先生の笑顔は余り見受けられなかった」。(注24-10)

「稲嶺尋常高等小学校」を勤務後は、昭和5(1930)年11月、「天底(あめそこ)尋常高等小学校」に転勤し、金城栄治の教員として最後の勤務地になるのである。

その後の足取りは、『今帰仁村立天底小学校創立百周年記念誌』(注24-11)には、金城の勤務年数が、「一年九か月」とあり、他の資料によると、昭和6年7月25日に依願

【金城栄治の教員略歴】

年　月　日	勤務地・その他
明治36(1903)年10月29日	沖縄県那覇市垣花町に生まれる
大正10(1921)年3月	沖縄県立第一中学校卒業
大正10(1921)年4月	宮古・新里尋常高等小学校教員
大正12(1923)年3月離任?	宮古・教員養成所教員
大正12(1923)年4月	塩屋尋常高等小学校(大宜味村立塩屋小学校)着任。同校は2016年3月31日廃校
大正13(1924)年12月末日?	塩屋尋常高等小学校離任
大正14(1925)年1月5日	稲嶺尋常高等小学校(現・名護市立真喜屋小学校)着任
昭和5(1930)年5月1日	稲嶺尋常高等小学校離任
昭和5(1930)年11月	天底(あめそこ)尋常高等小学校(現・今帰仁村立天底小学校)着任
昭和6(1931)年7月25日	天底尋常高等小学校依願退職
昭和6(1931)年8月29日	天底にて流行のデング熱で病没(27歳10か月)

退職しており、天底尋常高等小学校の着任期と年数が合わない。さらなる、証左が必要であろう。天底小学校を、昭和6年7月25日に依願退職した後、翌8月29日に、流行のデング熱のため、病没している。(27歳10カ月)

長包とのコンビ作品は、長包のシンボリックな歌曲「えんどうの花」(1924)のほか、「ふる里」(1925)、「旅心(へちまの棚)」(1927)がある。

25 綾雲――長包の人間臭さも現れる

大正13(1924)年に作曲(41歳)、作詞者は宮良當壮。曲はト長調、4/4拍子の30小節で、アウフタクトで始まる二部唱曲で歌詞は6番まである。1番は高音部と低音部のカノン、2番は3度音程のハーモニィーで構成され、3番は6度、5度、4度、3度音程を織り交ぜたハーモニィー、4、5番は、ユニゾンやカノンを主体にした音楽構成であり、6番は再びカノンに戻る。この楽譜は、ピース版としても発行された。(注25-1)

実はこの作品には、作詞者と長包を巡ってのエピソードがある。三木健は、著書『宮良長包の世界』で〝綾雲事件〟と称し、事の真相を記録している。(注25-2)

事の成り行きはこうだ。最初、長包は、上里春生氏(沖縄県伊江島出身の詩人)に作詞を依頼したが、作詞料の不払いや曲が気に入らないとの上里の申し入れがあり、取り下げることになった。そこで、詩人としては当時、駆け出しだった伊波南哲に依頼、しかし、印刷され出来上がったものは、曲名が「彩雲」から「綾雲」に変わり、2番歌詞も書き加えられていた。その上、作詞者が「宮良當壮」(石垣市出身の言語学者)と印字されており、伊波は憤懣やるかたなく、長包との関係がギクシャクした、という経緯である。

筆者は、『宮良長包の世界』の書評を執筆する機会に恵まれ、「この新事実は、これまで〝神様〟のような長包のイメージを覆すもので、いわば、封印されたパンドラの箱が開いた」と表現した。(注25－3)

この美しい旋律の背景に、人間臭い生々しい事実があったなどと、想像だにしなかったのは、私だけだろうか。

26 姫椿——踊り出したくなる3拍子

大正13(1924)年に作曲(41歳)、作詞者は金城永船。曲は、ハ長調、3/4拍子、24小節の単旋律で、途中、ヘ長調に転調し再びハ長調に戻る。長包作品の特徴として、転拍子は多いが、転調曲は意外と少ない。スキップと4分音符のリズム構成で、まるで踊り出したくなるような、リズミカルで明るい曲である。

「姫椿」とは、伊集（イジュ）の花の呼称であり、沖縄県では、5月～6月に花径3～4㎝の白い花を付けて咲き誇る。金城永船は、〝真白な花よ地に落ちて〟、〝真白な花の姫椿〟と表現している。【写真17】

長包は、特に〝真白な花〟を強調し、高音から一音づつ下行する音使いや【楽譜12】、旋律の跳躍による上行形・下行形で強弱を表現している。【楽譜13】

一方、「伊集の花」、いわゆる「姫椿」は、琉歌にも詠まれている。

琉歌　辺野古節より（注26－1）

◎「伊集の木の花やあんきよらさ咲きゆりわぬも伊集のごと真白咲かな」―読人しらず―

※歌意　伊集の木の花は、あんなにきれいに咲いて、とてもみごとである。私もあの伊集の花のように真白に咲きたい。

琉歌　伊集の木節より（注26－2）

◎「あの伊集の花やあがきよらさ咲きゆりわぬも伊集やとて真白咲かな」―読人しらず―

※歌意　伊集の木の花は、あんなにきれいに咲いて、とてもみごとである。私も伊集の木になって、あんなに真白に咲きたい。

○解釈　辺野古節（前者）と歌意はほとんど同じであるが、伊集の木節（後者）は、古語形で表現されている。

【楽譜12】「姫椿」（9～12小節）１番歌詞の“ましろなはなよ　ちにおちて”

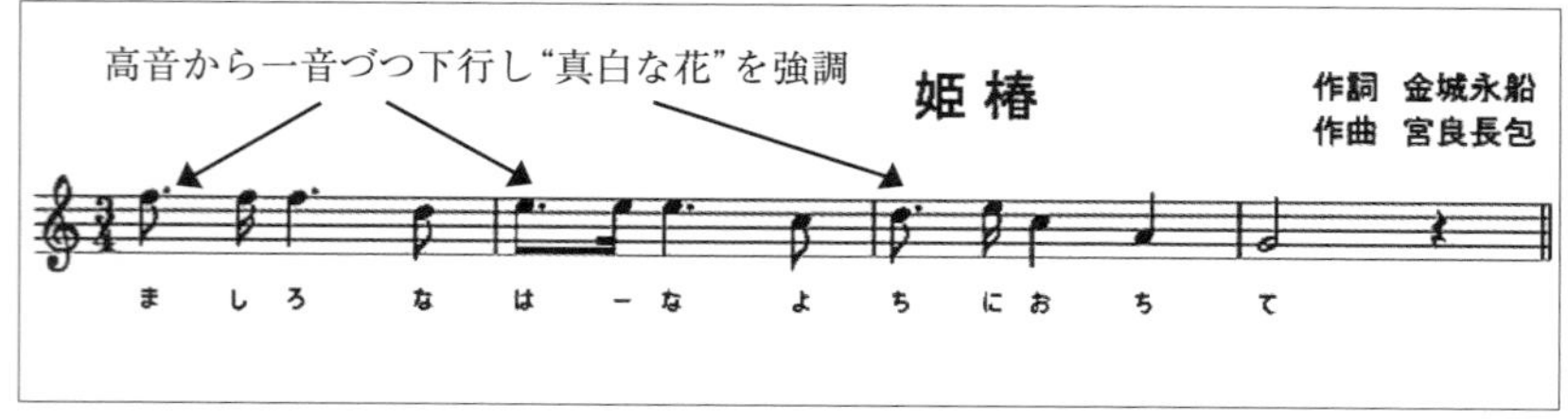

【楽譜13】「姫椿」（5～8小節）２番歌詞の“ましろなはなのひめつばき”

【写真17】「姫椿」（イジュの花）白い可憐な花を咲かせる

例えば、あんきよらさ⇓あがきよらさ（古語形）
　　わぬも伊集のごと⇓わぬも伊集やとて（古語形）

長包は、伊集の花の〝真白な花〟を特徴として捉え、曲作りで強調したのは、琉歌からも読み取ることができる。

27　夜の響き——3連符の響き

大正13（1924）年に作曲（41歳）、作詞者は桃原思石。曲は、へ長調、17小節の曲で、歌詞は単旋律で2番まである。拍子が変わる転拍子の曲だが、タイ（保持音）の組み合わせや3連符でリズムを刻んでいる箇所が、静寂な夜の様子を映し出している。

ところで、作詞者の桃原思石について調べてみたところ、『沖縄教育（第237号）』（注27-1）に、「生活断片」の題名で、桃原の創作詩13編が掲載されている。

〝俺にとっくんで来る人生　血しぶきをあびて今日も闘う〟、〝信実は人間には嫌われ、虚言は神に憎まる茫然と立つ俺〟等、悲観的な人生観を窺わせるが、他方、〝信実に生きることを教える。子よ　父を信じるか〟、〝しっかり腕をくんで妻子よついてこい、父の細い腕〟等、妻子を思いやる温かい詩もある。

作詞者の紹介は記入されていないが、『沖縄教育』に投稿していることは、桃原は学校教諭ではないだろうか。

長包とのコンビで、「緋色の小袋」(大正15〈1926〉年)がある。

28 母恋し——カーラヤ節をモチーフに

大正13(1924)年に作曲(41歳)、作詞者は宇久本政元。曲は、前奏・間奏・後奏に琉球古典民謡「カーラヤ節(瓦屋節)」のモチーフを使った美しい旋律を散りばめている。

曲は、イ長調、4/4拍子で始まり、11小節(及び37小節)のみ5/4拍子、再び4/4拍子に戻る全61小節、ピアノ伴奏付きの曲で、歌詞は2番まである。

アウフタクトで始まり、ピアノの1~9小節の前奏、22小節(及び48小節)の間奏、2番に入る前の31~35小節の間奏、57~61小節の後奏部分は、民謡カーラヤ節のモチーフを使った美しい旋律である。

〝母上います〟↓慕る思いの高ぶりと、〝ああ恋し〟↓愛おしく思う感情が、旋律線として、上行形と下行形で見事に表現している。

作曲年は、これまで大正14（1925）年とされていたが、大正13（1924）年の沖縄タイムス紙上に長包の新曲発表会告示が掲載されており、「母恋し」も演目になっていることが確認できたため、作曲年は大正13（1924）年に訂正する。（注28－1）

29 岩崎翁を頌す――岩崎卓爾を称え数字譜で作曲

大正13（1924）年に作曲（41歳）、作詞者は北村重敬。曲は、もともと数字譜で表記されており、『作曲全集2003及び2023』には五線譜化して収録した（注29－1）。曲はハ長調、2/4拍子で、16小節、単旋律で歌詞は3番まである。

岩崎翁とは当時、八重山石垣島測候所所長として勤務していた岩崎卓爾（注29－2）のことである。岩崎は八重山の自然や民俗学などの研究者としても知られ、『石垣島案内記』（注29－3）等を著わし、沖縄県内外に八重山の文化、自然を紹介して重要な役割を果した。

また、「イワサキヒメハルゼミ」、「イワサキコノハ」など、岩崎が発見した昆虫に、「イワサキ」の名前が付けられている。

「イワサキクサゼミ」は、四月の入学式の頃、ジージーという音とともに、沖縄の夏の訪れを告げる。

岩崎は、子ども達が歌っていた八重山のわらべ歌を収集し、『八重山童謡集』（注29－4）を発刊、郷土音楽にも造詣が深かった。その『八重山童謡集』には、長包の民謡採譜楽譜18曲も掲載されている。

長包が、「岩崎翁を頌す」を作曲するきっかけは、岩崎が長包の故郷、石垣島測候所に勤務し長包と交流があり、岩崎卓爾を敬い称える歌を作曲して、子ども達に指導したと考えられる。

【楽譜14】

歌詞の「風の叔父さん」は岩崎のことであり、「風のお宿を教えます」は、岩崎の気象士の職業を指し、「人のつとめを教えます」や「子供の世界教えます」と表現されるように、岩崎が、子どもの教育に尽力したことを、作詞者の北村が的確に描写し、長包が子ども達に親しみ易く、歌い易い旋律を作曲したのではないだろうか。岩崎の人柄がにじみ出てくる素朴な童謡である。

【歌詞5】

【楽譜14】「岩崎翁を頌す」数字譜（注29–5）

岩　崎　翁　を　頌　す

2/4
1 1 5 5 | 3 3 3 | 2 2 1 3 | 2 0
カ ゼ ノ ー | ヲ ヂ サン | ウ レ シ イ | ネ

3 3 6 6 | 5 5 1 | 6 5 3 2 | 1
ワ タ シ ノ | ス キ ナ | ヲ ヂ サ ン | ハ

5 5 1 3 | 2 2 1 | 6 5 6 1 | 5 0
カ ブ ヤ ー | ア グ テ | テ ン モ ン | ノ

6 1 6 | 5 5 1 2 | 3 5 2 1 | 1 0
カ ゼ ノ | オ ヤ ド ヲ | ヲ シ ヘ マ | ス

【歌詞５】「岩崎翁を頌す」（現代漢字かな遣い表記）

1．風の叔父さん嬉しいね
私の好きな叔父さんは
カブヤーあげて天文(てんもん)の
風のお宿を教えます

2．風の叔父さん嬉しいね
私の好きな叔父さんは
図書館たてて本買って
人のつとめを教えます

3．風の叔父さん嬉しいね
私の好きな叔父さんは
子供の新聞こしらえて
子供の世界を教えます

30　子供を頌す——良く学び良く遊べ奨励歌

大正13（1924）年に作曲（41歳）、作詞者は北村重敬。「岩崎翁を頌す」に同じく数字譜で表わしているが、『作曲全集2003及び2023』には五線譜に書き換え、楽譜化し収録した。（注30－1）曲は、ハ長調、2/4拍子、16小節の単旋律で、歌詞は2番まである。「岩崎翁を頌す」と作風は同じで、子ども達にも歌い易く覚え易い童謡である。長包は、数字譜で表記をしている。【楽譜15】、【歌詞6】

長包が、数字譜による作曲で判明している曲は、「岩崎翁を頌す」、「子供を頌す」、「発音唱歌」の3曲確認できるが、前掲の『八重山童謡集』には、長包の採譜による八重山のわらべ歌を五線譜と数字譜、歌詞を併記したものが掲載されている。（注30－2）

数字譜とは、明治から昭和前期にかけて、日本の音楽教育で用いられた読譜・記譜法で、音階をアラビア数字で表し、ドレミファソラシを1234567に当てはめ、高音、低音は数字の上下に・を付けて音域を区別し、休符は0で示す、という数字記譜法である。

数字譜の歴史的背景を繙くと、18世紀のフランス思想家、ジャン＝ジャック・ルソー（注30－4）によって原型が創案され、その後、エミール＝ジョセフ・モーリス・シュヴェ（注30－5）が改良し、

【楽譜15】「子供を頌す」数字譜（注30-3）

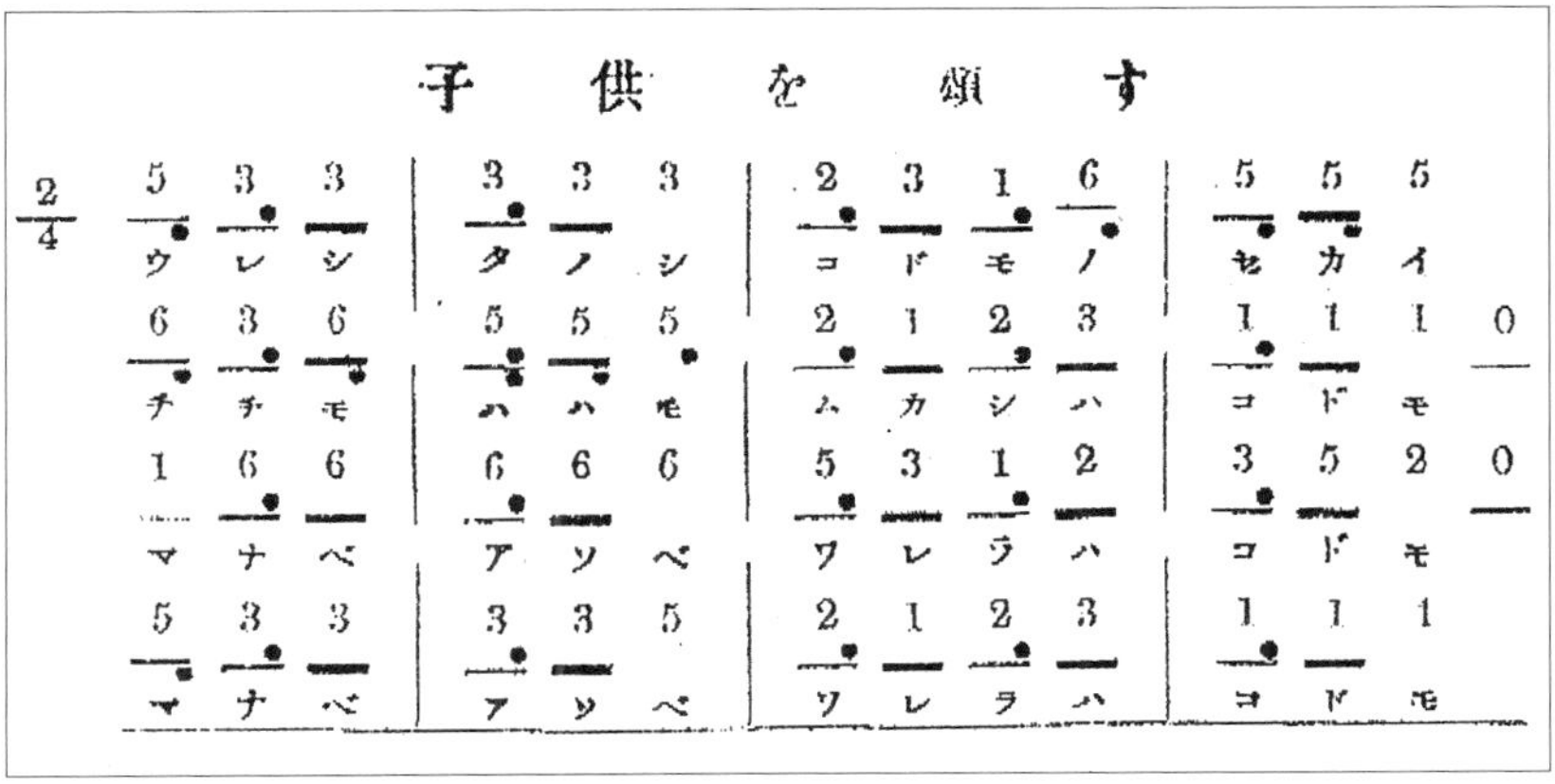

子供を頌す

2/4

5	3	3	3	3	3	2	3	1	6	5	5	5	
ウ	レ	シ	タ	ノ	シ	コ	ド	モ	ノ	セ	カ	イ	
6	3	6	5	5	5	2	1	2	3	1	1	1	0
チ	チ	モ	ハ	ハ	モ	ム	カ	シ	ハ	コ	ド	モ	
1	6	6	6	6	6	5	3	1	2	3	5	2	0
マ	ナ	ベ	ア	ソ	ベ	ワ	レ	ラ	ハ	コ	ド	モ	
5	3	3	3	3	5	2	1	2	3	1	1	1	
マ	ナ	ベ	ア	ソ	ベ	ワ	レ	ラ	ハ	コ	ド	モ	

【歌詞６】「子供を頌す」（現代漢字かな遣い表記）

1．うれし楽し子供の世界 父も母も昔は子供 学べ遊べ我等は子供	2．うれし楽し子供の世界 紳士淑女昔は子供 学べ歌え我等は子供

世界的に広まった。

ジャン＝ジャック・ルソーは、教育論『エミール』で私たちにも身近だが、実は音楽教育者・作曲家でもあった。

日本人のほとんどが幼少期に口ずさんだ「むすんでひらいて」の原曲は、ルソー作曲といわれており、オペラ〝村の占い師〟の幕間劇に、そのメロディーが現れる。

この根拠が示されるまで「むすんでひらいて」は、フランス民謡として紹介され、認識されていた。

日本の音楽教育の嚆矢は、数字譜が主流で、学校現場でも「数字譜」が活用されていた。当然、長包も数字譜で音楽を学び、音楽教諭になって数字譜で指導した時期もあっただろう。
現今、五線記譜法が主流だが、大正箏や二胡、複合ハーモニカ等は、現在でも数字譜が使われている。

31　労(つか)れた小鳥――メモ楽譜を発見

大正13（1924）年に作曲（41歳）、作詞者は三千三樓。作詞者の詳細について調べているが、不明である。曲は、ニ長調、6|8拍子、12小節で単旋律、ヨナ抜き旋法の音構成で、歌詞は、2番まである。

この曲は、仲地千賀子さん（前出）宅のメモ楽譜を収集、補訂し『作曲全集2003』に収録、初めて楽譜化したものである。

また、「労れた小鳥」の作曲年は、これまで、大正14（1925）年とされてきたが、大正13（1924）年の沖縄タイムス紙面（注31-1）において、「長包の新曲発表音楽会」のプログラムに、大正13年と記されていることを、歴史研究家の仲村顕氏から情報をいただいた。

新聞で日付を確認したところ、1世紀前の資料でマイクロフィルムに日時は欠落しており、見出しの「新曲発表音楽会　明二十九三十日帝国館」の記載と文面から、筆者は、7月28日と判断、作

曲年(発表年)を大正13(1924)年7月28日に訂正することとした。(注31-2)

長包は、ほとんどの作品に、作曲年月日を記録していない。従って、筆者は、作曲年の判断を、演奏会の発表年か、校歌は制定年で判断している。なぜ、記録していなかったのか。

おそらく、長包自身に、作曲家という認識はなく、作曲活動は、五線譜にメモを取るように記譜していたのではないだろうか。

なんの衒いもなく、気負いもない自然体で作曲している長包の人間的魅力が、浮かび上がってくる。

「疲れた小鳥」は、声楽家の大成京子氏によって、長包没後、初めて演奏会で歌われ、CDにもリリースされて広く紹介された。(注31-3)

32　牛――遊び歌風に

大正13(1924)年に作曲(41歳)、作詞は南満州教育会教科書編であり、その時代を偲ばせる。

曲は、ト長調、4/4拍子で16小節、歌詞は1番のみである。旋律は、玉代勢秀子さん(前出)の歌唱を採譜、楽譜化して『作曲全集2003』に収録した。

曲の特徴は、「だまってくさたべる　ララ　だまってくさたべる」のように繰り返しがあり、遊び歌風である。川平永介氏（前出）は、「繰り返しを唱えながら、身振り手振りで歌った」と述懐している。

ところで、作詞について調べていたところ、旋律は異なるが同じ歌詞の曲が見つかった。

それは、『満州唱歌集』（南満州教育会教科書編輯部・昭和8〈1933〉年10月）に所収されている「牛」である（注32－1）。長包作曲の「牛」と歌詞は同じだが、「だまってくさたべる」の歌と歌の間の繰り返し部分がない。子どもが、面白く興味を持って歌えるように繰り返し効果を生かして、長包が原詩に繰り返し部分を加え、独自のメロディーをつけたのではないだろうか。

さらに、長包が初めて作曲集を出版した『南島唱歌第一輯』にも「牛」が収録されているが（注32－2）、『作曲全集2003』の旋律と、繰り返し部分は若干異なっている。

そもそも、大正13（1924）年に作曲されたものが、昭和2（1927）年、『南島唱歌第一輯』に掲載されていることがわかったが、数年を経て、旋律を変化させていったかもしれない。あるいは、楽譜上の書き換えはせず、長包が手直しした可能性もある。

『生誕140年記念　増補改訂　宮良長包作曲全集　2023』には、『南島唱歌第一輯』所収の「牛」を掲載した。

「牛」の作詞は、これまでの「南満州教育会」を「南満州教育会教科書編集部」とした。

33　心の花――月刊誌「心の花」を曲名に

大正13(1924)年に作曲(41歳)、作詞者は近藤鐵太郎。「心の花」の名前そのものは、大正13(1924)年の竹柏会が発行した「心の花」という月刊誌の名前である。竹柏会の会員である近藤鐵太郎が、曲を「心の花」と命名したのではないだろうか(注33-1)。

大正13(1924)年7月28日の沖縄タイムス(現・沖縄タイムス社とは別の新聞社)紙面には、長包の「新曲発表音楽会」告知記事に、演奏曲目「心の花」が掲載されている。

しかし、どのような歌詞で、どのような旋律なのか不明である。

そこで、歌詞や旋律を知る手掛かりとして、作詞者の近藤鐵太郎について調べることにした。

沖縄県女子師範学校教諭だった近藤は、長包とのコンビで、「沖縄県女子師範学校・沖縄県立第一高等女学校寮歌」を作詞しているが、長包は当時、沖縄県師範学校教諭心得で、近藤と交友関係にあり「寮歌」を作曲したものと思われる。

その縁で、「心の花」を近藤との共作で発表したのではないだろうか。

「心の花」は、「竹柏会」が主催し、明治31(1898)年に2月11日に創刊された詩集本であり、『心の花』(創刊時は『心の華』)と同じ名前であることがわかった。

そこで、『心の花』を愛読し竹柏会の会員だった近藤は、自らの詩を投稿した詩集作品名の「心の花」を、曲名にしたのではないか、という推測ができる。

これらのわずかな手掛かりをもとに、短歌本『心の花』について調べた結果、次のようなことがわかった。

『心の花』は、明治31(1898)年に月刊詩集本として創刊以来、現在も発刊中である。近藤がこの竹柏会の会員として参加し、短歌を発表している。


せめかたし落ちじの山も日の御旗はた風強く年立にけり (注33-2)

いたづきはやゝ衰へて嬉し今日櫻見るべく野に出る哉 (注33-3)

近藤が創作した宮良長包とのコンビ作品、「心の花」はどのような詞だったたか、また、長包の旋律創作がどのようなものだったたか、今回の調べで少し光は見えてきたように思う。さらに、具体的に判明するまで引き続き調査が必要である。

この事例のように、埋もれた長包メロディーが、一曲でも多く日の目を見るようにするには、地道な継続研究が重要であることに間違いはない。

34　お祭――長包の作曲として証明

大正13（1924）年に作曲（41歳）、作詞者は北原白秋。曲は不明である。大正13（1924）年7月27日の沖縄タイムス紙面には、長包の「新曲発表会音楽会」記事に、「母恋し」（1924）、「お祭」（1924）、「兎の電報」（1923）、「ふるさと」（1924）、「銀の月夜」（1924）、「故郷」（1924）等が、演奏曲として掲載されている。

「お祭」は、長包の作曲に間違いないことは証明されたが、曲の内容はわかっていない。「お祭」と同名曲で、作詞／北原白秋、作曲／弘田龍太郎の「お祭り」（大正11〈1922〉）が、確認できる。しかし白秋と長包の共作は、残念ながら、見つかっていない。

ただ、白秋の「お祭」**【歌詞7】**（注34-1）に、長包が作曲し、演奏会で披露したことは、前述の演奏会プログラムの通り、間違いないだろう。

【歌詞7】「お祭」作詞：北原白秋（原文ママ）原文に便宜上番号を付した

1．わつしよい、わつしよい
わつしよい、わつしよい
祭(まつり)だ、祭(まつり)だ。
背中(せなか)に花笠(はながさ)、
胸(むね)には腹掛(はらがけ)、
向(むか)う鉢巻(はちまき)、そろひの半被(はっぴ)で、
わつしよい、わつしよい。

2．わつしよい、わつしよい
わつしよい、わつしよい
神輿(みこし)だ、神輿(みこし)だ、
神輿(みこし)のお練(ねり)だ。
山椒(さんせう)は粒(つぶ)でも、ピリッと辛(から)いぞ、
これでも勇(いさ)みの山王(さんのう)の氏子(うぢこ)だ
わつしよい、わつしよい。

3．わつしよい、わつしよい
わつしよい、わつしよい
眞赤(まつか)だ、眞赤(まつか)だ、夕焼小焼(ゆふやけこやけ)だ。
しつかり擔(かつ)いだ。
明日(あした)も天氣(てんき)だ。
そら、揉(も)め、揉(も)め、揉(も)め。
わつしよい、わつしよい。

4．わつしよい、わつしよい
わつしよい、わつしよい
俺(おい)らの神輿(みこし)だ。死んでも離(はな)すな。
泣蟲(なきむし)やすつ飛(と)べ。
差上(さしあ)げて廻(まは)した。
揉(も)め、揉(も)め、揉(も)め、揉(も)め
わつしよい、わつしよい。

5．わつしよい、わつしよい
わつしよい、わつしよい
廻(まは)すぞ、廻(まは)すぞ、
金魚屋(きんぎよや)も逃(に)げろ、鬼灯屋(ほゝづきや)も逃(に)げろ。
ぶつかつたつて知(し)らぬぞ。
そら退(ど)け、退(ど)け、退(ど)け、
わつしよい、わつしよい。

6．わつしよい、わつしよい
わつしよい、わつしよい
子供(こども)の祭(まつり)だ、祭(まつり)だ、祭(まつり)だ、
提灯(てうちん)點(つ)けろ、
御神燈(ごしんとう)献(あ)げろ、
十五夜(じふごや)お月様(つきさま)まんまるだ。
わつしよい、わつしよい。

7．わつしよい、わつしよい
わつしよい、わつしよい
あの聲何處(こゑどこ)だ、
あの笛何(ふえなん)だ。
あつちも祭(まつり)だ、こつちも祭(まつり)だ。
そら揉(も)め、揉(も)め、揉(も)め。
わつしよい、わつしよい。

8．わつしよい、わつしよい
わつしよい、わつしよい
祭(まつり)だ、祭(まつり)だ。
山王(さんのう)の祭(まつり)だ、子供(こども)の祭(まつり)だ。
お月様紅(つきさまあか)いぞ、御神燈(ごじんとう)も紅(あか)いぞ。
そら揉(も)め、揉(も)め、揉(も)め、
わつしよい、わつしよい。

わつしよい、わつしよい
わつしよい、わつしよい

現代漢字かな遣い：わつしよい→わっしょい　向(むか)う→向(むこ)う　山椒(さんせう)→山椒(さんしょう)
氏子(うぢこ)→氏子(うじこ)　夕焼小焼(ゆうやけこやけ)→夕焼け小焼け(ゆうやこや)　擔(かつ)いだ→担(かつ)いだ　天氣(てんき)→天気(てんき)
泣蟲(なきむし)→泣虫(なきむし)　廻(まは)し→廻(まわ)し　鬼灯(ほゝづき)→ほおずき　提灯(てうちん)→提灯(ちょうちん)
點(つ)けろ→付(つ)けろ　献(あ)げろ→揚(あ)げろ　十五夜(じふごや)→十五夜(じゅうごや)　聲(こえ)→声(こえ)　何處(どこ)→何処(どこ)

35 故郷——「ふるさと」「ふる里」「故郷」は別作品

大正13(1924)年に作曲(41歳)、作詞者は不明。作詞・旋律とも不明である。長包の教え子である志磨のぞみ氏(前出)が、『海南時報』に「故郷」について執筆している。(注35-1)

「『故郷(ふるさと)』の曲において第2回の転換をなし、近時の傑作、『珊瑚礁』で第3回の発展を見せているように思われる(略)」とある。志磨の文章から、『故郷』は、長包の作品に間違いない。

さらに、大正14(1925)年2月20日付き「沖縄タイムス」(現・沖縄タイムス社とは異なる新聞社)紙面に、演奏会演目として「故郷　宮良長包作曲」と記載されている。

記事の見出しは、「独唱やオーケストラ其他　師範音楽会は宮良長包苦心の跡　歴然と輝く日近し」と、2月22日開催の告示を大々的に掲載している。

書き出しは、「男子師範学校の音楽会は今年は例年より余程力を注ぎ宮良長包氏の努力が実を結んで県下西洋音楽界空前の大演奏会たるべくオーケストラが2回あり独唱においては宮良長包氏を始め…(略)」と、長包の活躍への期待度が高いことを窺わせるものである。

長包は、演奏プログラムの「悌吾」(でいご/作詞:北村重敬/1925)を、独唱している。

「故郷」は、長包の作品として存在は明らかであるが、しかし、詞・曲は、見つかっていない。

36　銀の月夜――歌詞・旋律とも不明

大正13（1924）年に作曲（41歳）、作詞者は新垣隆生。詞・曲とも不明である。前述の、沖縄タイムス紙面記事にも、「銀の月夜」が発表されており、長包の作曲であることに、間違いはない。ただ、『南島唱歌第一輯』（共益商社書店／昭和2〈1927〉年）に収録されている、「ちゅんちゅん雀」、「月夜の鴨」の作詞者、新垣隆正は新垣隆生と同一人物なのだろうか。

37　ふるさと――新作の演奏会で発表

大正13（1924）年に作曲（41歳）、作詞者は北村重敬／名嘉山興真。前述の、大正13（1924）年7月28日の沖縄タイムス紙面には、長包の新曲発表会として、「ふるさと」、「故郷」が演奏される、とプログラム記載がある。この2曲は、長包の作品として存在していたことに間違いはない。別曲に「ふる里」があり、「故郷」と「ふるさと」の詞・曲が不明であるのに対して、「ふる里」（作詞：金城栄治／1925）は、人々に愛唱されている名曲である。（本書作品№41「ふる里」）

38　中山城(ちゅうざんじょう)万歳マーチ――「コンコーネ50番―No.28」の旋律を援用

大正13(1924)年に作曲(41歳)、作詞者は不明。曲は、声楽練習曲『コンコーネ50番―No.28』の旋律フレーズを、自作の旋律モチーフに生かし、「中山城万歳マーチ」を作曲した。

この作品は、曲の存在はわかっていたが楽譜がなく、記憶をたどって歌った玉代勢秀子氏(前出)の歌唱を、採譜し(注38-1)楽譜化、『作曲全集2003』に収録した。

中山城とは、いわゆる首里城のことであり、その周辺に位置する沖縄県師範学校は、勤務時代を含めて、長包にとっては、日常生活の一部としての中山城だったのだろう。

他作品、「首里古城」(1928)も作曲しているが、「中山城万歳マーチ」は、趣が全く異なる曲想である。「首里古城」は、しっとりと重厚で気品のある音色が魅力だが、「中山城万歳マーチ」は、明るく軽快で希望に満ちた曲である。

首里城を異なった視点でフォーカスし作曲するという、長包の才能と感性に感銘を受ける。

また、「コンコーネ50番―No.28」を活用しているということから、当時の沖縄県師範学校で用いられた音楽テキストの背景が分かってきた。つまり、声楽の基礎練習曲である『コンコーネ50番』が、沖縄県師範学校の音楽テキストであった可能性は、極めて高い。

『コンコーネ50番』は、音楽を専門的に学ぶ基礎学習書で、大学入試実技試験の課題曲の一つである。

おそらく、長包自身も師範学校在学中に、『コンコーネ50番』を学び、沖縄県師範学校の教諭時代は指導書として活用していた、と判断できよう。

39 楽しく遊べ――二部唱の輪唱曲

大正14（1925）年に作曲（42歳）、作詞者は松岸寛一。曲は、イ長調、4/4拍子、25小節、二部唱である。長包作品では、「綾雲」が、高音部と低音部の二部唱で構成されている。

この作品は、初めて楽譜化した曲として、『作曲全集2003』に収録したが、その時点では、作曲年不明であった。しかし、その後、大正14（1925）年2月20日の沖縄タムス紙面において、「沖縄県師範学校音楽祭プログラム」に「二部合唱　楽しく遊べ　作曲　宮良長包」と記されていることが分かった。

また、拙稿論文「宮良長包の音楽教育活動に関する研究（2）―発掘作品のパフォーマンス化」において、「楽しく遊べ」は、長包の他作品「中山城万歳マーチ」、「朝暁の光」の主旋律モチーフが同じであることを立証した。（注39‐1）

このことから、長包の作曲は、同旋律モチーフを、他の自作曲に転用するという作曲手法が、特徴的に捉えられた。

40　鈴　虫――作詞は野口雨情と判明

大正14（1925）年に作曲（42歳）、作詞者は野口雨情。曲は、イ長調、2/4拍子、16小節で曲全体を通して、付点8分音符と16分音符のリズムパターンで、軽快で弾むようなスキップのリズムで構成され、単旋律、歌詞は2番まである。

作詞について、これまで、「童謡雑誌より」となっていた。筆者は、『作曲全集2003』で初めて楽譜化し、収録曲として位置付けたが、その時点では、「童謡雑誌より」の根拠が立証出来ず、また、作曲年も不明であった。

その後、作詞者と作曲年を明らかにする調査過程において、長包の「鈴虫」と野口雨晴の「鈴虫の鈴」が同一の歌詞であることを確認することができた。（注40-1）

その結果を踏まえて、作詞者は、これまでの「童謡雑誌より」を改め、作詞者「野口雨情」と訂正することとする。

ところで、長包と野口雨情の関わり合いは、双方に直接面識がないとしても、長包は、野口雨情

【楽譜16】「ふる里」アウフタクトで始まる歌い出し６小節〜９小節目

の作品に関心をもっていたことが、次の演奏会プログラムで知ることができた。

昭和10年2月17日に昭和会館で開催された、「首里至聖廟移築記念演奏会」のプログラムに、「合唱及び斉唱　雀踊り　野口雨情作歌　中山晋平作曲　一部五年」と記載され、歌詞が掲載されている。歌詞は3番まであり、ちんちんちーちく、ちんちくぱーちく、ぱーちくちーちく等の、リズミカルな歌詞で表現されている。雀が踊っている様子を、言葉遊び風に表現しており、コミカルな童謡曲である。

41　ふる里——郷愁と誇り

大正14（1925）年に作曲（42歳）、作詞者は金城栄治。曲は、ニ長調、3|4拍子と2|4拍子が頻繁に変わる転拍子で、前奏、間奏、後奏のピアノ伴奏で構成された、32小節の作品である。

転拍子は、長包が多用している作曲技法で、「あかゆらの花」、「南国の花」等、数多くの作品に見られる。

アウフタクトで始まる歌い出し、「どんとふんだよふるさとのつち」の最初のフレーズは、低音A・音(ラ・)から高音2点・D音(・・レ)に上行する旋律線が、ふる里への郷愁や誇りを強烈に感じさせる。【楽譜16】

別作品で、「ふるさと」(作詞：北村重敬・名嘉山興真／楽譜不明)、「故郷」(作詞：楽譜不明)もあるが、3曲は別作品である。

42　でいご――数少ない転調曲

大正14(1925)年に作曲(42歳)、作詞者は北村重敬。曲は、4/4拍子でアウフタクトで始まり、1~12小節(及び26~37小節)は変ロ長調、13小節(繰り返し38小節)以降は、変ホ長調に転調している。歌詞は3番まであり、74小節の曲で構成されている。

長包の作品には、転拍子の曲は多いが、転調の曲は以外と少ない。後半の65小節目に3度音程で下行する音階が現れ、70小節目から終止に向かう上行形と下行形の音階的コントラストが、毅然とした真紅のでいごの花を印象づけている。

北村重敬とのコンビによる作品は、「南国の花」(1923)、「岩崎翁を頌す」(1924)、「子供を頌す」(1924)、「でいご」(1925)、「亡父追善歌」(1926)、「ふるさと」(192

4)、「大浜尋常高等小学校校歌」(1922)、「大浜尋常高等小学校行進曲」(1922)、「白良尋常高等小学校校歌」(1926)、「石垣小学校40年周年記念日の歌」(1921)があり、長包の作曲活動が始動した大正10~15(1921~1926)年頃の作品である。

43 静思——作詞・旋律不明

大正14(1925)年に作曲(42歳)、作詞者不明。詞・曲も不明である。この曲は、大正14(1925)年2月20日に開催された演奏会で発表されたことが、沖縄タイムス紙面に記載されている。「静思」は貴重な発掘曲だが、未だ詳細はつかめていない。

44 雀のお宿——旋律不明

大正14(1925)年に作曲(42歳)、作詞者は北原白秋。長包作曲の「雀のお宿」は、曲が不明で、詳細はわかっていない。おそらく、北原白秋の詞に、長包が旋律をつけたのではないだろうか。

前掲の大正14年2月20日に開催した演奏会が、沖縄タイムス紙面に演目として、「二部合唱　雀のお宿　宮良長包作曲」が含まれており、長包作品に間違いはない。

現今、他者の歌詞に許可なく旋律をつける作曲は、著作権が絡むためタブーだが、長包が活躍したその時代は、習作などの範囲内では、比較的容認されていたのではないだろうか。

同名曲で、作詞：北原白秋、作曲：弘田龍太郎があり（注44-1）、長包の「雀のお宿」とは別作品である。

【歌詞８】「雀のお宿」作詞：北原白秋（原文ママ）

笹藪、小藪、小藪のなかで、
ちゆうちゆうぱたぱた　雀の機織
彼方でとんとん　此方でとんとん
やれやれ、いそがし　日がかげる
ちゆうちゆうぱたぱた　ちゆうぱたり

雀、雀、雀の子らは
ちゆうちゆうぱたぱた、その梭ひろひ
上へ行ったり　下へ行ったり
やれやれ　いそがし　日がつまる

青縞　茶縞　茶縞のおべべ
ちゆうちゆうぱたぱた、何反織れたか
朝から一反　晝から一反
やれやれいそがし　日が暮れる
ちゆうちゆうぱたぱた　ちゆうぱたり

現代漢字かな遣い：
ちゆうちゆう→ちゅうちゅう
ちゆうぱたり→ちゅうぱたり
梭ひろひ→筬ひろい
晝→昼

【歌詞8】は、『白秋童謡集　第一集トンボの眼玉』（注44-2）に収録されている「雀のお宿」の詩である。

解明の糸口がないだけに、せめて歌詞の存在を記しておくことで、研究を次に繋ぐことができるだろう。何らかを見出すステップになればいいのではないか、と考えている。

ただ、長包版「雀のお宿」が、どのような旋律なのか、残念ながら、現時点ではわかっていない。

45　無人島の曲——手掛かりのない作品

大正14（1925）年に作曲（42歳）、作詞者は不明。作詞・旋律も不明で、曲の内容は、つかめていない。

大正14年2月20日、沖縄タイムス（現・沖縄タイムス社と異なる）掲載記事「師範音楽会」には、「三部合唱　無人島の曲　宮良長包作曲」とあり、長包の作品として間違いないが、詳細はつかめていない。

大正14年前後の長包の教育活動は、大正10（1921）年に、沖縄県師範学校教諭心得に着任し、大正13（1924）年には、沖縄県立女子工芸学校の音楽兼任教諭として教壇に立ち、音楽教育の実践で活躍した多忙な時期と思われる。

作曲活動は、名曲「えんどうの花」大正13（1924）年を始め、大正10（1921）から大正15（1926）にかけて49曲の作品を生み出している。

この時期は、音楽教育活動、作曲活動ともに充実しており、その後の活躍を窺わせるものである。

46　五十音歌——白秋の詞に作曲

推定、大正12－14（1923－25）に作曲（40－42歳）、作詞者は北原白秋。詞の題名は、「五十音」で、発音や滑舌の練習に活用され、現在でも、俳優やアナウンサー等が、発音の基礎トレーニング・メソッドとして使われているという。

四・四・五型で創作されており、まるで、旋律に乗せたようにリズミカルで抑揚のある詞である。【歌詞9】

雑誌『おきなわ（第2巻16号）』には、山里将秀氏による「八重山の生んだ音楽詩人　宮良長包先生」と題した文章が掲載されている。（原文ママ／カッコは筆者）

「昭和4年頃、県の嘱託で書かれた勤倹節約の歌〝一日に一厘（ぐんじゅう）（五十（ぐんじゅう）の誤りか）〟の琉歌調は正

【歌詞９】「五十音」作詞：北原白秋（注46-3）（原文ママ）

- 水馬(あめんぼ)赤(あか)いな。ア、イ、ウ、エ、オ
  浮藻(うきも)に小蝦(こえび)もおよいでる
- 柿(かき)の木(き)、栗(くり)の木(き)。カ、キ、ク、ヶ、コ
  啄木鳥(きつつき)こつこつ、枯(か)れけやき
- 大角豆(ささげ)に酢(す)をかけ、サ、シ、ス、セ、ソ
  その魚(うを)浅瀬(あさせ)で刺(さ)しました
- 立(た)ちましよ、喇叭(らっぱ)で、タ、チ、ツ、テ、ト
  トテトテタツタと飛(と)び立(た)つた
- 蛞蝓(なめくじ)のろのろ、ナ、ニ、ヌ、ネ、ノ
  納戸(なんど)にぬめつて、なにねばる
- 鳩(はと)ぽつぽ、ほろほろ。ハ、ヒ、フ、ヘ、ホ
  日向(ひなた)のお部屋(へや)にや笛(ふえ)を吹(ふ)く
- 蝸牛(まいまい)、螺旋巻(ねぢまき)、マ、ミ、ム、メ、モ
  梅(うめ)の實(み)落(お)ちても見(み)もしまい。
- 焼栗(やきぐり)、ゆで栗(くり)。ヤ、イ、ユ、エ、ヨ
  山田(やまだ)に灯(ひ)のつく宵(よい)の家(いえ)。
- 雷鳥(らいてう)は寒(さむ)かろ、ラ、リ、ル、レ、ロ
  連花(れんげ)が咲(さ)いたら、瑠璃(るり)の鳥(とり)。
- わい、わい、わつしよい。ワ、井、ウ、エ、ヲ
  植木屋(うゑきや)、井戸(ゐど)換(が)へ、お祭(まつり)だ

現代漢字かな遣い：

- 立(た)ちましよ→立(た)ちましょ
- 鳩(はと)ぽつぽ→鳩(はと)ぽっぽ
- 螺旋巻(ねじまき)→ねじ巻
- 梅(うめ)の實(み)→梅の実
- 雷鳥(らいてう)→雷鳥(らいちょう)
- ワ、井、ウ、エ、ヲ→ワ、イ、ウ、エ、オ
- 植木屋(うゑきや)→植木屋(うえきや)　井戸換(ゐどが)へ→井戸換(いどが)え

に愛すべく、私が上京して上野の下総教授私宅へ和声学を学んでいた頃、沖縄の話が出て宮良先生のお話と此の作品(「汗水節」と思われる)をお目にかけたら、なかなか面白い曲だと仰言って旋律を歌っておられた。〔略〕それから八重山音頭も軽快でよく、島袋全孝(全幸の誤りか)作歌の名護

小唄も逸品である。それから童謡曲の中に北原白秋「五十音歌」(正しくは「五十音」)は、下総教授も同詩に作曲されているが、我が宮良先生も実に見事な筆法で堂々たるものであるし、佐々木英作曲の「兎の電報」にも同じく作曲しているが、私は寧ろ宮良先生の作品を高く評価する」と、回想している。(注46-1)

ここに登場する下総教授とは、音楽教育者・作曲家で、東京音楽学校(現・東京藝大)元教授の下総皖一(しもふさかんいち)(注46-2)のことであろう。

確かに、下総は、北原白秋の詩「五十音」に作曲、「五十音の唄」として発表し、楽譜化されている。

長包は、曲名を「五十音歌」として発表しているが、残念ながら曲は見つかっていない。

ところで、長包が、大正8(1919)年に作曲した「発音唱歌」は、「五十音歌」より、4~5年前に作曲しており、発音練習を目的とした楽曲として、〝先駆け作品〟ともいえるだろう。

47　緋色の小袋

――メモ楽譜から完成

大正15(1926)年に作曲(43歳)、作詞者は桃原思石。曲は、ハ長調、4/4拍子、12小節の単旋律で、歌詞は2番まである【歌詞10】。旋律は、第4音(ファ)と第7音(シ)のないヨナ抜き旋法で構成され、出だしE音（ミ）で始まりE音（ミ）で終止している。基本的には、主音のC音（ド）で終止するが（長調の場合）、この場合、繰り返し効果がある。終止の類似したケースでは、「発音唱歌」にも見られる。

「緋色の小袋」は、おはじきをしながら歌う遊び歌風で、楽しい気分にさせてくれる曲調である。

楽譜は、仲地千賀子さん（前出）の所蔵資料から収集したメモ楽譜を補訂し、『作曲全集２００３』に収録した。【楽譜17】

【歌詞10】「緋色の小袋」

１．緋色の小袋　なんの音
そっと口あきゃガラスのお足
お足じゃないの　はじき玉

２．緋色の小袋　玉の音
夢の国から　持てきたお足
お足じゃないの　はじき玉

※歌詞の解釈

１．緋色の小袋から聴こえてくる音は何の音ですか？
そっと覗くとガラスのお金のように見えます
お金の音じゃないですよ、おはじきの音です

２．緋色の小袋から聴こえてくる音は玉の音ですか？
夢の国から持ってきたお金の音じゃないですか？
お金の音じゃないですよ、おはじきの音です

ところが2005年、『南島唱歌第一輯』が発見された折、「緋色の小袋」がその楽譜集に収録されていることが判明した。【写真18】

しかし、両者を照合してみると、【楽譜17】9~12小節の旋律と、【写真18】の9~12小節では異なっている。【楽譜17】の9小節~12小節は削除され、D.CとFineで12小節になっているのである。

つまり、【楽譜17】の16小節の長さを、【写真18】の12小節の長さに手直ししたのだろうか、という疑問である。

「えんどうの花」が「居りましょう」、「帰りましょう」の歌詞で論争を呼んでいるように、長包は自身で曲を手直しした場合でも、理由や説明を記載する痕跡はなく、後々、長包音楽の研究者や愛唱家が、解釈に困り誤解を生みやすい。

長包は、自身の曲を教室に持ち込み、子ども達や生徒に歌ってもらい、手直しするという全く気負いのない自然体で作曲を行っている。長包にとって、自身の作品を手直しするという判断は、「歌い易さ」なのであろう。

【楽譜17】「緋色の小袋」『作曲全集2003』

【写真18】「緋色の小袋」『南島唱歌第一輯』

48 孤 児――作詞者の福井直秋は恩人

大正15（1926）年に作曲（43歳）、作詞者は福井直秋。曲は、4/4拍子の単旋律で、変ホ長調で始まり、9～12小節に変ホ短調、13～16小節は、再び変ホ長調に変化するという同主調で転調している。

歌詞は1番のみで、3連符を多用した構成が特徴的な曲である。

作詞者の福井直秋（明治10〈1877〉～昭和38〈1963〉年）は、宮良長包が楽譜ピース版の「鳩間節」（注48－1）を発行した折に支援し、長包音楽を評価してくれた恩人である。

福井は、明治から昭和期にかけて日本の音楽教育界に多大な影響を与え、後に、武蔵野音楽学校（現・武蔵野音楽大学）の創設者になり、初代学長となった。

長包の第一号作曲集『南島唱歌第一輯』（1927）の発刊に、福井は序文を寄せている。

『南島唱歌第一輯』福井直秋の序文（原文ママ）

序

宮良君は我が音樂教育家中稀に見る篤學者であって、また沖縄民謡の熱烈なる研究者であり、健實なる作曲者である。予は君の紹介によって沖縄民謡の典雅なるを愛し、優雅なるを喜んでゐること既に幾久しいのである。であるから南島唱歌の刊行については衷心からこれを欣懐とし、著者の勞を多とすると共に、優しい聲美しい聲で、南島は申すまでもなく、廣く全國に響き渡るに相違ないと信ずるものである。

長包は、「南島唱歌第一輯」として発刊したことについて、おそらく、二輯、三輯と続編の発行を計画していたのではないだろうか。

しかし、長包自身が編集、出版した『作曲集』は、昭和11（1936）年2月の『首里古城―宮良長包創作曲集第一編』（共益商社書店／1927）を待つことになる。

49　亡父追善歌――猛烈な作曲活動の始まり

大正15（1926）年に作曲（43歳）、作詞者は北村重敬。曲は、口短調、6/8拍子、24小節の単旋律で、歌詞は2番まである。楽曲スタイルは、ABA形式で物悲しい中にも、美しいメロディーラインが心に染み入る曲である。

この曲は、長包が出版した3番目の作曲集『琉球の新民謡』（注49-1）に収録された曲で、「この歌曲を亡き父上様の御霊前に捧ぐ」と副題を記している。

長包の父、長英は、大正10（1921）年3月に他界しており、その5年後に、「亡父追善歌」を作曲したことになる。

大正10（1921）年は、沖縄県師範学校教諭に着任し、デビュー作「鳩間節」を作曲、大正11（1922）年に「赤ゆらの花」、大正12（1923）年は「泊り舟」、大正13（1924）年は長包のシンボリックな名曲「えんどうの花」、大正14（1925）年は「ふる里」を作曲し、数々のヒット作を生み出している。

これを機に、長包の作曲家としての才能が、いよいよ開花するのである。

50 鷲の鳥（ばすぃぬとぅるぃ）——祝宴の歌

昭和2（1927）年に作曲（44歳）、作詞者は泉国夕照。曲は、4/4拍子のアウフタクトで始まる17小節の重唱曲である。八重山民謡「鷲の鳥節」の主旋律を駆使し、長包は四重唱のアカペラで作曲している。民謡の「鷲の鳥節」は、八重山の風習で祝宴の座開き（幕開け）に必ず踊る演目で、「元旦の朝に鷲が東天に飛翔するめでたさを歌った節歌」であり、めでたい席で踊りと共に演じる厳かで典雅な曲である。

長包は、「鷲の鳥」を四重唱に作曲した他、音楽教材として三線の工工四譜と五線譜、それに歌詞を併記した総譜で表わしている。（注50－1）

また、長包の研究論文では、「（前略）然らば沖縄音楽譜とも称すべき工工四なるものは如何に。固（ママ）より旧世紀の形見として古物と珍重せらるるも、決して新沖縄の現代楽譜として物足らぬ心地す。（中略）歌曲の高低、長短、強弱、緩急等の記譜なく、従てこれを学ばんとするや、必ず師匠の許に至り、いわゆる直感教授を受け、永久の時日を投じ、殆ど専門的に研究せざれば、その技術の発達を望むべからず。（略）、宜（むべ）なる哉、音楽は世界の普通語なりと。然るに沖縄楽譜工工四は、沖縄の小天地にのみ活用せらるものにして、一歩踏み出して他の楽界に至らんか」（注50-2）と述べ、工工四譜にのみ固執することを課題提起し、沖縄音楽の工工四譜を五線譜化する必要性について力説している。

51　ちゅんちゅん雀——作曲集第1号『南島唱歌第一輯』に収録

昭和2（1927）年に作曲（44歳）、作詞者は新垣隆正。曲は、ニ長調、2/4拍子、25小節で、歌詞は1番のみである。前奏や後奏部分に16分音符を使い、雀のすばしっこさを表現、チュンチュンと鳴く箇所にも16分音符を駆使し、雀の愛らしさを表現している。

出だしのE音（ミ）と終止のE音は、主音のD音（レ）を敢えて使わない音使いが特徴的だ。

平成17（2005）年6月、資料収集家、野々村孝男氏の調べにより、長包自身が編集した存命中の作曲集第一号『南島唱歌第一輯』が、東京藝術大学附属図書館に所蔵されていることが分かった。筆者は早速、東京芸術大学附属図書館を訪ね、閲覧と曲分析を行った。それは、長包が手掛けた最初の『作曲集』であり、9曲が収められている。

宮良長包研究者の三木健氏は、かねてからその存在を「童謡集」として示唆していたが、詳しいことがわからなかった。しかし、『南島唱歌第一輯』の出現で、「ちゅんちゅん雀」が収録されていることが判明、78年振りにその姿を現わした。

『南島唱歌第一輯』には、「月夜の鷗」、「月」、「旅心」、「あきずすいすい」、「牛」、「えんどうの花」、「緋色の小袋」、そして「ちゅんちゅん雀」の8曲が長包作品として収められており、他に、八重山のわらべ歌「ほういてふが(ほういちょうが)」(月の美しゃ)の1曲が収録されている。

52 月夜の鷗――転拍子で童謡風

昭和2(1927)年に作曲(44歳)、作詞者は新垣隆正。前出の「ちゅんちゅん雀」と同様、『南島唱歌第一輯』に収録されている曲である。曲は、アウフタクトで始まる16小節の単旋律で、歌詞は2番までである。3/4拍子で始まるが、15～16小節で4/4拍子に変化する転拍子である。

調名は、変イ長調で始まり、9～12小節で臨時記号のC♭(ド♭)とF♭(ファ♭)に変化をつけ変イ短調に転調し、13～16小節で再び変イ長調に戻る。曲の特徴として3連符で鷗の愛らしさを表現した童謡風である。

53　月――長包作品には数少ない転調曲

昭和2(1927)年に作曲(44歳)、作詞者は不明。『南島唱歌第一輯』に収められている。曲は、4/4拍子で16小節で歌詞は4番まである。

調名は変ホ長調で始まり、途中、同主調の変ホ短調、再び変ホ長調に転調する。3連符を主体にした作曲手法は、「月夜の鷗」や「旅心」の作曲スタイルと共通している。

54　旅心(へちまの棚)――「へちまの棚」は「旅心」

昭和2(1927)年に作曲(44歳)、作詞者は金城栄治。「へちまの棚」は、大正14(1925)年に作曲(42歳)、作詞は金城栄治。曲は、変ホ長調(「へちまの棚」はニ長調)、3/4拍子で20小節である。2曲の調性に相違があるのは、「へちまの棚」は記憶を辿って歌った当間典子さんが、歌唱した音高によるものであり、原曲に影響しない。

実は、この曲には2つ名前がある。というのも、戦火に埋もれた長包メロディーを発掘研究している筆者に、「長包先生の『へちまの棚』歌えます」と、那覇市在住の当間典子さんから情報をいただいた。早速、お目にかかって当間さんの歌唱の採譜を行なった（注54-1）。インタビューにおいて、「母がよく歌っていたので、私もいつの間にか覚えて歌っていた」とのことだった。さらに、那覇市在住の宮城美智子さんが、2番歌詞を記憶して歌唱し、楽譜が完成したのである。（注54-2）【楽譜18】

発掘研究は、長包の曲として根拠となる判断が一番難解である。過去の既成曲に同メロディーが存在しているかを調査したり、当間さんや宮城さんが歌唱したテープを持ち歩き、お年寄りに聴いていただいて確認したり等、様々な裏付け調査を行い、結果、長包メロディーと判断したのである。

ところが、その3年後の2005年、『南島唱歌第一輯』が、東京芸術大学附属図書館に所属されていることがわかった。調べてみると曲中に「旅心」が収録されており、「へちまの棚」と同曲であることが判明した。曲名は、「旅心」であったが、「へちまの棚」が、長包の作品に間違いないことに、筆者は安堵した。たとえ、長包作品と断定する要素が整っていたとしても、英断には責任が伴う。

【楽譜18】と写真【写真19】の両者を見てみると、当間さんと宮城さんが歌唱した「へちまの棚」は、『南島唱歌第一輯』に所収されている「旅心」とほとんど差異がない。当間さん、宮城さんの歌唱は極めて正確で、この曲の特徴的な3連符も的確に表現している。当間さん、宮城さんの

【楽譜18】「へちまの棚」

へちまの棚
金城栄治　作詞
当間典子・宮城美智子　歌唱
宮良長包　作曲
大山伸子　採譜
1. へ　ち ま　の　た ー ー な　の　う ー す あ　か　り
2. む　ー ね　に　は ー い よ　る　さ ー び し　さ　は
つ　ー き　は　お ぼ ろ　に　て り う　ど　う
つ　き よ　の　せ ー い　か　た め い　き　か
こ こ ろ　は　さ　ー み　し　あ き ち　か　み
お さ な　き　い　ー も　の　す す り　な　き
は ざ ま　の　さ　ー と　の　う ー す あ　か　り
お ー ぼ　ろ　つ　き よ　の　さ ー び し　さ　は
こ ー ー よ　い　ね ー ざ め　の　た ー び ご　こ　ろ
お ー と な　き　み ー ー よ　の　う ー す あ　か　り

【写真19】「旅心」『南島唱歌第一輯』

記憶力、歌唱力に敬意を表すると共に、人が記憶して歌う旋律は、ほとんど正確だということを、改めて実感したのだった。

幸運にも今回のケースは、「旅心」が発見されるまで、「へちまの棚」が、長包メロディーの存在を、守ってくれていたことになる。

「へちまの棚」は「旅心」、そして「旅心」は「へちまの棚」なのである。

55　あきずすいすい――沖縄方言でとんぼの呼称

昭和2(1927)年に作曲(44歳)、作詞者は新垣隆正。曲は、4/4拍子、16小節で歌詞は1番のみの短い詞である。調名は、主調のト長調から同主調のト短調に転調し、再びト長調に戻っている、典型的なAB(a b a′)形式である。

「あきずすいすい」とは、沖縄の方言でとんぼの呼称であり、15小節目の《おりゃがさとにも》で一旦、高音2点D音(レ)をフェルマータで延ばし、16小節目で《寄っとくれ》と終止している。フェルマータを効果的に使い、とんぼが止まる様を見事に表している。【楽譜19】

【楽譜19】「あきずすいすい」原曲譜

56　駅路（うまやじ）——馬車に揺られる情景を表出

昭和3（1928）年に作曲（45歳）、作詞者は泉国夕照。曲は、へ長調、6/8拍子、30小節、2重唱で構成され、ピアノ伴奏も作曲している。1小節～4小節目1拍のF音（ファ）から高音2点C音（ド）への跳躍が、ダイナミックな動きを醸し出し、歌と歌の間に（ラララララ）を挿入、4分音符（♩）と8分音符（♪）のリズムパターンと3拍遅れのカノンが、馬車に揺られる様子や、馬車から見える景色を描写して、駅路のイメージを一層想起させる。

最も音楽的な特徴は、6/8拍子で作曲していることである。つまり、〝馬の歩〟のリズムではなく、馬車に揺られる乗客が感じるスイングのリズムである。（♩♪♩♪｜♩♪♩.）2/4拍子や4/4拍子だとマーチ風になり、3/4拍子だとワルツ風になる。長包は、的確に〝揺れるリズム〟を6/8拍子で捉えたのではないだろうか。

57 春小雨――音階的旋律に気品

昭和3(1928)年に作曲(45歳)、作詞者は泉国夕照。曲は、変ホ長調、33小節の2重唱曲で、歌詞は3番まである。拍子は、4/4拍子、3/4拍子、2/4拍子が繰り返し変化する転拍子で、最終小節は、3/4拍子で終止する。

歌い出しの上行形と下行形の音階的旋律が、前半部と後半部の旋律モチーフで繰り返され、気品を醸し出している。

曲は、ピアノ伴奏2小節目の装飾音符や、歌出し8小節目から、G音(ソ)→A♭音(ラ♭)→B♭音(シ♭)→高音2点‥F音(‥ファ)→高音2点‥E♭音(‥ミ♭)→高音2点‥C音(‥ド)→B♭音(シ♭)の上行形・下行形に続き、10小節目から、A♭音(ラ♭)→B♭音(シ♭)→A♭音(ラ♭)→G音(ソ)→F音(ファ)→E♭音(ミ♭)の下行形が、音構成を変えながら繰り返すメロディーラインが特徴的で、長包作品の妙味である。

長包は、二重唱とピアノ伴奏で作曲しているが、「生誕120年記念宮良長包コンサート2003」では、初めてオーケストラとソプラノの共演で演奏され(編曲・指揮/高宮城徹夫　演奏/ソプラノ平山留美子　沖縄交響楽団)、長包作品が新しい表現スタイルで披露された。

また、作曲家の平吉毅州(ひらよしたけくに)氏(1936―1998)は、女性三部合唱に編曲し【楽譜20】、度々演奏されている。編曲のいきさつは、長包の愛弟子である大浜当忠氏（注57-1）が、東京滝野川合唱団で指導者として活躍していた折、平吉毅州氏と交流があり、大浜氏の師である長包の作品数曲（「桑の実」「帰り舟」「船路」「迷い鳥」「日暮れ」「春小雨」）の編曲を、依頼したとのことである。

このように、長包作品が、さまざまな演奏形態で味わえることは、長包の奥深さではないだろうか。

「春小雨」は、長包の独創性が遺憾なく発揮された作品である。

泉国夕照とのコンビでは、「コイナユンタ」（1929）、「稲刈歌」（1930）、「だんじゅ嘉利吉」（1930）など10曲あり、沖縄民謡・八重山民謡を元歌にした重唱曲が多い。

poco rit.
a tempo
poco rit.
a tempo
rit.

【楽譜20】「春小雨」平吉毅州（編曲）の直筆譜全曲

58 オランダ屋敷――「朝鮮の印象」曲の特徴的リズムを活用

昭和3(1928)年に作曲(45歳)、作詞者は松山晴児。曲は、ト長調、4/4拍子、22小節で、歌詞は4番まであり、ピアノ伴奏を作曲している。

長包の盟友で沖縄県立第二高等女学校教諭の備瀬知範は(前出)、「ヒントをつかむのが極めて巧みで、編曲の技は、実に妙を得ていた」と述べ、長包が民謡を元歌に、巧みに編曲する作曲手法を賞賛している。

備瀬は、「いつか武井守成の高級なマンドリン合奏で朝鮮の民謡を主題にした曲を聴いてもらったところ、その中に《タタッタタッタッ》という特殊なリズムが伴奏部に出てきて、二人はいたく心を惹かれたが、次の日曜日に早速、自作の中にそのリズムをうまく生かしてあった」(注58-1)と述べている。

そこで、①朝鮮の民謡を主題にした曲とは何か②特殊なリズムを生かした自作の曲とは何か、について調べてみた。その結果、朝鮮民謡で「朝鮮の印象」(注58-2)の曲のリズムに《タタッタタッタッ》があり、そのリズムを、「オランダ屋敷」の伴奏部、12、16小節《タッタタッタタッタッ》に、「朝鮮の印象」に酷似したリズムを取り入れた箇所がある。【楽譜21】。

備瀬が、「長包はそのリズムを自作曲にうまく生かしていた」というのは、「朝鮮の印象」のリズム

【楽譜21】「オランダ屋敷」１～16小節抜粋

【写真20】シュワルツ夫妻居住のオランダ屋敷（作曲のモデルになった）

《タタッタタッタッ》を、「オランダ屋敷」の伴奏部12、16小節《タッタタッタタッタッ》に活用したのではないか、と考えられる。

曲名の由来は、那覇市安里にメソジスト宣教師のヘンリー・シュワルツ夫妻が居住していた屋敷があり【写真20】、「オランダ屋」（ウランダヤー）と呼ばれていたことのようだ。

59　首里古城――装飾音符の妙

昭和3（1928）年に作曲（45歳）、作詞者は伊波南哲。詩人の伊波は、石垣島の同郷で、長包が卒業した登野城尋常高等小学校（長包が卒業し、教職に就いた初任校）の後輩である。伊波は、崩壊寸前だった当時の首里城を詠み【写真21】、長包は、アルペジオやトリルの装飾音、フェルマー

【写真21】戦前の首里城　昭和２年〜７年にかけて解体修理が行なわれた

タを駆使し、古城の佇まいを緻密な音使いで描写している。【楽譜22】

曲は、40小節で、ホ長調からホ短調、20小節目のピカルディ終止の後、再びホ長調に転調している。拍子は、4/4拍子から3/4拍子、4/4拍子、2/4拍子と転拍子を繰り返し、最終小節は、4/4小節で終止している。

ことほど左様に、拍子は目まぐるしく変化しているが、転拍子は長包が好んで作曲する手法の一つで多用している。

作詞者の伊波南哲は、長包の高弟、糸洲長良と外間永律が編輯したガリ版刷りの、「宮良長包曲第2輯」（1950年）の序文に、このように述べている。（略の箇所以外原文ママ）

「棕櫚のすべすべした青い葉っぱが、南国の海南風をうけてふるえる。嵐のときは激しく、月光に濡れてはかすかにふるえる。それは恰も自然の

音楽をかなでるピアノのキイみたいだ。そのようなセンシビリティの持主が宮良長包先生であった。（略）

首里古城を作曲されたときの思い出を、私は永久に忘れないであらう。古色蒼然とそびえたつ首里の城が、戦争のために、よしんば灰燼に帰したとはいえ、この名曲のみはいつまで遺るに違いない。先生の第2曲集を編まれるに当たって、これをもって序となす。一九五〇年五月　伊波南哲」

長包は、歌とピアノ伴奏で作曲しているが、「宮良長包生誕130年記念音楽祭」（宮良長包130年実行委員会／2013・6・30）おいて、テノールとオーケストラ編成で演奏され（編曲・指揮／高宮城徹夫、テノール／与儀巧、オーケストラ／沖縄交響楽団）、豊かな音色の響きが、長包音楽の魅力を一層引き立てた。不朽の名作といわれている芸術性の高い作品である。

ところで、首里城は、令和元（2019）年10月31日の未明、突然の火災に見舞われ正殿が炎上、9施設もの建物が焼失する不幸な出来ごとが起こった。私は、炎上した正殿を、たまたまテレビで見ていたのだが、あまりの衝撃的な出来事に足がすくんでしまった。それほどショッキングな出来事だった。

首里城は、沖縄の歴史を見てきた証言者でもある。首里城は、これまで戦争で全壊したり、古い建物のため、数回復元しているが、長包が見ていた首里城は、朽ち果てた古い建物だったようで、

【楽譜22】「首里古城」（１～16小節抜粋）

それでも気品に満ち溢れた静かな佇まいである。【写真21】
沖縄県にとってシンボリックな首里城は、令和8（2026）年秋ごろの完成を目指し、復元作業が急ピッチで行われている。

60 帰り舟――囃子が癒し効果

昭和3（1928）年に作曲（45歳）、作詞者は宮良高夫。宮良が、沖縄県立第一中2年在学時の作品である。曲は、変イ長調、17小節で、拍子は、4/4拍子と2/4拍子が交互に頻繁に変わる拍子で構成され、1小節毎に拍子が変わるという、長包の転拍子へのこだわりが見られる。

磯の浜辺で漁に出た父の帰りを待つ子の心情を描写したもので、曲中6小節目の囃子《アイヨ》、《ポッポ》が、夕暮れ時の情景、帰島を待ちわびる心情や安堵感を表し、癒し効果がある。

宮良スミ編『宮良高夫』（注60-1）によると、「宮良高夫の詩情あふれる作詞と長包の作曲がマッチしたすばらしい歌。教育音楽的な要素をもちながらも、どこかにさびしさを秘めた曲」と記述されている。（注60-2）

長包は、楽譜上に、速度を表示することはあまりないが、帰り舟には、最初は「ゆるく」、途中10小節目から「速く」というテンポの指示がある。

61　船　路――久米島が題材

昭和3(1928)年に作曲(45歳)、作詞者は宮里静湖。曲は、変ホ長調、歌詞は2番まであり、ピアノ伴奏を作曲している。拍子は、2/4拍子に始まり、17小節で4/4拍子、18小節で再び2/4拍子に戻る転拍子で構成されている。作詞者の宮里は、沖縄県久米島出身で、長包とのコンビ作品は、「桑の実」(1932)、「荒磯の歌」(1935)、「久米島小唄」(1934頃/楽譜不明)があり、「久米島町立久米島小学校校歌」(1938)は、85年間も歌われている〝現役校歌〟である。

今般、宮里の実娘、山里敬子さん宅から見つかった「詩集　宮里静湖」には(注61-1)、「昭和三年八月、夏季音楽講習受講のため夜航の船に乗船、暮れゆく島影とリーフにくづれひろがる黒潮のうねりを眺めたわびしさと、翌朝、曙光きらめく港入の光景を歌った」と、宮里自身の歌詞解説がある。

【歌詞11】

宮里の詞は、久米島の自然を歌ったものや久米島を題材にした作品が多い。

長包の教え子、志磨のぞみは『海南時報』(注61-2)で、「船路」について次のように執筆している。「(略)『故郷』の曲は至る所に於いて永井郁子女史に歌われ、『船路』は平和館において藤原氏

【歌詞11】「詩集　宮里」船路の宮里静湖自筆

船路

空ゆく雲に　風たてば
船路はわびし　波の花
千鳥しば鳴き　たそがれの
島影遠く　かすみわたりて
八重の黒潮　うねりは高し

あした船路に　目ざむれば
瑠璃の海原　風なぎて
舞いつ浮かびつ　かもめ鳥
潮の香ただよい　曙光きらめく
見渡す彼方　港は近し

注　昭和三年八月、夏季音楽講習受講のため夜航の船に乗船、暮れゆく島影とリーフにくづれひろがる黒潮のうねりを眺めたわびしさと、翌朝、曙光きらめく港入の光景を歌ったもので、宮良長包先生の作曲で集録されている。

【写真22】「平和館」藤原義江による「船路」を演奏

に歌われ、天下の共鳴した事は未だ新しい事である。」(注61-3)

藤原義江は、世界的に有名なオペラ歌手であり、沖縄に赴き平和館【写真22】において、名曲「船路」を歌ったと、志磨は述べているが、開催日時は記されていない。

また、藤原の演奏会の様子について、昭和9(1934)年6月28日付けの琉球新報紙面に、「宮良長包の《船路》を唄ふ　けふから平和館で」のタイトルで、記事が掲載されている。

志磨の海南時報への投稿は(昭和11年11月)、昭和9年に平和館で開催された、琉球新報記事の演奏会について執筆したのだろうか。

一方で藤原は、1959年にも来沖している。おそらく、演奏会出演のためであろうが、「春、台湾、沖縄へ行く」(注60-4)と記載されているのみで、残念ながら、藤原の演奏内容については、記載がない。

62　夕立――16分音府が夕立を表出

昭和3(1928)年に作曲(45歳)、作詞者は新屋敷幸繁。曲は、イ短調、24小節で、歌詞は3番まであり、ピアノ伴奏も作曲している。拍子は、2/4拍子、5/8拍子、2/4拍子、3/8拍子、そして2/4拍子に戻り、4拍子系と8拍子系(または2拍子系)が混在している転拍子である。

前奏の1~5小節は、16分音符を主体に、急に強く降る夕立の様子がリアルに表現されている。旋律は、8分音符を主体に構成されているが、伴奏は要所要所に16分音符の分散和音を用い、突然降る〝夕立〟を表わしている。

63 瀧口マーチ——唯一の器楽曲

昭和3(1928)年に作曲(45歳)、器楽曲で、曲は不明である。昭和3(1928)年2月5日開催の、沖縄県師範学校演奏会プログラムによると、「ピアノ獨弾/及びオーケストラ　瀧口マーチ(宮良長包作曲)」と記されている。楽器編成は、「ピアノ、ヴァイオリン5名、クラリネット、コルネット、バス、シロホン、タンボリン(ママ)、トライアングル、カスタネット、大太鼓、小太鼓、指揮　職員宮良長包」と記載されている。ピアノ独奏には「糸洲長良」とあり、長包の高弟で、沖縄県師範学校の教え子である。

この楽器編成から察すると、ピアノ協奏曲を想定したものだろうか。楽器が不十分なその時代に、少ない楽器を活用しながら演奏に腐心している、長包の音楽教育者としての熱意ある姿が映し出されている。

64 汗水節(あしみじぶし)——沖縄民謡と誤解されている名曲

昭和4(1929)年に作曲(46歳)、作詞者は仲本稔。曲は、へ長調、12小節、拍子は、4/4拍子、歌詞は6番まであり、歌と三線の五線二段譜で作曲されている。

実は、『作曲全集2003』において、これまで認知されていた24小節、2/4拍子の曲として収録したが、平成25(2013)年、昭和4年発行の手書きガリ刷り楽譜が見つかった。

ガリ刷り楽譜【楽譜23】の正否について、次の項目から検討した。

(1) 長包自身が編集・出版した作曲集には、「汗水節」は収録されておらず、正否を比較できるものがない。

(2) 学校や市町村役場、官公庁に配布されていた昭和4年は、作曲年と同じ年で、信頼性がある。

(3) ガリ版刷りを作成した人は不明だが、ほぼ正確に書き込まれており、音楽に通じた者の作成と考えられる。

(4) 【楽譜23】はコピー譜であるが、原楽譜に近いものであり、信憑性が高い。

以上の事から、曲は、へ長調、4/4拍子、12小節、歌詞は1~6番となる。【楽譜24】

また、これまで歌っていた5番歌詞が異なっていることもわかった。

※これまでの5番歌詞

×老ゆる年忘てぃ　育てぃ生し子

手墨学問も　汎く知らし（汎く知らし）

ユイヤサッサ　汎く知らし

○寄ゆるに変える

※ガリ版刷りの5番歌詞

寄ゆる年忘てぃ　育てぃ生し子

手墨学問も　汎く知らし（汎く知らし）

ユイヤサッサ　汎く知らし

5番歌詞の、「年を重ねる」という意味では、「老ゆる」ではなく、「寄ゆる」が正確だという解釈である。作詞者の仲本稔が遺した資料も「寄ゆる」とあり、長男の仲本薫氏や、「八重瀬町文化協会」、「汗水節保存会」などの団体は、今後、「寄ゆる」を普及させたいと判断しているようである。作品解釈としても演奏上も、歌詞5番は「寄ゆる」とすることが、作詞者・仲本稔氏の表現を尊重することになるのではないだろうか。【楽譜23／丸印】

曲の背景は、昭和3（1928）年、昭和天皇御位記念に沖縄県学務課が募集した「貯蓄奨励民謡」に、当時、具志頭村の郵便局勤務だった仲本の詞が当選、昭和4(1929)年、長包が曲を付けた。

仲本が、昭和3年に作詞した当初の原詩は、「勤倹力行の奨」であったが、長包の曲が完成すると、「汗水節」と改題された。「安里屋ユンタ」も同様だが、人々に親しまれ愛唱されている曲であり、琉球民謡と誤解されるほど民謡に同化し、作曲者が宮良長包であることは、あまり知られていないことが多い。

※詞の意味を確認してみよう。

1. 汗水流し働く人の　その心の嬉しさは
他所(働かない者の意)は知ることがないだろう
ユイヤサッサ(囃子)他所は知ることがないだろう

2. 一日一里(たとえ少なくとも少ないもの意)百日十銭
貯えて損ねるな　それが昔からの言葉(教訓)だよ
ユイヤサッサ　それが昔からの言葉だよ

3. 朝から晩まで働いて　積み立てていくお金は
あたかも若松の茂みが　年を重ねていくように共に盛るようだ
ユイヤサッサ　年を重ねていくように共に盛るようだ

【楽譜23】戦火を逃れた93年前の原曲楽譜。昭和４年学校や市町村、官公庁に配布された

【楽譜24】「汗水節」校訂譜

汗水節（あしみじぶし）

仲本　　稔　作詞
宮良　長包　作曲

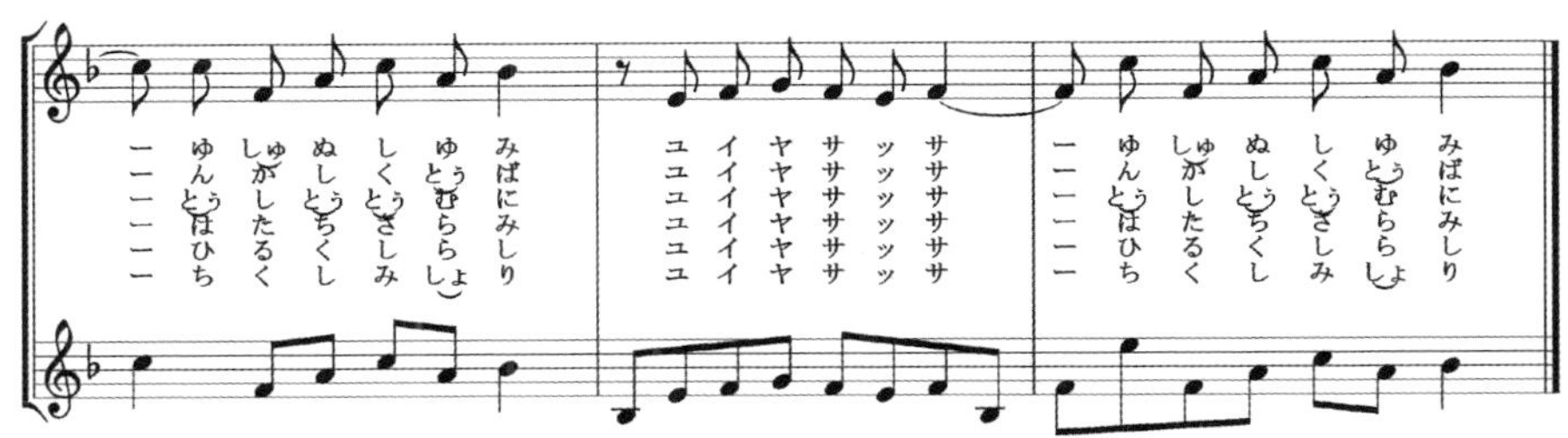

原曲譜に基づきＣ拍子で記載した。

4. 心を若くして朝から晩まで働けば
五十歳六十歳になっても　二十歳のようだ
ユイヤサッサ　二十歳のようだ

5. 年齢を重ねて老いることも忘れて育ててきたわが子よ
学問に務め　広く世に知らしめよ（社会に貢献せよの意）
ユイヤサッサ　広く世に知らしめよ

6. すべての人々のために為すことを自分の事と思って
勇気を奮って　力を尽くしてください
ユイヤサッサ　力を尽くしてください

歌詞の大意は、1番／働く事の大切さ、2番／コツコツと仕事に励み貯蓄する大切さ、3番／働くことは財産である、4番／豊かな人生は働いて若々しく過ごすこと、5番／学問に励み社会に貢献する大切さ、6番／自分のことのように人のために役立つことを実践する大切さ、について歌った教訓歌である。

具志頭村は、「汗水節」のゆかりの地であり、作詞者の仲本稔は地元具志頭の出身である。作詞者が地元出身という要因は大きく働き、八重瀬町の具志頭幼稚園、具志頭小学校、具志頭中学校の学校教育は地域一体となり、「汗水節」を道徳教育に位置付けた教育実践が盛んである。

一方、『琉球賛美歌』(注64−1)には、「勤労(たまぬあしながち)」という曲名で収録され、愛唱されている。作詞者は玉城ウメ。曲はヘ長調、12小節、歌詞は3番まであり、拍子は、7/8拍子で始まり、6/8拍子、8/8拍子が繰り返される転拍子である。

65　日暮れ——擬似音が日暮れ時を表出

昭和4(1929)年に作曲(46歳)、作詞者は宮良高夫。曲は、変ホ長調、10小節の曲で、拍子は、アウフタクトで始まり、4/4拍子、5/4拍子の転拍子で構成されている。

歌詞は3番まであり、1番「からす」、2番「白帆」、3番「坊や」を登場させて、4~5小節目の各々に、《ほろろほろろ》、《かららころろ》、《らんららんら》のオノマトペで表し、旋律の上行形を生かしながら、《ホラ》の箇所を下行させ、日暮れ時の心侘しい様子を表現している。

長包は沖縄県師範学校生の音楽発表会を度々行っており、自身の作品発表の場も兼ねている。沖縄書籍株式会社主催による「宮良氏の作曲発表と民謡の夕」が、昭和7(1931)年の8月26日・27日両日午後8時から、旭町の昭和会館において開催されているが、演奏会名の通り、長包の作品発表会である。

プログラムによると、第一部に長包の作品13曲を発表しており、長包自身の独唱による「日暮

【写真23】昭和７年、那覇市に開館した昭和会館

れ」、「首里古城」、「ふる里」、「夕立」、「鳩間節」も披露している。

会場の昭和会館は、戦前の沖縄県教育会館で、昭和７（１９３２）年に造られた。【写真23】

山田耕筰は、昭和11（１９３６）年６月、沖縄音楽教育会の招きで（長包が世話人）来沖、昭和会館で講演を行った。山田耕筰が熱心に講演をしている最中、会場があまりにも騒がしく、耕筰は思い余って聴衆を一喝した、というエピソードが残っている。

66 コイナユンタ――アカペラの二重唱曲

昭和4(1929)年に作曲(46歳)、作詞は泉国夕照。曲は、ニ長調、21小節で歌詞は5番まである。拍子は、4/4拍子と3/4拍子が交互に変化する転拍子で構成されている。

八重山民謡「コイナユンタ」を元歌に、長包はアカペラ二重唱に作曲したが、7小節目、11小節目の3/4拍子に変化する箇所で、《ホイナ》、《コーホイナ》の囃子が歌と歌を繋いで〝粋〟な魅力を引き出している。【楽譜25】

長包は、沖縄県師範学校在学中に各地の沖縄民謡を採譜している。「コイナユンタ」もそのうちの1曲で、18曲の採譜曲が確認できる。

長包が作曲した直筆譜は戦火で焼失しているが、民謡を採譜した直筆譜は現存している。長包が採譜した八重山民謡「コイナユンタ」の楽譜を見てみよう。【楽譜26】。

二段楽譜の重唱で応答唱になっており、囃子の「コーホイナ」で3/4拍子に変化をつけ、明確でわかりやすいメリハリのついた曲である。

長包は、幼少期から音楽環境に恵まれており、八重山の代表的な民謡「とぅばらーま」を得意とし、横笛の名手でもあったようで、今風に言えば「耳コピー」に長けていただろうことは、容易に推察できる。

【楽譜25】長包作曲「コイナユンタ」「宮良長包作曲全集2023」１～14小節抜粋

【楽譜26】長包直筆の採譜楽譜「コイナユンタ」

67 慈 愛——低音部は長包作曲の合唱曲

昭和4(1929)年に作曲(46歳)、作詞者は八波則吉。作詞・旋律は不明(合唱曲)。昭和4(1929)年に開催された、沖縄県師範学校主催の「第2回学芸会プログラム」によると、「慈愛 合唱曲 高音ヒルテフルズハウセン 低音宮良長包作曲 指導者 宮良先生 二部生全部」と記されている(注67-1)。「プログラム及び批評欄」には、「慈愛/合唱少し高音低音部が狂っていた様だが、初めての合唱にしては申し分ない」とコメントが書かれている。

また、昭和6(1931)年に開催された、沖縄県師範学校主催の「第10回演奏会プログラム」には、「慈愛 八波則吉作歌 高音部ルドルフハウセン作曲 低音部 宮良長包作曲」と記載されている。(注67-2)

二つの演奏会プログラムから窺えることは、「慈愛」は、二部合唱曲で高音部はルドルフハウセン作曲、低音部は長包が作曲しており、作詞者は八波則吉で師範学校生が出演している。

しかし、それ以外の手掛かりはなく、「慈愛」の旋律・歌詞など詳細はわかっていない。

68　廣野の涯——高弟の作曲が先？

昭和5（1930）年に作曲（47歳）、作詞者は宮良高司（みやらたかし）。曲は、ヘ長調、6/4拍子で始まり9〜16小節は、ヘ長調の同主調・ヘ短調に転調し、17〜24小節（D.C→Fine）で再びヘ長調に戻る24小節の曲である。

実は、同曲名で長包の高弟、糸洲長良（明治41〈1908〉年〜平成9〈1997〉年）も作曲していることが分かった。作詞者は同じく宮良高司だが、詞や旋律は全く異なるものである。

しかし、同作ではないか？と、糸洲は誤解されることもあったという。

糸洲作曲「廣野の涯」の推定作曲年は、大正12年から昭和3年とされているが、長包の「廣野の涯」は、昭和5年の作曲であり、長包と糸洲の「廣野の涯」は、別作品であることが理解できる。

エピソードによると、糸洲の「廣野の涯」を作曲指導した長包が、「作曲とはこういうものだよ」と、自作曲を示したのが長包の「廣野の涯」だという。

このエピソードは、時系列には合致して頷ける。同曲名という偶然がもたらした、「廣野の涯」の存在は興味深い。

69 猫(まやー)ユンタ――コミカルさが妙味

昭和5（1930）年に作曲（47歳）、作詞者は宮良長包。曲は、ヘ長調、2/4拍子で21小節、同声三部唱（アカペラ）で作曲され、歌詞は4番まである。1-4小節の《へごだけの》及び、8～11小節の《ねこがこをうんだ》のカノンや、《またミャウミャウ》の猫の泣き声や後半の囃子《ヒヨーホーザーラーラーヨーッ》が入った、三部唱のハーモニィーは絶妙である。

与那国民謡の「与那国の猫小（マヤーグヮー）」が題材で、長包はその主旋律モチーフを生かし、三部唱に作曲した。民謡の出だし《与那国のマヤーグヮー（猫）は、エンチュ（鼠）騙しのマヤーグヮー》の歌詞は、与那国の役人の妾同士の仲の悪さを風刺した曲だが、長包は、コミカルでユーモラスに、猫と鼠の追っかけをカノン形式で表現している。

いしがき少年少女合唱団が（注69-1）、得意とするレパートリーで、演奏会では常時、演目に取り入れている。詞の内容は大人向けだが、曲の軽快さと明るさは、子ども達が歌うとコミカルで、長包の作曲技法の妙味が発揮されている。

これは猫と鼠を擬人化した作品だが、大正4-7（1915-18）年に作曲された、「すみれ」（作詞／新垣菊子）にも、《花》と《人》を擬似化した愛らしい曲がある。

70　稲刈歌——テンポの緩急が魅力

昭和5（1930）年に作曲（47歳）、作詞者は泉国夕照。八重山民謡「黒島口説」の主旋律を用いて、二重唱に作曲した。曲は、45小節、歌詞は3番まである。拍子は、4/4拍子で始まり、途中13小節で2/4拍子に変わる。長包の頻繁に変化する転拍子の作曲技法としては、1度のみの変化で、大人しい転拍子である。

「黒島口説」は、豊作を祝う様子や網引きの様子、舟を漕ぐ様子などが描写されている民謡である。この曲は、歌い出し4/4拍子のゆったりとしたテンポで始まり、13小節目の1番《イヤイヤー》、2番《ウネウネー》、3番《エイエイー》の囃子部分から、2/4拍子の変化と共にテンポアップし、速度の緩急を生かした作曲技法である。

映画『えんどうの花』では（注70-1）、イントロの場面で稲刈をしている映像と共に、女性合唱団「ミューズアンサンブル」のコーラスが響き合い、映画の魅力を存分に引き出している。

71　だんじゅ嘉利吉（かりゆし）——躍動感溢れる縁担ぎの歌

昭和5（1930）年に作曲（47歳）、作詞は沖縄民謡。曲は、変ホ長調、33小節で歌詞は2番まである。拍子は、4/4拍子、2/4拍子、3/4拍子、2/4拍子と拍子が頻繁に変化する転拍子である。

沖縄民謡「だんじゅかりゆし」の元歌を旋律モチーフに使い、長包は二重唱に作曲した。曲の前半、17小節までゆったりとしたテンポで歌い、18小節目の《だんじゅかりゆし》からユニゾンになり、速いテンポに変わる。

沖縄民謡「だんじゅかりゆし」は、「本当にめでたい！」という意味合いを持ち、航海の安全を祈願する、無事な出産を願うなど幸運を祈願する目出度い歌である。エイサーの演目にも常にレパートリーに加えられ、華やかで賑々しく祝いの門出に相応しい曲である。

72　琉球木遣歌——ヘンデルの「ハレルヤ」がヒント

昭和5（1930）年に作曲（47歳）、作詞者は新屋敷幸繁。曲は、ハ長調、30小節で歌詞は3番まである。拍子は、4/4拍子で始まり、18小節目のわずか1小節のみ2/4拍子で、19小節～最終小節目まで、再び4/4拍子に戻る転拍子である。

沖縄民謡「国頭(クンジャン)サバクイ」の元歌を旋律モチーフに用い、長包は、混声四部合唱に作曲、ピアノ伴奏を作曲した。《ハイユエ、ハララ》、《サァ、ハリガヨイシ》、《サァ、イヒヒヒー ヒ》の囃子は、ヘンデル「メサイア」の《ハレルヤ》をヒントに作ったという。(注72-1)

映画「ドキュメンタリー&ドラマ『えんどうの花』」の一場面で、長包(主役/池田卓)が、「琉球木遺歌」の作曲に没頭しているシーンがあるが、ヘンデルの「メサイア」をＢＧＭに使い、琉球木遺歌が〝誕生〟する場面を描写している。

長包の故郷、石垣市では１９９４年から、石垣市の市政方針に「郷土音楽、郷土文化を継承する」というスローガンがあり、朝8時頃、石垣市防災無線危機管理課が長包作曲の「琉球木遺歌」をチャイム音楽で防災無線から流していた。これは、一日を元気に過ごそう！というメッセージが込められているという。

そして、夕方は18時頃、「えんどうの花」が流れ、子ども達に帰宅を促すとともに、石垣市民に、一日の疲れを癒し労うというメッセージの音楽として、無線で流している。石垣市出身の筆者は、帰省した折に、よく耳にして温かい気持ちになった。

朝の「琉球木遺歌」は、現在、音楽を流していないようだが、夕方の「えんどうの花」は、変わらず、石垣市全域59局の防災無線から流しているのだという。(石垣島全島)

石垣市では、長包音楽が、市民の日常生活と呼応していることがよくわかる。

73 なんた浜——「宮良音楽の白眉だ」と山田耕筰が激賞

【写真24】「なんた浜」の歌碑

昭和5(1930)年に作曲(47歳)、作詞者は宮良高夫。曲は、与那国島祖納の北側にある、なんた浜を描写した曲で、与那国民謡「与那国ションカネー」の元歌をモチーフにした、長包独特の作曲手法が鮮明に現れている。ピアノ伴奏も作曲し完成度の高い曲である。

静かな波打ち際と海上の波風を受けたうねりの情景を、音の強弱、高低、静と動のコントラストで表現しメロディアスである。

最後のフレーズ30〜31小節目は、下1点B・音(シ・)から高音2点・・E音(・・ミ)まで一気に上行して曲のクライマックスを遂げ、最後の32小節目で下降しながら、終止する。伴奏出だしのシンコーペーションは曲の特徴であり、印象的である。

長包が薫陶を受けた山田耕筰は、「宮良音楽の白眉だ」と激賞したという。長包音楽の代表的作品といえよう。

現在のなんた浜は、詞に表現されているような光景はなく、「なんた浜」の歌碑がひっそりと佇んでいる。【写真24】

74　国体口説（こくたいくどぅち）――作曲年の訂正

昭和5（1930）年に作曲（47歳）、作詞者は宮良長包。曲は、へ長調、56小節で2/4拍子、単旋律で歌詞は1番のみである。8分音符と付点16分音符のリズムパターンを中心に、タイ（保持音）を多用している。終止音が主音のF音（ファ）ではなく、G音（ソ）で終止しているのが特徴的で、長包は初めに戻る旋律の繰り返し効果を意図したのではないだろうか。

歌詞は、戦時色の濃い内容で、反戦を訴えていた長包自身がなぜ、作詞も手掛けたのか、それを解き明かすことも今後の課題である。

この作品は、『作曲全集2003』において、昭和13年の作曲とし、長包最後の作品と位置付けた。それは、旋律を記憶していた、今帰仁村の仲原照子さん（取材当時86歳）の歌唱を採譜し（注74－1）楽譜化、さらに仲原さんへの聞き取り調査をもとに、作曲年は、昭和13年と判断し、『作曲全集2

003』に発掘作品として収録した。

ところが、発刊後、昭和5年8月16日の「大演奏会プログラム」(主催：八重山師範学生会／場所：八重山会館)が見つかり、「團体口説」と記載されている曲が、存在していることがわかった。曲名は「團体口説」ではあるが、「國体」の誤植とも考えられなくはない。

さらに、昭和5年7月に那覇市公会堂で開催された「通俗演奏会プログラム」には、「國体口説」と記載され、8月の宮古群教育会唱歌研究会主催の演奏会では、「國体口説」がプログラミングされている。こちらも「國体」である。

また、『沖縄県師範学校創立50周年記念誌』(注74-2)には、通俗演奏会について次のように書かれている。(原文ママ)

「我が音楽部は、昨年以来街頭にも進出し、大いに音樂の民衆化に務めてゐるが、尙本年七月には、那覇市公會堂で通俗演奏會を催し、更に夏休暇八月には、宮古郡教育會唱歌研究會並に八重山師範學校學生會に招聘され、両群民衆の期待に背かず、百パーセントの感動を與えたことは特筆すべきことである。茲に両群主催者に謹んで感謝するものであります。我部が、宮良先生を先頭に音樂の民衆化に力めたこと、茲に數年其の効空しからず」。

右記のアンダーライン部分からわかるように、前述した八重山師範学生会主催の演奏会は、沖縄県師範学校50周年記念演奏会の遠征であることがわかり、「團体口説」は、同じプログラムによるものだということが確認できる。

いずれにしても、「国体口説」の作曲年は諸説あるが、プログラム記載をエビデンスと捉え、仲原さんが記憶していた歌唱と、聞き取り調査の情報には感謝し、作曲年は、今回出版の『作曲全集2023』には、これまでの昭和13年を、昭和5年に訂正することとした。

75　赤陽羅（あかようら）――八重山方言ででいごの呼称

昭和5（1930）年に作曲（47歳）、作詞者は伊波南哲。「赤陽羅」は、「赤ゆらの花」（1922）と同じ意味合いで、でいごの花の呼称だが、実は全くの別作品である。

昭和8（1933）年5月5日付き「南島」新聞紙面に、「首里古城」と「赤陽羅」の歌詞が、作詞者伊波南哲として記載されており、「赤陽羅」には「梯梧の花の古言」とサブタイトルが記されている。旋律は不明だが、歌詞は、【歌詞12】の通りである。

『沖縄県師範学校50周年記念誌』記載の「50周年記念通俗演奏会プログラム」には、「合唱　あかようら　宮良長包作曲」と記載されているが、「あかようら」の歌詞が未記載で（注75-1）、「赤陽羅」と「あかようら」は、同一曲なのかは明らかではない。

ただ、「赤陽羅」の作曲年と、「あかようら」の発表年が、昭和5（1930）年で一致しており、

【歌詞12】「赤陽羅」　作詞：伊波南哲

1．琉球の島の赤い花
誰が植えてしぞ赤陽羅
輝く五月の陽の下に
島の若人の情映えて
真紅に染まる赤陽羅
琉球の島の赤陽羅
真紅に染まる赤陽羅

2．月美しき夏の夜は
天女ぞ降る赤陽羅
夜目にも赤きこの花に
心行くまで接吻し
羽衣かけぬ赤陽羅
琉球の島の赤い花
羽衣かけぬ赤陽羅

3．人皆寝いねし真夜中に
誰が歌するぞ赤陽羅
海の人魚ぞ訪れて
今宵夜すがら歌唄う
神秘にひたる赤陽羅
琉球の島の赤い花
神秘にひたる赤陽羅

註右二編は宮良長包氏に依って作曲済
※二編は「首里古城」「赤陽羅」を示している。（筆者）

「赤陽羅」と「あかようら」は、同一曲とも考えられる。

76　泣く子――奇跡的に甦った発掘作品

昭和5（1930）年に作曲（47歳）、作詞者は不明。この曲は、仲宗根ミツさんが（沖縄市在住で大正11年5月生まれ。現在101歳）、記憶を辿って歌唱したものを採譜し（注76-1）、『増補改訂　宮良長包作曲全集』（琉球新報社刊・2023）に収録することができ、奇跡的に甦った極めて貴重な

【楽譜27】「泣く子」仲宗根ミツさんが記憶を辿って歌い奇跡的に甦った。

発掘作品である。

この作品は、昭和5（1930）年8月16日、「八重山師範学校学生会主催大演奏会」で開催された演奏会プログラムに「長包作曲」と記載され、長包自ら独唱している。

長い間、曲を探していたが、ミツさんの三女・金城泰子氏（声楽家）から、「母が覚えていて歌えます」との情報をいただいた。

曲は、4/4拍子、8小節の短い曲で幼子を寝かしつける子守唄のようでもある。ミツさんはロ長調（#五つの調号）の音高で歌唱したが、『作曲全集2023』には、ハ長調に移調して記載した。その理由として、「泣く子」を広く愛唱していただくためには、読譜し易く、歌い易い調性であることが望ましいのではないか、と金城泰子氏との話し合いで、判断したからである。【楽譜27】

ミツさんは、17歳当時、沖縄県立女子師範学校に在学しており、殊のほか、長包メロディーが大好きだった、という。ミツさんは、女子師範学校の近隣にあった沖縄県師範学校に出かけ（長包は女子師範学校の授業は担当していない）、長包の授業を教室の窓から授業に参加（？）したようで、そこで長包の歌を何曲も覚えたという。

ミツさんは、中学校の数学教師を定年退職まで勤めたが、音楽は大好きで古典音楽（三線）の腕前に長けているという。

ミツさんは、とても明るい人柄で、「なぜ、あなたは、『泣く子』に関心をもってるの？」と聞かれ、「戦争で燃えてしまった長包の曲を探しています。『泣く子』を歌えるのはミツさんだけなんですよ」と答えると、「へえーそうなの」と嬉しそうにニコニコと笑顔で話した。

奇跡的に甦った「泣く子」は、「宮良長包生誕１４０年記念音楽祭」（２０２３年11月18日）において（注75-1）、オーケストラに編曲され（指揮・編曲／高宮城徹夫／演奏・琉球交響楽団／ピアノ／会田牧子〈長包の曽孫〉）、長包没後の初演を飾る。

77 感謝――演奏会で長包が独唱

昭和５（１９３０）年に作曲（47歳）、作詞者は不明。作詞・旋律不明である。昭和５（１９３０）年８月16日、「八重山師範学生会主催大演奏会」のプログラムに、「第一部　独唱…宮良長包　泣く子・感謝・赤ゆらの花（宮良長包作曲）」と、記載されている。長包自身が作曲し独唱しており、

「感謝」は、間違いなく長包の作品であることがわかる。しかし、未だ、詞・曲不明、作詞者も不明である。一体どのような旋律だったのだろうか。聴いてみたい思いに駆られる。

78 雨乞いの歌——長包の自筆採譜を元歌に

昭和5（1930）年に作曲（47歳）、作詞者は不明。長包は、沖縄県師範学校在学中、各地域に遺る民謡を採譜しているが、「雨乞いの歌」もその1曲である。

長包作曲の「雨乞いの歌」の詞や曲は不明だが、自身で採譜した民謡、「雨乞ひの歌」【楽譜28】（注78-1）の旋律モチーフを生かして、作曲したのではないだろうか。

長包が作曲した直筆の楽譜は、昭和19（1944）年の十・十空襲で焼失している。しかし、度々誤解されていることは、「長包の直筆譜は存在する」と、強調されていることである。

長包は、「コイナユンタ」、「雨乞いの歌」を含む、19曲（うち1曲は不明）の、各地域の沖縄民謡を採譜しているが、現存しているのは、採譜した直筆譜であり、長包自身が作曲した直筆譜は、戦火で消失し現存していない。

【楽譜28】民謡「雨乞ひの歌」長包の採譜直筆譜

79　夜雨――素朴さが心に染み入る

昭和6（1931）年に作曲（48歳）、作詞者は大濱孫佑。曲は、ニ短調、4/4拍子、12小節の短い曲で、歌詞は3番まである。タイ（同音保持）を駆使し、しっとりしたイメージを表現しているが、複雑なリズムは使わず、8分音符、4分音符、付点2分音符で構成されており、その素朴さが心に染みる曲である。

80　迷い鳥――母親の子守歌

昭和6（1931）年に作曲（48歳）、作詞者は宮良高夫。曲は、ヘ短調、19小節で、歌詞は3番まであり、ピアノ伴奏も作曲している。拍子は、3/4拍子で始まり、4小節目から1小節毎に2/4拍子、3/4拍子、2/4拍子に変化し、7小節目は、3/4拍子に戻るという、目まぐるしく変化する転拍子である。

11〜12小節の左手ピアノ伴奏形は、「なんた浜」の前奏と後半部の同じシンコペーションのリズムを取り入れている。

長包メロディーの愛唱家で、石垣市の大山喜代さん（取材当時83歳）（注80-1）は、「この歌を聴くと怖かった。幼な心で『早く眠らなきゃあ、マジムン《お化け》が来る』」と思い、母親の歌う「『迷い鳥』を聴きながら、一生懸命寝ようとした」と幼い頃を述懐した。

大山さんの、「怖かった」という回想は、調性が短調ということもあるだろうが、曲想がミステリアスな感がある。

81 首里の城——春秋の首里城を詠む

昭和6（1931）年に作曲（48歳）、作詞者は宮良高夫。曲は不明である。宮良スミ編『宮良高夫』（注81-1）に、「首里の城」の詞が掲載されている。【歌詞13】

『宮良高夫』の文中における歌詞解説によると、「雅楽調に民謡を織り込

【歌詞13】「首里の城」（原文ママ）

1．春はやさしき城の夢
茂る木々の瞳青く燃え
燃ゆる夢　夢　城壁の
花うるはしく　さかり良く
昔むかしの　花に咲き

2．稚児かける城のかげ
かける瞳に　城壁に
映える南の　赤ゆらよ
五月の空は　華やかに
昔を偲ぶ　城の花

3．白雲ふかき秋の空
鳴く荒涼の　城跡に
若き夢見つ　さすらへつ
消ゆる懐古の　思いたく
ああむらさきの首里の城

んだ頗る内容と一致した傑作とされている」と付記されている。(注81-2)

果たして、雅楽調と民謡を融合した曲とは、どのような曲なのだろうか。

82 具志川小唄――歌詞・旋律が判明

昭和6(1931)年に作曲(48歳)、作詞者は古波蔵保昌(こはぐらほしょう)。曲は、ハ長調、2/4拍子、37小節の単旋律で、歌詞は7番まである。出だしがF音(ファ)で始まり変則的であるが、歌い出し11小節目は主音のC音(ド)で始まり。最終小節の37小節目は、主音のC音で終止する。小粋で大和三味線が合いそうな曲調である。【楽譜29】

この作品は、これまで曲名は知られていたが、歌詞・旋律が不明であった。うるま市在の宇座孝子さんから情報提供があり、歌詞は、『具志川市誌』に掲載されていることがわかった(注82-1)。さらに、宇座さんから手書きの楽譜を提供していただき、聞き取り調査を行なったところ(取材当時70歳)(注82-2)、作詞者の古波蔵保昌(注82-3)は、実父に当たり、家族で良く歌ったという。【歌詞14】

楽譜の入手先は、田場盛徳先生(長包の師範学校の教え子)の採譜したものではないか、ということだった。早速、田場氏に尋ねたところ、「これは私が書いたものです」と話され、「長包先生が、昭和6年に作曲したものです」と、鮮明な記憶で話された。（取材当時92歳）

宇座さんのお話では、「田場盛徳先生が、『小学校6年の時良く歌った曲だった』」と、宇座さんのお母さんに話していたという。

「具志川小唄」は、今日でも具志川地域でエイサーとして演じているということであった。今回出版の『作曲全集2023』には、田場氏の採譜楽譜を補訂し収録した。

田場盛徳氏は、長包の沖縄県師範学校の教え子で、著書『アコーディオンと鉢巻』に、長包について述べている。（注82－4）

「宮良先生は、実技テストの時には老眼鏡の上から睨みつけるので、怖い先生だなと思っていましたが、小学校教員の経験をされてから師範学校教員になられた方で、指導法は一番すばらしい先生と思いました。廊下を通る時に出会ったりすると、ニコニコされて肩をポンと叩いて『頑張れよ』と激励されていましたので、生徒から〝ニコポン先生〟といわれていました。授業するのを楽しんでおられ、一時間の授業の中でいつも生徒が感激するような場面を作っておられました。時には持ち前の美声で感情をこめて精いっぱい歌ったり、音楽に関する逸話で感激させたり、爆笑させたりしました。その話の中で音楽がいかに人間の人格形成上重要であるかを私たちの心の中に刻み込んで下さいました」。

さらに、長包が病に伏せていた晩年の様子も述懐している。

「私が短期現役兵を終え、帰還挨拶に首里市当蔵町にあった先生の住宅にお伺いしたら、玄関に〝面会謝絶〟の紙が貼られていました。娘さんが出て来られ、『田場さんだ、どうぞ』という案内で先生の寝ている部屋に通されました。『お父さん、田場さんよ』の声で先生は目を見開いて、『田場君、よく元気で帰ってきたね』とおっしゃって二つの手を差し出されました。結核で骨と皮だけの弱々しい手です。目は落ちくぼみ、頬は痩せ、肉づきがなく髪が伸びておられ痛々しい姿になっておられました。（略）『先生、元気を出されて早くお元気になって下さい』というのがやっとでした」と、記している。

長包は、自身が病床にあっても、教え子に深い愛情で包んでいる様子が、よくわかる光景である。

長包の教え子への温かい眼差しは、他にもエピソードがある。

沖縄県師範学校で長包の教え子だった、知念孝一郎氏（注82-5）の体験談を、娘の鎌田佐多子氏（元沖縄女子短期大学学長）から、お話を伺うことができた。

「オルガンが大の苦手だった父は、授業の合間を縫って懸命に練習したが、やはりうまくならず、いよいよ実技試験の日を迎えた。苦手意識の気持ちが優先して、思うように弾けなかった。すっかり気落ちしていたら、なんと最も良い評価だったので、嬉しくなった。が、ハッと我に返り、思うように弾けなかったのに、なぜ成績がいいのだろうか？　恐る々、長包先生に尋ねたところ、『知念君の毎日の練習ぶりをいつも見ていた。努力に勝るものはないですよ』と、励ましてく

「具志川小唄」歌詞５～７番

５．川の瀬の音に心もはずむ　サユイサ　ユイサ
広い太平洋乗り切る力　サユイサ　ユイサ
具志川　具志川　朝出の船だ
どっと皮切りやひと走り
ヤレコノサ　ホラ　イッチョサノサ
マタ　イッチョサノサ

６．守る操は樋川の森の　サユイサ　ユイサ
千古変わらぬ松にはえます　サユイサ　ユイサ
具志川　具志川　わしらは若い
操立てましょう国のため
ヤレコノサ　ホラ　イッチョサノサ
マタ　イッチョサノサ

７．揃うた揃うたよ輪になって踊ろ　サユイサ　ユイサ
やぐら太鼓で音頭さとりや　サユイサ　ユイサ
具志川　具志川　わしらが郷さ
ギンギラ月も顔出した
ヤレコノサ　ホラ　イッチョサノサ
マタ　イッチョサノサ

【歌詞14】】「具志川小唄」１～４番

１．沖の島合い越す黒潮の　サユイサ　ユイサ
どんと岸うつ春風うけて　サユイサ　ユイサ
具志川　具志川　東に栄えるエー
泣くよ千鳥も日和潮
ヤレコノセ　ホラ　イッチョサノサ
マタ　イッチョサノサ

２．見やれ広野の五穀のみのり　サユイサ　ユイサ
駒もいななく緑の千里　サユイサ　ユイサ
具志川　具志川　カリユシノサトエー
東(あが)り立雲あかね色
ヤレコノセ　ホラ　イッチョサノサ
マタ　イッチョサノサ

３．昔安慶名のお城の跡に　サユイサ　ユイサ
風にサラサラ真竹が生える　サユイサ　ユイサ
具志川　具志川　武士の誉れエー
竹を割るよな心だて
ヤレコノサ　ホラ　イッチョサノサ
マタ　イッチョサノサ

４．山は獅子山夜明けの山だ　サユイサ　ユイサ
岩根ゆるがす勢い獅子だよ　サユイサ　ユイサ
具志川　具志川　ほえろ若者エー
起てよ千丈の逆落し
ヤレコノサ　ホラ　イッチョサノサ
マタ　イッチョサノサ

れて感動した」と、父・知念孝一郎氏の体験を述懐した。

「父は、沖縄県師範学校を卒業後、国頭村の謝花小学校を皮切りに、教員生活をスタートさせた。八重山の西表島や与那国島の小学校にも転任していたが、長包先生が、八重山のご出身ということもあり、当時、交通の不便な離島の学校にも、率先して、赴任したのだと思います。父は、長包先生を教育者として尊敬し、理想像としていたのではないでしょうか」と、鎌田氏は、父親への思いを語った。

長包は、教え子には厳しいながらも、愛情深く育て優しく接したことが、手に取るようにわかる。そのことは、教え子たちにも伝わり、長包を理想の教師像として目指していたのではないだろうか。

長包に音楽的才能があったことは、数多くの名曲に触れて実感することだが、長包の人間性が、そのまま長包メロディーに実現され、人々に愛唱されているのではないだろうか。

【楽譜29】「具志川小唄」

具志川小唄

古波蔵保昌　作詞　田場盛徳　採譜
宮良　長包　作曲　大山伸子　楽譜

83　山の子守唄――オノマトペで日暮れの情景を描写

昭和6（1931）年に作曲（48歳）、作詞者は宮良高司。曲は、変イ長調で始まり、途中、変ホ短調に転調し、再び変イ長調に戻る30小節の曲で、歌詞は3番まである。拍子は、3/4拍子に始まり、2/4拍子、3/4拍子、4/4拍子、3/4拍子と変化する転拍子で、長包独特の作曲手法が現れている。

18小節目から22小節目で臨時記号C♭音（ド♭）、F♭音（ファ♭）を使い、変ホ短調に転調、23小節目から再び変イ長調に戻る。臨時記号で転調する手法は、「月夜の鷗」（1927）にも見られるが、長包の曲ではさほど多くない。

23小節目から24小節目は、高音2点··F音（··ファ）から··E♭音（··ミ♭）まで広い音域で下行し、《ほろろんほろろん》、《とろろんとろろん》、《ぽっかりぽっかり》の箇所に続き、25小節〜28小節にかけて、上行形・下行形の豊かな音使いで、どこか物悲しさをただよわせている。

宮良高司が、沖縄県小浜島の小浜尋常高等小学校（現・竹富町立小浜小中学校）に教員として赴任した折、島の夕暮れを詞に表した。小鳩《ほろろん》、蛙《とろろん》、月《ぽっかり》の擬声音や擬態語を駆使して、オノマトペで夕暮れの情景を描写している。【写真25】

【写真25】山の子守歌の歌碑

【写真26】小浜島の「結願祭」子ども達が弥勒と御嶽の鳥居をくぐる

小浜島は、石垣島から約17㎞の距離にあり、現在は、フェリーで20分程かかる。

小浜島は、元来、島の伝統的な行事が盛んで、厳かな行事が島ぐるみで行われ、世代間で継承されている。進学で島を離れている若者も、行事の時は帰省し、伝統行事にこぞって参加する。【写真26】は、小浜島の伝統行事である「結願祭（きつがんさい）」で、筆者が取材の際、撮影したものであるが、「結願祭」は学校も休日となり、幼稚園児から小学校児童、中学校生徒たちも踊りを舞い、棒術など演技を披露する。

「結願祭」とは、五穀豊穣や健康祈願など、島を上げて人々の幸福を願う行事で、毎年旧暦の8月に実施される。宮良高司は、伝統行事を大切にする島の人々や自然を歌に表現している。長包が、小浜島を訪れた形跡はないが、島の表情が、長包音楽によく表れている。

84 唐船——沖縄民謡「唐船ドーイ」を元歌に混声四部唱

昭和7（1932）年に作曲（49歳）、作詞者は泉国夕照。曲は、ホ長調（理論上の調号は♯4つだが♯3つで記入されている）、16小節、4/4拍子で歌詞は3番まである。長包は、元歌の沖縄民謡「唐船ドーイ」の主旋律をモチーフにして、混声四部唱に作曲している。

カノン形式で旋律を構成、第1パート、第2パート、第4パートの出だし「とうせんドーイ　さんさんひがてるいっさんはえひとのむれ」の箇所は、1小節遅れで第3パートが追っかけるカノンになっている。つまり、第1、第2、第4パートは揃って始まるが、第3パートのみ同旋律で第1パートを追っかけている。

また、10小節4拍半~13小節の「ハイヤセンスルスリセンスル」の囃子部分は、今度は、第3パートの同旋律を第2パートが追っかけるカノン形式で構成されている。

今日、沖縄民謡の唐船ドーイは、琉球の締め太鼓でリズムを打ち鳴らしながら、エイサーで演じられることが多い。カノン形式は長包作品の中で随所に現れ、「綾雲」（1924）、「駅路」（1928）、「猫ユンタ」（1930）にも表現されている。

85　桑の実——旋律的に応答形式

昭和7（1932）年に作曲（49歳）、作詞者は宮里静湖。曲は、嬰ト短調、16小節、4/4拍子で、歌詞は2番まである。長包作品で唯一の嬰ト短調の曲であるが、並行調のロ長調に、「沖縄県立第三中学校校歌」（1928）はあるものの、♯、♭の多い調性の作品は少ない。

作詞者の宮里は久米島出身で、長包の沖縄県師範学校時代の教え子であり、長包とのコンビ作品も多い。

【写真27】「桑の実」歌碑　久米島

曲は16小節、13～16小節部分の1番歌詞「たんと熟れたよ」、2番歌詞「たんと落ちたよ」は、広い意味での脚韻というより、旋律的に応答形式が認められ興味深い。長包はピアノ伴奏で作曲しているが、学校現場では、合唱曲に編曲され発表会等で歌われることもしばしばある。

この程、創作曲想を綴った作詞者宮里静湖の自筆「詩集」が、山里敬子さん（宮里の娘）の自宅から見つかった。

実際の記述には「（略）。庭の桑の木に枝ごと実が熟れている下で、子ども達と過ごしたひと時が忘れられない」と記している。

久米島町に建立されている「桑の実」の歌碑の下段には次のように記されている。【写真27】

「『桑の実』と宮里静湖　『桑の実』は宮里静湖（本名正光）が昭和6年久米島の仲里小学校に勤務している頃、作詞をし、翌7年宮良長包が作曲した童謡である。

その年の夏、沖縄全島に熱病が大流行し、宮里もこの病にかかり、数日病床に臥したがようやく回復し、久し振りに庭先に出てみると屋敷の隅に枝を張った桑の実が、しばらく見ないうちに色づきふくらみ、いっぱい熟れていた。病視の目には、それがしみ入るように美しく、うれしかった。路地で遊んでいる子供たちに声をかけた。『おーい、桑の実がうれたよ』と。

平成元年八月建立　具志川村教育委員会」

この歌碑から、久米島出身の宮里が、地元に愛され尊敬されていることがわかるし、長包の曲が、愛好されていることを裏付けているだろう。

曲想は、木から落ちる熟れた桑の実を、スカートの裾を広げながら拾うイメージである。「歌詞に合わせて身振り手振りの振り付けで指導を受けた」と、教え子たちの証言があるように、長包の指導法は、所作を伴いながら、イメージを豊かにする音楽の指導していたことがわかる。

長包は、「桑の実」を作曲した昭和7(1932)年は、すでに、沖縄県師範学校教諭として勤務しているが、身体表現を伴った音楽指導は、長包の指導法の特徴ともいえるだろう。

このことは、『夏季音楽講習要項』においても(注85-1)、長包自身が「ダルクローズのリズム教育の思潮」と記述しているように、エミールジャック・ダルクローズのリトミック音楽教育法に関心を持っていたことがわかる(注85-2)。

リトミックは、「音楽を身体で感じ、考え、表現する」という音楽教育法で、長包のリトミック実践については、現存する資料不足もあり詳らかではないが、音楽を、身体表現を通して指導した形跡は、教え子の記念誌記録でも見い出すことができる。

ところで、13~16小節目の「たんとうれたよ」→「たんとうれたよ」の旋律は、「問い」と「答え」の応答形式が認められ興味深い。ここで、3通りのパターンを考えてみよう。【楽譜30】

※パターン①
13~14小節・右手旋律(問①)→たんとうれたよ
15~16小節・右手旋律(答①)→たんとうれたよ
※パターン②
13~14小節・右手旋律(問②)→(たんとうれたよ)
14小節・左手旋律(答②)→(伴奏)
※パターン③
15~16小節・右手旋律(問③)→(たんとうれたよ)
16小節・左手旋律(答③)→(伴奏)

【楽譜30】「桑の実」(13〜16小節)

筆者は、この会話調の応答形式を、「おしゃべりの旋律」と名付け、長包の作曲技法で特徴的なものとして位置付けている。

86　月の出汐（でしお）——歌謡曲風で粋な旋律

昭和7（1932）年に作曲（49歳）、作詞者は宮良高夫。曲は、ニ短調、15小節、4/4拍子で始まり、12小節目で3/4拍子、13小節目から4/4拍子に戻る転拍子で、歌詞は4番までである。

前奏は、ピアノ伴奏の1～4小節で始まり、歌に入り上行・下行形を駆使したメロディーラインは、歌謡曲風なイメージを表出している。

12小節3拍目の囃子《ホイ》（丸囲み）は、続く13節目の8分休符と下1点A音（ラ・）→D音（レ）→E音（ミ）→F音（ファ）を経て、オクターブ上のA音（ラ）に導かれクレッシェンドになり、今度は、A音→F音→E音→D音で下行し、デクレッシェンドで終止するという旋律とリズムが強弱の変化を醸し出している。【楽譜31】

【楽譜31】「月の出汐」12小節及び13～14小節目

87 若夏祭（まつり）――ラララが効果的

昭和7（1932）年に作曲（49歳）、作詞者は泉国夕照。曲は、ニ長調で始まり、G音（ソ）で終止する25小節の曲である。拍子は、2/4拍子、歌詞は2番まであり、二つのパートが高音部譜表で表され二部唱で構成されている。

8分音符を主体にしたリズム構成で、「ラララ」が効果的であり、随所に現われる。

作詞者、泉国夕照とのコンビ作品で、「鷲の鳥」（1927）を始め、「駅路」（1928）、「コイナユンタ」（1929）、「だんじゅ嘉利吉」（1930）、「唐船」（1932）、「嵐の歌／嵐の曲」（1934）、「万才かふす」（1934）、「あさどーやゆんた」（1934）など数多い。

88 献穀田田植歌（けんこくでんたうえうた）――五線譜見つかる

昭和7（1932）年に作曲（49歳）、作詞者は神田精輝。この作品は、近藤健一郎氏（北海道大学大学院教授）と三嶋わかな氏（洋楽受容研究者）によって、瀬名波長宣（「嵐の歌／嵐の曲」合唱部の作詞者）の孫に当たる、瀬名波長宏氏の所蔵資料から見つけ出されたものである。（注88-1）。『沖縄

教育第194号』(注88-2)にも所収されている。【楽譜32】

「献穀田田植歌」については、以前から曲の存在は知られていたが、旋律は不明だった。今回、近藤氏、三嶋氏による楽譜の発見で、長包研究がさらに前進したといえるだろう。

筆者は、【楽譜32】の原曲譜を補訂し、【楽譜33】の校訂譜を今回出版の『作曲全集2023』に収録した。

献穀田田植当日の式挙行の様子が、こと細かく書かれているので引用してみよう。(原文ママ)

「滞りなく式が済むと、左記順序により厳粛に列を正して一同名護城下の献穀田に臨んだ。御田は竹垣をめぐらし注縄を引きはへ拂ひ清めて神々しい。この献穀田の光榮ある選に入った御田は山入端常氏所有である。(略)先づ生徒一同郷土色豊かな節で田植歌を奉唱すると、十五人の早乙女は清浄な服装に御泥をはねて一列に並び、奉唱者、奉耕者を交互に節面白く歌ひ交はしつゝ赤誠をこめて植えて行き、参列者及び拝観者の襟を正させて、この光榮ある大任を果たしたのであったが、(略)献穀田田植歌は三高女校長神田精輝氏の作詞、男子師範教諭宮良長包氏作曲にかゝるものである」と記述されている。

この曲は、天皇が、神々に新米を供える宮中行事の「新嘗祭(にいなめさい)」に献上する米を作るために、田植えの際に歌うものであり、その式挙行に「献穀田田植歌」が披露された。

文面に、「郷土色豊かな節」、「交互に節面白く歌ひ交はしつつ」とあるように、沖縄民謡調の曲

【楽譜32】「献穀田田植歌」90年前の楽譜『沖縄教育194号所収』

献穀田田植歌

神田精輝作歌
宮良長包作曲

ヨウテコヨラテコ

1. ケマーハメデーターヤーナ　ゴーチョウノ
2. われーらをとーめーのーまご　ころこめて
3. ミロークタイーコークーコガ　ネノナミデ
　　　リササゲテイ　ワヒマツラン

ヨラチヨヨラチコ

ゲンゴク　テーーンーノー　オンタウエ
うゆれば　いーーねーはー　やつかほに
イーハイ　マツーラーンー　オホミヨヲ
トハヽニ　サカーユールー

(甲)

ケンゴクデーンノ　オンーターウー　エ
うゆればいーねは　やつーかーはー　に
イーハヒマツラン　オホーミーヨー　ヲ

(乙)

1.
今日は目出度や名護町の
献穀田の御田植
苗は實東玉の苗

2
われら乙女の赤誠こめて
植ゆれば稲は八束ほほに
ほにほが咲いて
黄金なり

3
みのり捧げて
いはひまつらん
とはにさかゆる
大御代を
いや榮えませ
榮えませ

【楽譜33】「献穀田田植歌」補訂楽譜『増補改訂　宮良長包作曲集2023』

献穀田田植歌(けんこくでんたうえうた)

原曲譜は歌詞と旋律が合致しないため、縦書き歌詞に基づいて五線譜を作成、拍子も修正した。

献穀田田植歌

神田精輝

一、今日は目出度や名護町の
（ヨラテコ　ヨラテコ）
献穀田の御田植(おんたうえ)
（ヨラテコ　ヨラテコ）
苗は宝来(ほうらい)玉の苗

二、われら乙女の赤誠(まごころ)こめて
（ヨラテコ　ヨラテコ）
植ゆれば稲は八束(やつか)ほに
（ヨラテコ　ヨラテコ）
ほにほが咲いて　黄金(くがに)なり

三、みのり捧げて祝いまつらん
（ヨラテコ　ヨラテコ）
とわにさかゆる大御代(おおみよ)を
（ヨラテコ　ヨラテコ）
いや栄えませ　栄えませ

で交唱形式によるものだったことが窺えるし、楽譜上の4小節と8小節の「ヨラテコヨラテコ」の囃子部分からも読み取れる。長包は交唱の部分を、八重山民謡の〝ユンタ〟、〝ジラバ〟の応答唱形式の手法を生かしたものと思われる。

作詞者の神田精輝（注88-3）と長包のコンビ作品には、「首里第二尋常高等小学校校歌」（1936年）がある。

89　母の声——目まぐるしく転拍子

昭和7（1932）年に作曲（49歳）、作詞者は宮良長包。曲は、変ホ長調、36小節で歌詞は2番まである【歌詞15】。拍子は、2/4拍子のアウフタクトで始まるが、16小節目は3/4拍子に変わり、17小節目で再び2/4拍子に戻る。さらに、3/4拍子、4/4拍子、3/4拍子、2/4拍子、3/4拍子、そして、32小節目に2/4拍子と変化し、1小節ごとに目まぐるしく拍子が変わる転拍子である。

【歌詞15】「母の声」作詞：宮良長包
（原文ママ）

1．そよぐよ　くばの葉が
南の風に
歌(うと)うよ　歌(うと)うよ
親鳩の　ほぎの声
親鳩の　ほぎの声

2．そよぐよ　くばの葉が
南の風に
聞こえます　聞こえます
ふる里の　母の御声(みこえ)
ふる里の　母の御声

これは、長包独特の作曲手法であり、多くの長包作品に見られるが、一例として、「南国の花」（1923）は、転拍子が顕著に表れる。

実は、「母の声」には、長包作詞の他に、もう一つの歌詞が存在することが分かった。

90　母の声――もう一つの「母の声」

昭和8（1933）年に作曲（50歳）、作詞者は大濱孫佑。作詞者については、これまで宮良長包とされてきた。事実、長包が存命中に自身で出版した楽譜集『首里古城―宮良長包創作曲集第一編』（注90-1）にも、「宮良長包作詩」と明記されている。長包没後の度々の演奏会においても、「作詞　宮良長包」となっている。

ところが、「沖縄県師範学校学友会演奏会」（昭和8〈1933〉年2月19日）のプログラムによると、「大濱孫佑作歌」と明記され、歌詞も記載されている。

【歌詞16】「母の聲」作詞：大濱孫佑
（原文ママ）

1．そよぐよ　蒲葵（くば）の葉が
　　みなみの風に
　　歌ふよ
　　親鳩の　祝（ほぎ）の聲

2．そよぐよ　蒲葵の葉が
　　みなみの風に
　　きこえます
　　故郷の母のみ聲

両者「母の声」の歌詞は、リフレイン（〝歌うよ〟、〝親鳩のほぎの声〟等のくり返し箇所）を除くと、全く同じである。【歌詞15】、【歌詞16】

これまで、「長包作詞」という認識であったが、大濱孫佑作詞の存在が判明したことにより、どのように解釈すべきだろうか。

大濱の歌詞には、長包作曲の別の旋律が存在するのだろうか？　残念ながら、前出の演奏会プログラム記録の内容を超える情報は、出現していない。

91　八重山音頭――インパクトのある高音の出だし

昭和8（1933）年に作曲（50歳）、作詞者は名嘉地用挙。曲は、変ロ長調、30小節、出だしは4/4拍子のピアノ伴奏で始まるが、5小節目で2/4拍子に変化、6小節目から4/4拍子で歌が始まり、後奏の最終小節まで4/4拍子で作曲されている。

歌の出だしは、高音2点C音（‥ド）の「ハァー」で勢いよく始まり【楽譜34】、13小節の「やえやまー」の箇所が高音2点♭B音（♭シ）→高音2点C音（‥ド）→高音2点D音（‥レ）→高音2点F音（‥ファ）と、音階的に上行し盛り上がる。（楽譜は『増補改訂　宮良長包作曲全集2023』参照）

22小節目で高音2点F音が再び登場するが、音域は10小節目の下♭B音（♭シ・）から高音2点

【楽譜34】「八重山音頭」１～18小節

【楽譜35】「東京音頭」１～18小節（前奏繰り返し）

・F音（・ファ）まで、1オクターブと5度（12度）で、音域が広い。

歌詞は6番まであるが、1番のみ長包が作詞し、2番から6番は、名嘉地用挙の作詞となっている（注91-1）。いわゆる合作ということか。なぜそうなのか、その詳細はわかっていない。

ところで、プロ野球セリーグ「ヤクルトスワローズ」の応援歌でおなじみの、「東京音頭」（昭和8年作曲、原曲は「丸の内音頭」昭和7年）をご存知だろうか。【楽譜35】「東京音頭」のユニークな出だし、「ハァー踊り踊るなら東京音頭　ヨイヨイ」は、八重山音頭の出だし、「ハァー　どんとどっこいこの世の華は　ユラティク　ユラティク」に類似していないだろうか。

昭和7年当時、音頭調の曲が全国で流行りはじめ、各地のシンボルとして音頭が作詞・作曲され、盆踊りなどで盛んに歌われていた。長包も「東京音頭」をヒントに、「八重山音頭」を作曲したのではないだろうか。「八重山音頭」も出だしに勢いがあり、長包メロディーの中でも人気のある曲で、愛唱されている。

92 名護小唄——小唄の先駆け

【記事1】「名護小唄」名護町制10周年記念式典の模様
（琉球新報1978・2・4）

学　芸

むかし沖縄 <226>

名護小唄
市町村音頭の先駆け

なんなん嶽の森より明けて
町は栄(さか)ゆく朝日かげ
ソラヨイヨイ
ソレサッサ　ソレサッサ
名護は良い町美(うま)し町
ソラヨイヨイ

昭和八年十二月、町制十周年を迎えた名護町（町長岸本幸盛）では、種々の記念行事を催したが、その一つとして名護小唄をつくることになり、ひろく一般から募集をした。その時一等当選をしたのがこの小唄である。作詞者島幸太、それに当時師範学校の教諭であった宮良長包が作曲し、御園生貢が振付をした。沖縄市町村の小唄や音頭の先駆けをなすものだった。

記念式典当日、名護小学校で発表会があり、出演者一同で撮ったのがこの写真である。えりすぐられた名護の美女たちが、白鉢巻（三高女生）と揃踊りで一組になり、円陣をつくって踊った。混じっている男性と婦人は、三味線と琴の演奏・歌唱者たちである。

長く名護小学校の校長だった島袋全幸は、この小唄を推賞し、昭和会館で催された沖縄民謡大会で紹介公演をさせたりしたので、名護ばかりでなく沖縄各地でひろく愛唱された。まことに名護は良い町楽しい町だ。

昭和8（1933）年に作曲（50歳）、作詞者は嶋袋全幸（島幸太）。曲は、へ長調、15小節で4/4拍子、歌詞は6番まである。リズムが音頭調の囃子「ソラヨイヨイ」、「ソレサッサ」を効果的に表出、踊りたくなるような曲調である。

この曲については、琉球新報紙面《むかし沖縄》に解説文が掲載されている。【記事1】

「昭和8年12月、町制10周年を迎えた名護町（町長岸本幸盛）では、種々の記念行事を催したが、その一つとして名護小唄をつくることになり、ひろく一般から募集をした。その時一等当選したのがこの小唄である。作詞者島幸太、それに当時師範学校の教諭であった宮良長包が作曲し、御園生貢が振付をした。沖縄市町村の小唄や音頭の先駆けをなすものだった。

式典当日、名護小学校で発表会があり、出演者一同で撮ったのが掲載の写真である。えりすぐられた名護の美女たちが、白鉢巻(三高女生)と裾模様で一組になり、円陣をつくって踊った。混じっている男性と婦人は、三味線と琴の弾奏・歌唱者たちである」。

この記事から、公募で当選した島幸太(ペンネーム/本名・嶋袋全幸)の作詞に長包が作曲し、式典で披露されたことがわかる。演奏形態は、琉球楽器の三線、箏、太鼓と歌の演奏に加え、踊りもあったようだ。

長包は、小唄を3曲作っており、他に「具志川小唄」(1931)、「久米島小唄」(1934頃)がある。

93 新日本建設の歌――作品の存在が証明される

昭和8(1933)年頃に作曲(50歳)、作詞者は永井柳太郎。作詞・旋律は不明である。長包の教え子である志磨のぞみが執筆した「海南時報」によると(注93-1)、「(略)…前拓務大臣永井柳太郎氏の『新日本建設の歌』を作曲され…(略)」とある。

「新日本建設の歌」は、長包の作曲であることに間違いないのだが、詞と曲の詳細はわかっていない。

94　日本国民の歌――戦争を鼓舞する曲？

昭和8（1933）年に作曲（50歳）、作詞者は永井柳太郎。旋律は不明だが、昭和8年2月19日に開催された演奏会プログラム（主催：沖縄県師範学校学友会　時：午前9時～11時半、午後2時～

【歌詞17】「日本国民の歌」（原文ママ）

1．汝（なれ）は日の本　光りの兒（こ）
さかまく浪も　大空も
汝が舞臺と　踊るなる
輝く日本　新日本

2．汝は日の本　自由の兒
その身その意氣　その腕（かひな）
建國の業（わざ）に　打ち込まん
輝く日本　新日本

3．汝は日の本　自然の兒
太平洋は　廣けれど
容るゝにせまし　汝が心
輝く日本　新日本

4．アジアの一角　満蒙の
大地に耕す　汝の鍬
いざ拓（ひら）かん　新天地
輝く日本　新日本

5．天地悠久　アマゾン
流れのほとり　千年の
糧（かて）は豊壌（ゆたか）　汝を待つ
※輝く日本　新日本

※下線は欠落を補正した部分（著者）

4時半)に、歌詞が掲載されている【歌詞17】。演奏形態は、斉唱でオーケストラ伴奏と記載されているが、曲について詳しいことはわかっていない。

国民としての誇りと戦争を鼓舞する歌だろうか。時代の世相を映し出す物々しい歌であるが、皇民化教育に抵抗し反戦を訴えていた長包も、国の方針に抗えなかったのであろうか。

95 桜に朝日——合唱の小品曲か?

昭和8(1933)年に作曲(50歳)、作詞者は八波則吉。昭和8(1933)年2月19日に開催された、沖縄県師範学校学友会主催の「演奏会曲目と歌詞」のプログラムによると、第二部に、「合唱 桜に朝日 八波則吉作歌 宮良長包作曲」と記載されている。

歌詞は、櫻に朝日《童謡》八波則吉作歌 「國は日の本 櫻に朝日 花はこの花 國はこの國」(原文ママ)とあり、《童謡》とも記されている。このプログラムから知り得たことは、「桜に朝日」は、とても短い小曲の合唱曲で、童謡風の作品ではないかと推察できる。

しかし、旋律の存在は、未だつかめていない。

96　千代栄節（廃酒歌）——県下挙げての禁酒運動

昭和9（1934）年に作曲（51歳）、作詞は山川文信。詞は判明したが、曲は不明である。千代栄節について、昭和9年8月31日付き琉球新報紙面に次のような記事がある。

輝く廃酒村　県下に三村　〝酒はやめて後の心嬉しさや　いつも福〻と千代の栄〟

「飲酒の幣は容易に改まらぬ、本県の酒の消費高は毎年二百万円を下らず一戸平均十八円の酒を飲んでいる割合でその弊風を打破するには容易でない。この酒浸りの生活から県下で廃酒村の先駆をなした村に玉城村、知念村、羽地村がある。これらの村では向上会で廃酒断行を決議し村又は学校主催の宴会にも絶封酒類を退けお正月等にも一滴の酒もなく歓を尽くして遊ぶのである。（略）。羽地村では千代栄節（山川文信氏作歌　宮良長包氏作曲）の廃酒歌が出来あ

【歌詞18】「千代栄節」

1．酒やさまざまの病引超ち
　望みあるからだ弱くなすさ（身体）

2．体から心取り直すお酒
　いちゃー飲まされが親の心（子孫）

3．酒に飲まれゆる人の習わせや
　銭も使けあらさ、らちもあかぬ（経済）

4．言ちんつくされめ酒飲の妻子
　せわのはてねさめ朝も夕も（家庭）

5．酒やめて後の心うれしさや
　いつも福々と千代の栄（幸福）

がり、男女青年団やその他各種会合で歌い村内要所に歌詞を掲げ学童達も歌って禁酒村の誇りを高めている」。

右記、新聞記事のように、当時、県下では飲酒を慎む運動が盛んだったようで、長包は、その禁酒歌「千代栄節」の作曲を手掛けている。【歌詞18】

しかし、長包は、禁酒歌「千代栄節」の発表から2年後の昭和11(1936)年、今度は、お酒の奨励歌、「酒は泡盛」を作曲することになるのである。

97 嵐の歌／嵐の曲——別格のオーケストラ組曲

昭和9(1934)年に作曲(51歳)、合唱部分の作詞者は瀬名波長宣。曲は、長包作品では別格のオーケストラ曲で、「嵐」をテーマにした情景描写がストーリーによって展開される、標題音楽的な構成で、オーケストラ部(実際の楽譜はピアノ譜)、合唱部からなる組曲である。

そもそも、作曲の意図は、長包の故郷の八重山諸島(石垣島)が、昭和8年9月に超大型台風の襲来に見舞われ、未曾有の大被害にあった。その惨状を見るに偲びず、義援金を募るために、「嵐の歌／嵐の曲」を作曲し、演奏会で発表されたものである。今日の、チャリティーコンサートの先駆

【写真28】「嵐の歌／嵐の曲」出だし１～５小節（原楽譜）

【楽譜36】「嵐の歌／嵐の曲」出だし１～５小節（校訂譜）

【写真29】「嵐の歌／嵐の曲」合唱部出だし34〜38小節（原楽譜）

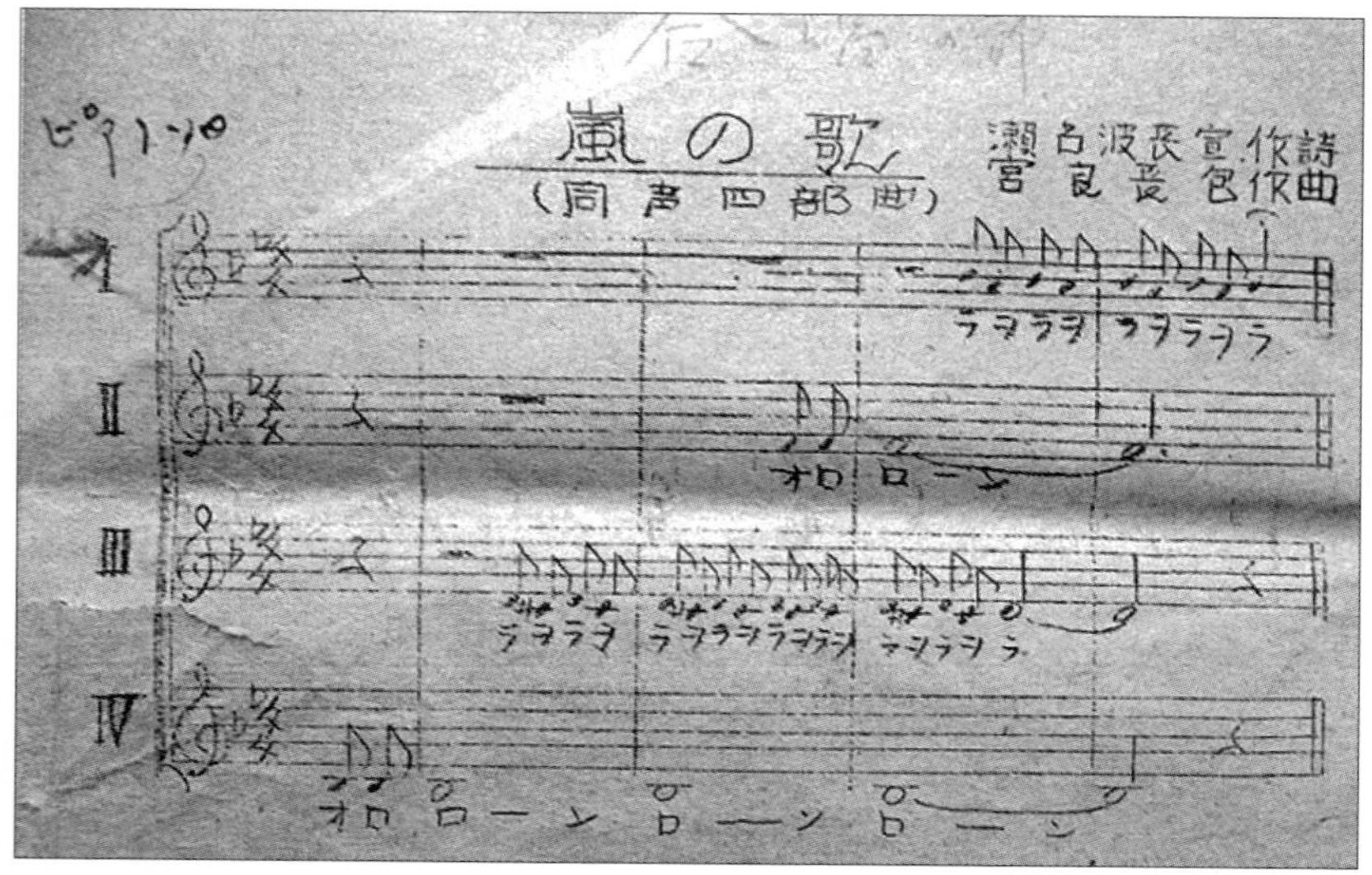

【楽譜37】「嵐の曲／嵐の歌」合唱出だし34〜38小節（校訂譜）

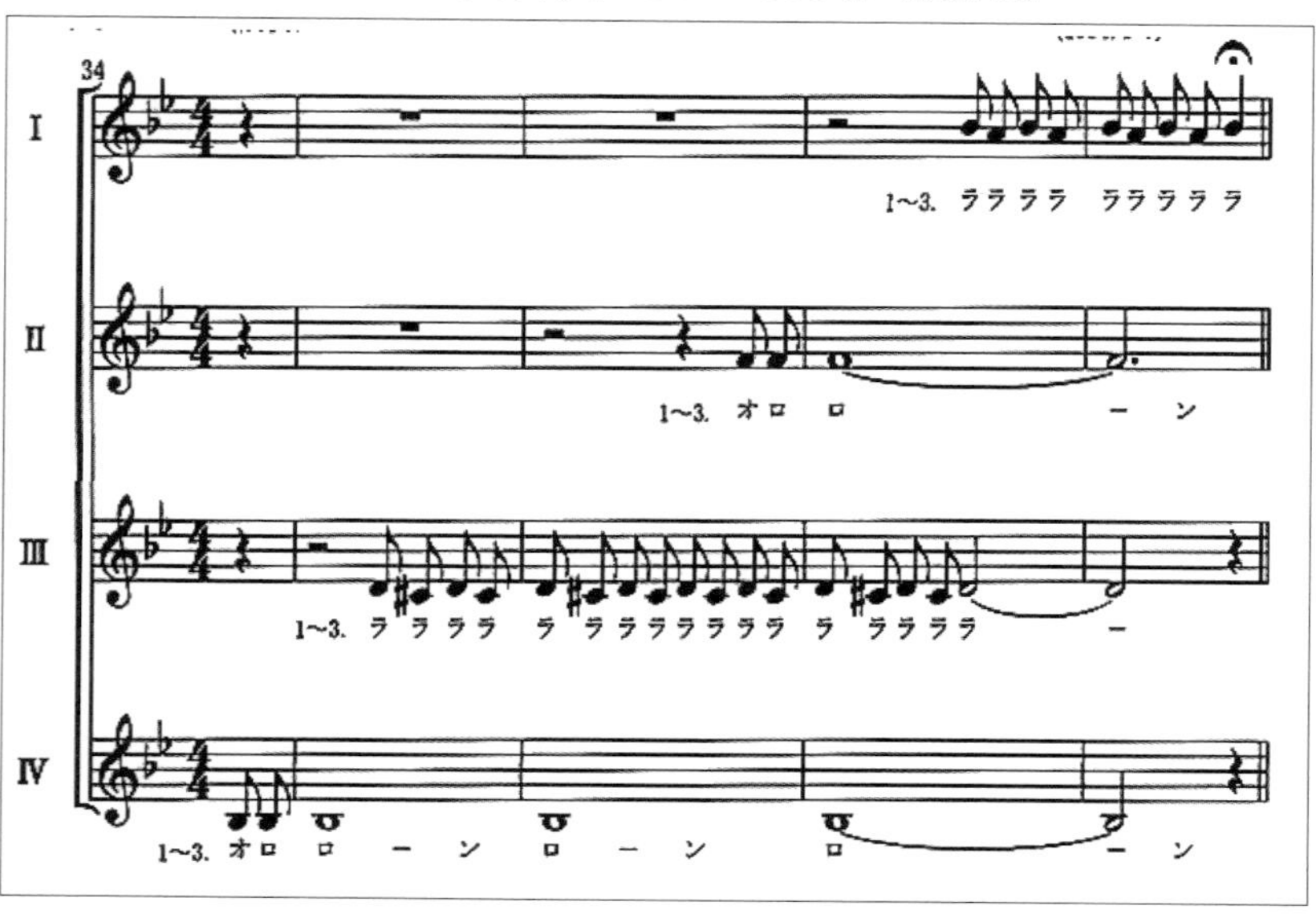

【写真30】「嵐の歌／嵐の曲」第２曲（60〜67小節）原楽譜

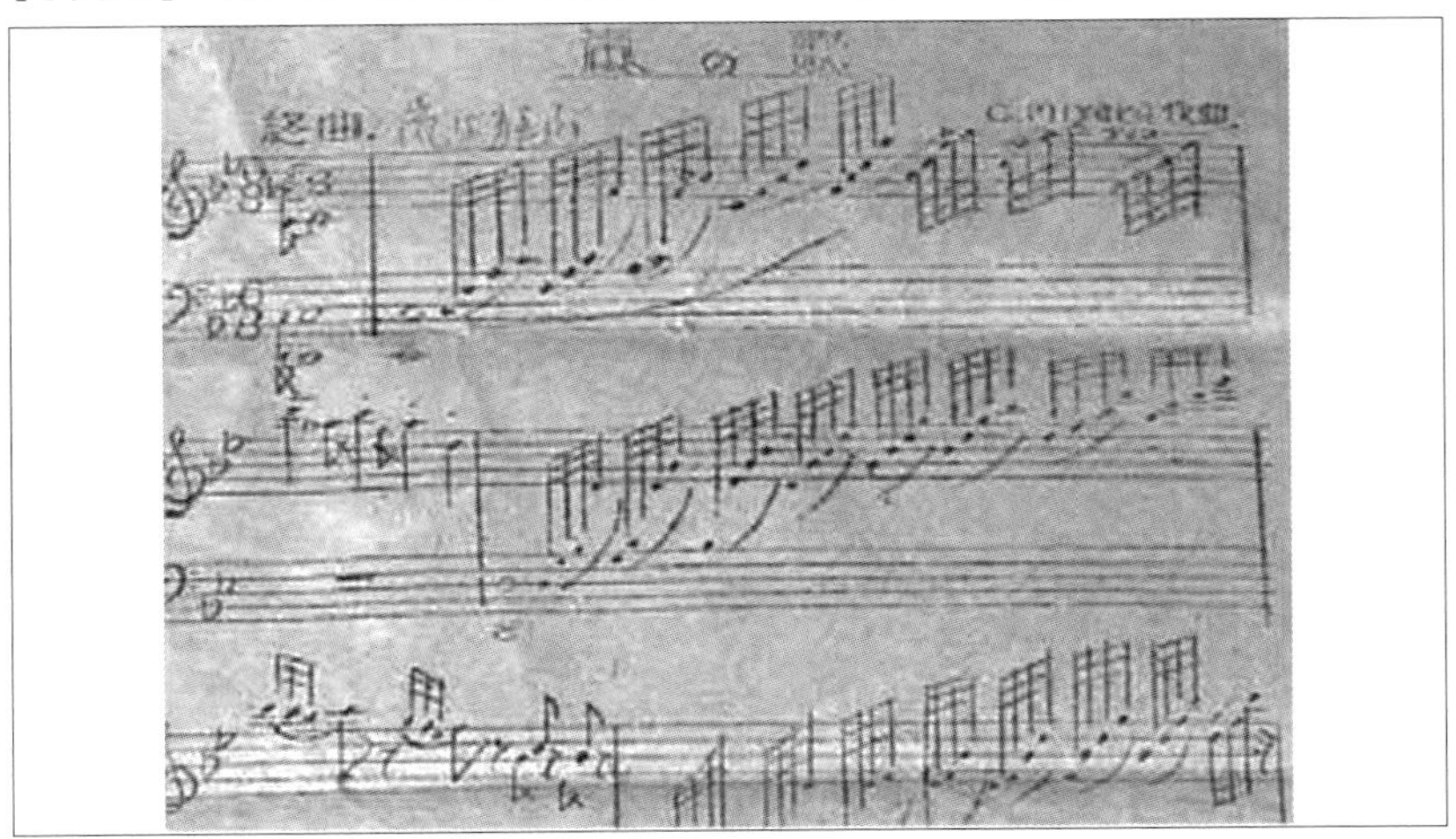

【楽譜38】「嵐の歌／嵐の曲」第２曲（60〜67小節）補訂

けといえるだろう。

曲構成は、八重山民謡「鳩間節」のメロディーをモチーフにした、美しい自然と静かな島の情景描写で始まり【写真28】【楽譜36】、嵐の前兆が現れ【写真29】【楽譜37】、突然、猛烈な嵐が吹き荒れる【写真30】【楽譜38】。そして、すべてを失った人々の苦悩と絶望感。しかし、復興への希望を捨てずに立ちあがる人々の姿、というストーリー性を持ち、西洋音楽と琉球音楽が絶妙に混ざり合い、装飾音符やアルペジオ奏法、転拍子を多用することによって、「嵐」がリアルに描写されている。

八重山民謡の「鳩間節」、「与那国ションカネー」、沖縄民謡の「瀧落し」のメロディーモチーフを使う一方で、「埴生の宿」（ビショップ作曲）の西洋的なフレーズが現れ、長包の柔軟性に富んだ作曲手法が鮮明に実現されている。

原楽譜は、合唱譜とオーケストラ部（実際はピアノ譜）のパート譜になっているが、通常のオーケストラ・スコアのように、各楽器のパートを楽譜化しているわけではなく、個々の箇所に書き込みや口頭によって演奏を指示するという、極めて変則的な譜面である。

原楽譜は、約90年前のもので読み取りにくいが、長包の意図を考慮しながら、楽譜解読を行い、三木健／大山伸子編著『宮良長包著作集―沖縄教育音楽論（ニライ社、２００４）、（楽譜２５０～２６１頁）』に、校訂楽譜を収録した。

長包が作曲した直筆の楽譜は、昭和19年の那覇十・十空襲で焼失したが、「嵐の歌／嵐の曲」

は、直筆譜の可能性がきわめて高い。もし、断定できれば、唯一の直筆譜として貴重な資料である。今後、直楽譜としての慎重な精査が必要となろう。

楽譜は、前述の通りピアノ譜で記入しているが、前奏部、間奏部には「オーケストラの部」と朱書きされており、おそらく、その都度、調達できる楽器を駆使し、オーケストラ風に編成したと思われる。

当時の演奏会に参加した長包の教え子たちは、「オーケストラだった」と述懐している。又、演奏会プログラムには、ヴァイオリン、セロ(ママ)、クラリネット、トロンペット(ママ)、コルネット、トロンボーン、大太鼓、小太鼓、タンボリン(ママ)、カスタネット、シロホン、オルガン、ピアノ等の楽器編成や、アルト、バリトン、バスの声種が記載されている。

前出の、「沖縄県師範学校学友会主催春季演奏会」では、プログラムに「ピアノ独奏　〝嵐〟」とあり、「合唱は省く」と記載されている。「嵐の歌／嵐の曲」は、時にピアノ独奏用、時には、「合唱の部」のみ、あるいは「嵐の歌／嵐の曲」をオーケストラ編成にしたりと、演奏形態に変化をつけている。

このように、「嵐の歌／嵐の曲」の原楽譜は、〝オーケストラ〟と書き込みはあるが、オーケストラのスコアではなく、ピアノ譜であることの理由がうなずける。つまり、ピアノ独奏用、合唱用、あるいは、オーケストラ用と、柔軟に演奏形態が選択できるよう、便宜的にピアノ譜にしたのではないだろうか。これは、長包独自の発想による、楽譜作成、演奏形態といえる。

【楽譜39】「嵐の歌／嵐の曲」第３曲（112〜120小節抜粋）
オーケストラスコア　編曲：高宮城徹夫

「嵐の歌／嵐の曲」の演奏は、楽器の乏しいその時代に、可能な限りの楽器を駆使し演奏している、長包の腐心が窺える。

昭和11年の沖縄県師範学校学友会主催「春季演奏会」プログラムには、「嵐の歌／嵐の曲」を演目に入れているが、長包自らタクトを執っている。長包が直接演奏会に関わった「嵐の歌／嵐の曲」は、当時のプログラムから3度確認できる（注97－1）。

長包没後初演の「嵐の歌／嵐の曲」は、「第9回尚志会芸能祭　饗苑八重山」（沖縄尚志会主催）」（2005・1・23）において、演奏され、好評を博した。【楽譜39】

（指揮・編曲／高宮城徹夫　オーケストラ／沖縄交響楽団　メゾソプラノ／森山京子　ピアノ／砂川彩貴子　三線／當山善堂、仲大底博也、山城直吉　琉球箏／當山規子　合唱／合唱団四団体）

節目ごとの「宮良長包音楽祭」では、「嵐の歌／嵐の曲」を継承して演目に取り入れており、「宮良長包生誕一三〇年記念音楽祭」（2013・6・22）、「宮良長包生誕135年記念音楽祭」（2018・6・30）で演奏されてきた。

そして今年、「宮良長包生誕140年音楽祭」（2023・11・18）において、高宮城徹夫指揮、琉球交響楽団のオーケストラによる演奏を行なう。

98 久松五勇士の歌――勇敢な五人組の実話をもとに

昭和9（1934）年に作曲（51歳）、作詞者は泉国夕照。曲は不明。久松五勇士についての実話がある。

「日露戦争ただ中の明治38（1905）年5月25日、宮古島へ航行中の帆船が、ロシアバルチック艦隊らしい船団を発見した旨、宮古島島司へ急報した。それを受けた島司は、垣花善、松原区長を呼び出し、ことの急を告げるとともに、無線電信施設のある石垣島へ急使を命じ、垣花善ら五人はサバニを力走し、128・7km離れた石垣島無線局にたどり着き、打電させた」。（注98－1）

「この事実に、元沖縄県師範学校主事の稲垣国三郎らが中心となって表彰運動を起こし、新聞にも報道されて、全国的に脚光を浴び映画化もされた」（注98－2）、というものである。

長包と久松五勇士と何らかの接点を見出すとすれば、五勇士を称える表彰運動を起こした稲垣国三郎の存在である。沖縄県師範学校教諭の長包は、稲垣を上司に持つ。長包は、その実話を稲垣から聞き、関心をもって作曲したのではないか、という推測はできる。【歌詞19】

【歌詞19】「久松五勇士の歌」（注98－3）

> 1．それ皇国の興廃は　この一戦にあるべしと
> 将士勇躍腕撫して　船進むれば雨呼ぶか
> 雲巻き起こす咬竜の　空をばにらむ姿あり

ただ、旋律はどういうものか、曲は、未だ不明である。

99　安里屋ユンタ――全国的にヒットした名曲

昭和9（1934）年に作曲（51歳）、作詞者は星迷鳥（本名星克）。曲は、ヘ長調、24小節、2/4拍子で、歌詞は4番まである。【歌詞20】

「安里屋ユンタ」は、県内外で広く知られている長包の代表作だが、昭和9（1934）年、日本コロムビア蓄音器株式会社（現・日本コロムビア株式会社）が、全国各地の代表的なご当地ソングや民謡をレコード化するために収録された一曲である。今回、貴重なそのレコードを聴くことができた。

レコード盤には、作曲者・宮良長包ではなく、「民謡・安里屋ユンタ」と記され、「唄・大濱津呂、崎山用能、仲本マサ子」、その下に「ピアノ・バイオリン伴奏」と書かれている。【写真31】古今東西、「安里屋ユンタ」が沖縄民謡として誤解されているのは、そもそも、〝民謡〟として全国的に発信されたからではないだろうか。

レコードの「安里屋ユンタ」は、ピアノとバイオリンの伴奏による2名と（伴奏者無記入）、前述の歌い手、大濱、崎山、仲本の5人で演奏している。

【写真31】「安里屋ユンタ」日本コロムビア蓄音器（株）収録

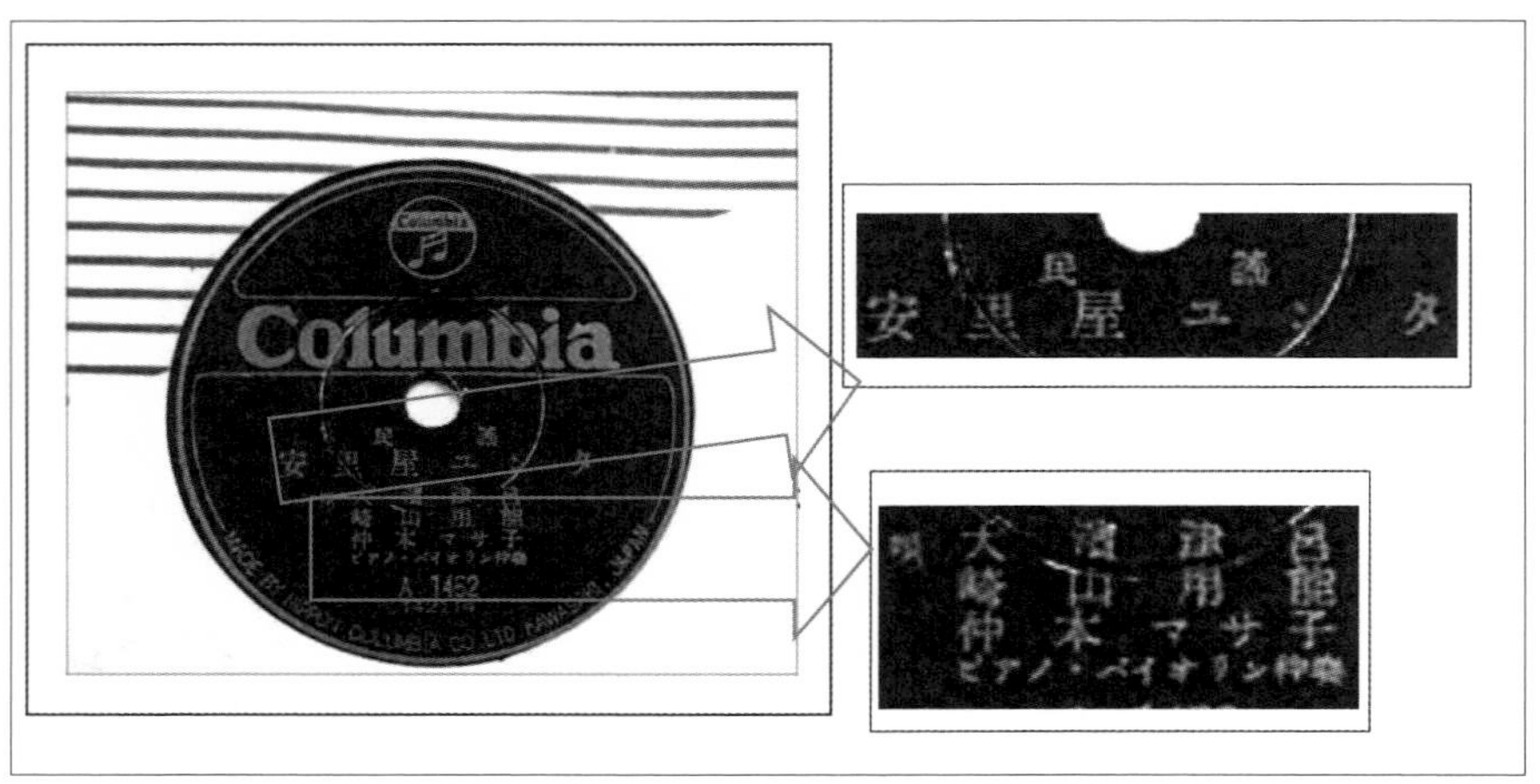

【楽譜40】長包が採譜した「あさどや節」（注99-2）

仲本マサ子は、石垣市出身で長包の実妹、〝蓄音器アッパー〟といわれた歌の名手だった。大濱津呂は(1891〜1970)、石垣市出身の八重山古典民謡の大家。1934年コロムビア蓄音器(株)より、八重山民謡24曲を吹き込み、『声楽譜八重山工工四』を発行した。崎山用能は西表島出身、公民館長や村会議員として地域に貢献し、建築家としても、住宅建築で高い評価を得た。ジャンルを超えた多彩な才覚を発揮し、郷土民謡の大家としても名を馳せた。

「安里屋ユンタ」のレコーディングに、長包自身も直接関わった可能性は極めて高い。あるいは、ピアノまたはバイオリンの伴奏者(記名がない)として加わっていたかも知れない。

三木健著『宮良長包―沖縄音楽の先駆』によると(注99-1)、このレコードの吹き込みに合計68曲が収録されたという。筆者は、「鷲の鳥節」、「古見の浦節」、「ションカネー節」、「白保節」、「安里屋節」、「赤馬節」、「シュウラ節」、「月の真昼間節」、「鳩間節」等、沖縄(八重山)の代表的な57曲の民謡を聴くことができた。もし、68曲収録されているとすれば、他11曲の所在を調査し、実際に聴いてみたいと思う。

歌い手が、八重山民謡歌手の3名で、伴奏はピアノとバイオリンの西洋楽器で演奏されているコラボレーションは、西洋音楽と沖縄音楽が絶妙に混ざり合い、新鮮な音色である。

「安里屋ユンタ」(宮良長包作曲)は、八重山民謡「安里屋節」が元歌といわれているが、「安里屋ユンタ」(長包作曲)に、「安里屋節」のメロディーラインは、類似する箇所がないこともないが、「安里屋節」が元歌と決定つけるものでもない。「安里屋節」をヒントにした、長包の創作曲とみなしていいのではないだろうか。

長包が採譜した「あさどや節」の楽譜【楽譜40】は、へ長調、4/4拍子、16小節で、前奏の後歌の出だしは、アウフタクトで始まっている。この楽譜の特徴的な点は、五線譜の下段に数字譜を書き込んでいることである。

当時の学校の音楽教育は、数字譜が指導方法として活用されており、おそらく、長包自身も、「あさどや節」を、数字譜で指導したのではないだろうか。

ところで、映画監督の篠田正浩著『私が生きたふたつの「日本」』に、「安里屋ユンタ」について記述があるので引用してみよう。

「前の戦争末期、学徒動員で私は陸軍の飛行場で働いていた。その合間に歌われたのが沖縄民謡の安里屋ユンタであった。エキゾチックな音階をなぞりながら、私たちは敗戦を迎えた。今になって、なぜ、沖縄の歌が岐阜の各務原に届いたのか。多分、沖縄の戦況の悲惨さが、パイロットとともに飛行場の滑走路に着陸したのではなかったか」(注99-3)と述べている。

戦時中は、時代を反映してか「マタハーリヌチンダラカヌシヤマヨ」を「マタハーリヌ死んだら神様よ」の戯れ歌で、シニカルに歌われていたようだ。

沖縄県内でよく耳にする歌詞がある。「サー沖縄(地名で変わる)よいとこ一度はおいで　サーユイユイ　春夏秋冬緑の島よ　マタハーリヌチンダラカヌシャマヨ」の5番が歌われることがある。

これは、観光誘致のための補足歌詞のようで、星迷鳥の創作は4番までである。

戦前、戦中、戦後、そして現在に至るまで、県内外で広く知られている「安里屋ユンタ」は、戦場でも人々に愛唱されており、戦争を鼓舞するための日本の音楽教育に抵抗した長包だったようだが、自身の曲が、戦場で人々を慰撫する歌になろうとは、長包自身予想していなかったのではないだろうか。

【歌詞20】「安里屋ユンタ」歌詞1～4番　作詞:星迷鳥

1．サー君は野中のいばらの花か
サーユイユイ
暮れて帰れば　ヤレホニ　引きとめる
マタハーリヌ　チンダラ　カヌシャマヨ

2．サー嬉し恥ずかし浮名を立てて
サーユイユイ
主は白百合　ヤレホニ　ままならぬ
マタハーリヌ　チンダラ　カヌシャマヨ

3．サー田草とるなら十六夜月よ
サーユイユイ
二人できがねも　ヤレホニ　水いらず
マタハーリヌ　チンダラ　カヌシャマヨ

4．サー染めてあげましょ　紺地の小袖
サーユイユイ
掛けておくれよ　情けのたすき
マタハーリヌ　チンダラ　カヌシャマヨ

※日本コロムビアレコード蓄音器(株)から発売された「安里屋ユンタ」(昭和9〈1934〉年)を、筆者が聴音・採譜し、楽譜化した。

※演奏は、前奏→1番→間奏→2番→間奏→3番→間奏→4番→後奏である。採譜楽譜は、前奏→1番の箇所(繰り返し)

※レコード盤に歌手名は明記されているが、バイオリン・ピアノ伴奏者名は記入されていない。「民謡」とも記されている。

※本レコードは、沖縄県公文書館所蔵(富川英子寄託資料)

【楽譜41】コロムビアレコード収録の「安里屋ユンタ」採譜楽譜

【楽譜41】は、日本コロムビア蓄音器株式会社から発売された、「安里屋ユンタ」収録のレコードを、筆者が採譜・楽譜化したものである。実際の演奏は、前奏、間奏を含む4番まであるが、採譜楽譜は、前奏と1番を記譜した。（2番〜4番は繰り返し）

楽譜化すると明確に分かるように、伴奏は、ピアノとバイオリンで三線は加わっていない。日本各地の代表的な民謡等を収録する目的のための音源にも拘わらず、伴奏は、ピアノ・バイオリンのみで、琉球楽器が加わっていないのは、制作企画上、何らかの意図があったのかも知れない。

ただ、このコラボレーションは、美しい音色を醸し出している。

100 万才(まんざい)かふす——沖縄民謡調の曲か

昭和9（1934）年に作曲（51歳）、作詞者は泉国夕照。作詞・旋律は不明だが、三木健著『宮良長包の世界』（注100-1）によると、作詞者の泉国夕照は、長包から新曲を預かり、作詞を依頼されている。つまり、「万才かふす」は、長包の作曲が最初で、泉国の作詞が後ということになる。

泉国がたまたま、宮古に出張した折、宿の店主にその新曲を三線で弾いてもらい、作詞を手掛けたのだという。

宿の店主が、三線で弾いたということは、「万才かふす」は五線譜ではなく工工四譜で実演したということになるだろう。つまり、長包作曲の「万才かふす」は、工工四で記譜され、沖縄民謡調のメロディーということは推測できる。あるいは、沖縄の組踊から生まれた、「高平万才」にヒントを得た曲なのか。残念ながら、「万才かふす」の全容を解明する資料は、見つかっていない。

101　あさどーやゆんた――作詞者が異なる「あさどーやゆんた」

昭和9(1934)年に作曲(51歳)、作詞者は泉国夕照。歌詞は判明しているものの、曲はわかっていない。「安里屋ユンタ」(作詞：星迷鳥)〈1934〉はあまりにも有名だが、長包は、「あさどーやゆんた」も作曲している。【歌詞21】

昭和13(1938)年4月29日付き沖縄日報紙面には、沖縄県立第二高等女学校コーラス部による戦傷兵慰問演奏として、鹿児島、熊本、大分(別府)、福岡(小倉)の病院や、療養所に遠征し、演奏会を開催する、という告知記事がある。

記事によると、指揮と指導は、沖縄県立第二高等女学校の音楽教諭である備瀬知範(長包の盟友)で、「あさどーやゆんた」(作詞：泉国夕照　作曲：宮良長包)が、プログラミングされている。

歌詞は、宮城鷲夫著『沖縄・わが心のうた声―宮良長包とその背景』（注101-1）に記載されているので、引用する。

旋律は不明であるが、歌詞を見ると、「安里屋ユンタ」の替え歌のようでもあり、曲の全容が判明しない限り、楽曲分析は難しい。今後の調査は、歌を記憶して歌える方を訪ねあて、採譜して楽譜化することや、資料収集によって旋律が明らかになることを目指したい。

【歌詞21】「あさどーやゆんた」作詞：泉国夕照

1．さー朝日さす稲田によ
さーゆいゆい
風渡る田の面によ
又はーりぬ　ちんだらかぬしゃまよ

2．さー早乙女の歌声は
さーゆいゆい
こひな鳥鳴く声よ
又はーりぬ　ちんだらかぬしゃまよ

3．さーうかれ出たよおせどによ
さーゆいゆい
さそわれたおせどによ
又はーりぬ　ちんだらかぬしゃまよ

4．さー梯梧樹は緋の色よ
さーゆいゆい
仰ぐ目青空よ
又はーりぬ　ちんだらかぬしゃまよ

102　春深し――日の目を見た発掘作品

昭和9（1934）年頃に作曲（51歳）、作詞者は不明。曲は、ハ長調（歌唱者の音高）、33小節、4/4拍子で、歌詞は1番のみある。

この曲は、旋律さえも知られていなかった全く埋もれていた作品で、記憶を辿って歌った玉代勢秀子さん（前出）の歌唱を採譜し（注102-1）、楽譜化した発掘作品である。

玉代勢さんによると、小学校の登下校に友人とよく歌ったという。【歌詞22】【歌詞23】「春深し」が果して長包の作品か、採譜楽譜を長包の教え子等に確認する作業や、関連性のある資料の調査を行ったところ、長包の作曲手法の一つとして、自作曲のメロディー・モチーフを、他の自作曲にも転用していることがわかった。

長包の自作曲である、「楽しく遊べ」（1925）、「石垣町歌」（1935）、の出だし旋律フレーズに酷似したメロディーが、「春深し」の出だしに使われていた。さらに、歌詞が、「たこの木」【写真32】、「八重山」等、地元に関連した情景描写であることや、「わたしの吹く笛の音」の表現は、琉球横笛の得意な長包ならではのアプローチとして読み取れる。

作詞者は不明であるが、「哀れなるかや笛の音も」の歌心を推察すると、長包自身の作詞かもしれない。

【歌詞22】「春深し」作詞者：不明

たこの木茂る　この砂州（さす）に
遠江（とおえ）のうなり　響きして
もやえども　はや春深し
もやえども　はや春深し
哀れなるかや　笛の音（ね）も
納戸のあたりに　あいおんし
八重山の夜の　春深し
八重山の夜の　春深し

【歌詞23】歌詞要約（筆者）

たこの木が茂る海辺は
遠くから波風の音が響いてくる
八重山の自然界は早くも春深く
夏の気配が感じられる
わたしの吹く笛(琉球笛)の音は
納戸にもいとおしく響いている
だろうか
八重山の夜は早くも初夏の足音
が聴こえてくる
→季節の変り目を描写？

【写真32】「たこの木」那覇市新都心公園

採譜から楽譜化を経て、『作曲全集２００３』に収録し、長包没後の初演として演奏会等で発表され（注102-2）、発掘作品として広く知られるようになった。

曲の特徴は、音域が1点下G・音（ソ・）から高音2点‥E音（‥ミ）と音域が広く、八重山の豊かな自然描写が映し出されて、美しい旋律である。

「たこの木」は、タコノキ科の常緑高木で、沖縄県では海辺から陸地まで、一年中生息している。市街地では街路樹として道行く人の目に止まり、公園では、日陰の役割を果たしてくれ、人々の生活に呼応している。

「たこの木」の呼称は、幹の支柱根が、タコの足状に何本も派生して、見た目が「タコ」に似ていることから、「たこの木」と呼ばれ、パインのような実をつける。【写真32】

植物をテーマにした長包作品は、「すみれ（１９１５‐１８）」、「赤ゆらの花」（１９２２）、「えんどうの花」（１９２４）、「姫椿」（イジュの花／１９２４）、「でいごの花」（１９２５）、「赤陽羅」（１９３０）、「桑の実」（１９３２）、「花と蜂」（１９３７）等がある。

103 しぐれ――埋もれていた長包メロディー

昭和9（1934）年頃に作曲（51歳）、作詞者は不明。曲は、変口長調（採譜時の歌唱者の音高）、2/4拍子、アウフタクトで始まる40小節の曲で、歌詞は1番のみである。

この曲は、曲名も旋律さえも知られていなかった、全く埋もれていた作品で、記憶を辿って歌った玉代勢秀子さんの歌唱を採譜し（注103-1）楽譜化、『作曲全集2003』に収録した発掘作品である。【楽譜42】

玉代勢さんは「幼い頃、友人と良く歌った曲で、長包先生の曲と聞いていた」と、述懐した。旋律は、D音（レ）から高音2点：F音（：ファ）までの音域があり、間奏と後奏がある。歌詞のない間奏部分（7～8小節、23～24小節）や、後奏部分（35～40小節）も、玉代勢さんは、「ラララ」で正確な音程で歌唱した。

この曲を長包作品と判断する手掛かりとして、それに酷似した、あるいは全く同じ旋律が長包の自作曲に存在するかどうかの曲分析を行った。

また、明治期以降に発行された教科書から長包没年の間、出版されている音楽教科書をほぼ調べ（調査／東京都江東区、教科書研究センター／教科書図書館）、また、沖縄の音楽関連出版物や音源の確認、さらに、玉代勢さんが歌った録音テープを長包の教え子やゆかりの方々に聴いていただき

【楽譜42】「しぐれ」採譜楽譜

確認した。教え子からは、長包の曲であると決定付ける証言はなかったものの、玉代勢さんの記憶が鮮明だったこと、他に、発表した既存曲が見当らなかったこと等を踏まえ、長包の作品と判断した。

令和5(2023・11・18)年開催の、「宮良長包誕生140年記念音楽祭」において、琉球交響楽団(指揮・編曲/高宮城徹夫)、ピアノ/会田牧子(長包の曾孫)により、長包没後の初演で披露される予定である。

104 非常時日本の歌――歌詞の存在発見

昭和9(1934)年に作曲(51歳)、作詞者は藤村作。(つくる) 歌詞は、昭和9年3月11日(午後2時、同7時)、那覇市の昭和会館で行われた「名嘉眞武輝氏記念演奏会」のプログラムに記載されている。国にとって非常事態である戦争を鼓舞する歌のようだが、旋律は不明である。【歌詞24】

「非常時日本の歌」をめぐって、同名曲で「作詞:植村作　作曲:寺村周太郎」の作品が存在することがわかった。二つの「非常時日本の歌」、長包作曲の歌との関連性について考えてみたい。

1. 詞について、植村作と藤村作の創作は、ほぼ同じである。藤村作(ふじむら・つくる)は、実在した国文学者で東京帝国大学(現・東京大学)の名誉教授(1875~1953)、「植村作」

は調べた範囲では、不明である。

2．曲について、寺村周太郎の曲を聴いてみると、長包音楽とは異なる曲調である。長包音楽は、西洋音楽と琉球音楽が絶妙に混ざり合った、独特の旋律が特徴的である。

3．長包作曲「非常時日本の歌」の曲は不明であり、二つを比較することはできないが、ただ、長包は、既成の詞に作曲することはしばしばある。例えば、「笛」（作詞：改訂唱歌科教材曲集より／1905）、「鈴虫」（作詞：野口雨情／1925）、「雀のお宿」（作詞：北原白秋／1925）等があり、藤村作の詞「非常時日本の歌」に作曲することは、十分に考えられる。

【歌詞24】「非常時日本の歌」（原文ママ）

1．非常時來たれり　我等が國に
非常時々々々　前代未聞の
今こそ行かめ　世界の前に
堂々我等の正しき道を
日本の道を日本の道を

2．國難來たれり　内より外（と）より
國難々々　重なり來たれり
今こそ研（と）かめ　力を協せ
奮然日本の生命（いのち）の剣（つるぎ）
精神（こころ）の刃（やいば）　精神の刃

4．前述の演奏会プログラムに、「作詞：藤村作　作曲：宮良長包」と明記されており、寺村周太郎作曲の「非常時日本の歌」とは別曲の、長包作曲「非常時日本の歌」も存在したと判断できるのではないだろうか。

翻って、沖縄県師範学校学生会主催の演奏会は、プログラムを確認する限り、昭和会館を利用することが多い。昭和会館は、昭和7（1932）年、沖縄県教育会の会館として那覇市旭町に建てられたホールで、演奏会や講演など多目的に利用していたようだ。昭和会館が建てられる以前は、沖縄県師範学校の講堂や沖縄県立第二高等女学校講堂、那覇公会堂などを利用していたが、昭和7年以降は、師範学校学生の音楽発表の場であり、長包の新曲を発表するホールであった。

105 久米島小唄——作詞・旋律は不明

昭和9(1934)年頃に作曲(51歳)、作詞者は宮里静湖。詞・曲は不明。長包が「小唄」を作曲した作品は、「具志川小唄」(1931)、「名護小唄」(1933)、「久米島小唄」(1934頃)の3曲がある。3作品の「小唄」の中で、「久米島小唄」は、唯一、歌詞と旋律が判明していない。

作詞者の宮里は、故郷の久米島を題材にした作品が多く、特に、長包とのコンビ作品には、「船路」(1928)、桑の実(1932)、荒磯の歌(1935)、「久米島町立久米島小学校校歌」(1938)があり、久米島がテーマである。

106　荒磯の歌――久米島民謡「阿嘉の髭水(あかのひじみじ)」をモチーフに

昭和10（1935）年に作曲（52歳）、作詞者は宮里静湖。曲は、変ホ長調の4/4拍子で、29小節、前奏・後奏があり、ピアノ伴奏で作曲されているが、三線で演奏されることも多い。

曲の元歌は、久米島民謡「阿嘉の髭水」であり、長包は実際、久米島（那覇市から西に約100㎞に位置する離島）に赴き、地元歌者の三線演奏による旋律を採譜して、そのメロディー・モチーフをベースに作曲したのが「荒磯の歌」である。

作詞者の宮里によると、「荒磯の歌」の「詩集メモ」には、音楽教科書に取り上げられていることについて次のように述べている。

「下阿嘉にまつわるこの民謡に心をひかれた宮良長包先生は、昭和9年の夏、裏久米島の現地を訪れて曲調を採譜し、帰校後それを音楽教育に編曲された。（中略）昭和39年版東京教育出版社発行の中学校音楽教科書3年用に、沖縄の歌として収録されている」と、記している。【写真33】

当時の音楽教科書を調べたところ（教科書図書館／東京都）、実際は、昭和46（1971）年の3年生音楽教科書「中学音楽3」に、〝特殊ページ〟扱いで掲載されていた。【楽譜43】（注106-1）

【写真33】「荒磯の歌」“詩集” 宮里静湖の自筆

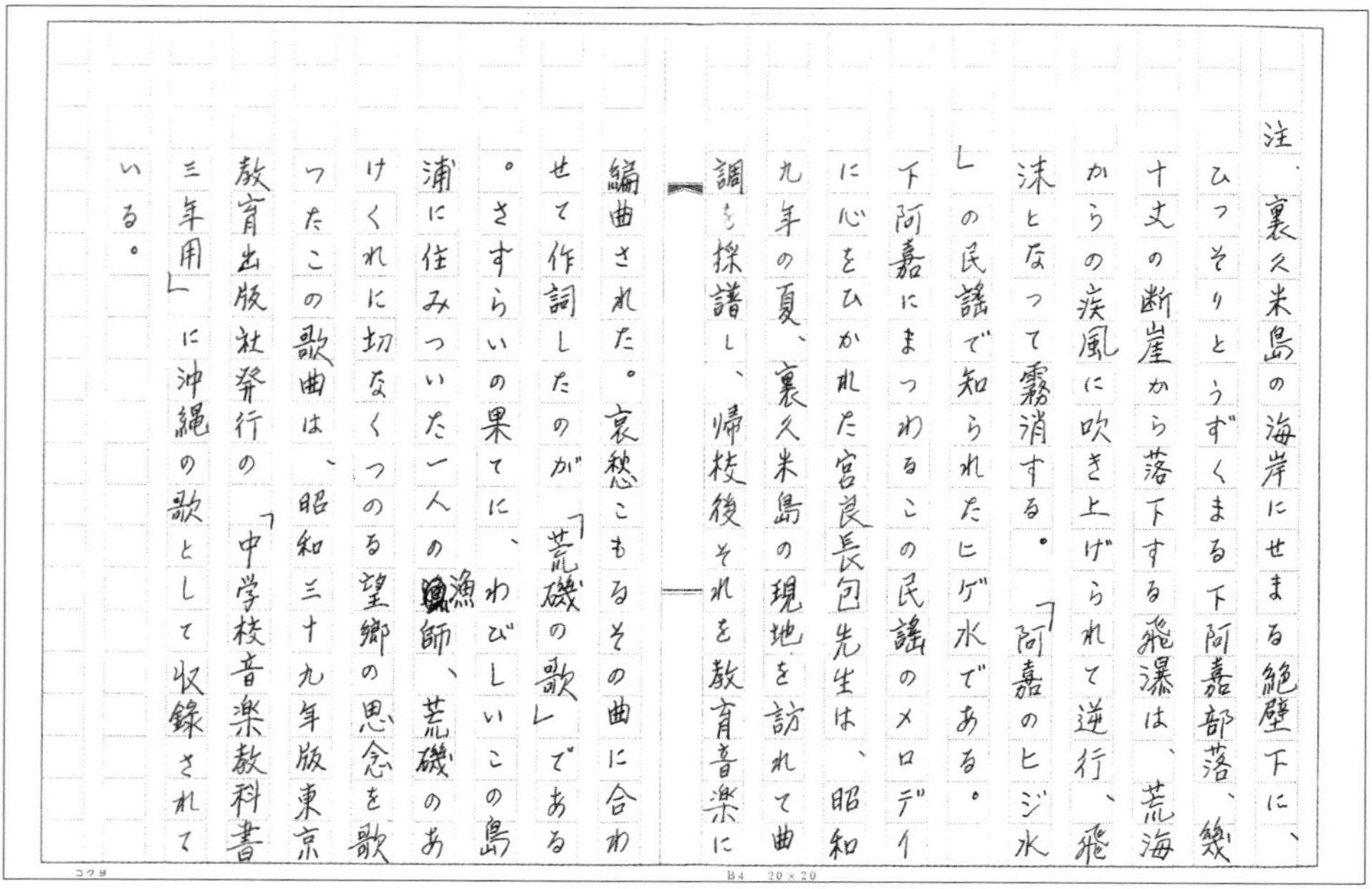

注、裏久米島の海岸にせまる絶壁下に、ひっそりとうずくまる下阿嘉部落、幾十丈の断崖から落下する飛瀑は、荒海からの疾風に吹き上げられて逆行、飛沫となって霧消する。「阿嘉のヒジ水」の民謡で知られたヒゲ水である。下阿嘉にまつわるこの民謡のメロディに心をひかれた宮良長包先生は、昭和九年の夏、裏久米島の現地を訪れて曲調を採譜し、帰校後それを教育音楽に編曲された。哀愁こもるその曲に合わせて作詞したのが「荒磯の歌」である。さすらいの果てに、わびしいこの島浦に住みついた一人の漁師、荒磯のあけくれに切なくつのる望郷の思念を歌ったこの歌曲は、昭和三十九年版東京教育出版社発行の「中学校音楽教科書三年用」に沖縄の歌として収録されている。

【楽譜43】「荒磯の歌」「中学音楽3」（教育出版社）昭和46（1971）年、27頁

【楽譜44】「安里屋ユンタ」「高校音楽教科書MUSA１」（教育芸術出版）平成28（2016）年、59頁

取り扱いとして、決して大きくないが、昭和40年代の音楽教科書に、長包の作品「荒磯の歌」が採用されたという事実は、まさに、朗報ではないだろうか。

また、昭和52（1977）年の3年生音楽教科書「中学音楽3」に、同じく〝特殊ページ〟で、八重山のわらべ歌「月のかいしゃ」が、掲載されている。（注106－2）

現今の中学・高校の音楽教科書には、各地の郷土音楽が教材曲として取り上げられている。平成28（2016）年、「高校音楽教科書MUSA1」（教育芸術出版）には、「安里屋ユンタ」（作詞／星迷鳥　作曲／宮良長包）が、五線譜と工工四譜で教材曲として掲載されている。（注106－3）【楽譜44】

この楽譜の画期的な点は、五線譜の下段に、工工四譜と三線の三弦が合わさった記譜法が、導入されているところである。おそらく、生徒たちへの学習法として、三線奏法と工工四譜をよりよく理解させるための記譜法ではないだろうか。

長包の教育論文には、「鷲の鳥」（八重山民謡）を、五線譜と工工四譜で記述したものはあるが、本楽譜は、三弦の上に工工四をのせてあり、生徒が理解しやすく学びやすい、優れた記譜法ではないだろうか。

107　宮良橋の歌——工工四譜で作曲

昭和10（1935）年に作曲（52歳）、作詞者は大浜信光。曲は、工工四で記譜されており【楽譜45】、歌詞は5番まである。

「宮良」とは、石垣市内から東方に約7kmに位置する地名で、生活の交通手段として欠かせない

【楽譜45】工工四譜「宮良橋の歌」（原曲譜）

宮良橋の歌　本調子

大濱信光作歌

宮良長包作曲

宮良川の架橋を「宮良橋」といい【歌詞25】、過去に、自然災害で幾度となく崩壊した。

しかし、昭和8（1933）年、篤志家、仲尾次政隆氏の寄贈によって、待望の鉄筋コンクリート橋の工事に着工【写真34】、記念の頌徳碑除幕式に、「宮良橋の歌」が発表された。（注107−1）

除幕式当日は、白良（しらら）小学校（現・白保小学校と宮良小学校の合併校）の児童たちが、「宮良橋の歌」を合唱し披露している。原楽譜が、工工四譜であることから、演奏形態は、三線や太鼓、横笛などの琉球楽器で演奏されたことがわかる。

【歌詞25】「宮良橋の歌」作詞/大浜信光

1．見たか宮良の大橋を
ひるぎに風もそよそよと
吹いて涼しい川の上
今じゃ見事な橋なれど
今じゃ見事な橋なれど

2．橋のないないその昔
三百年のその昔
川の流れに泣きぬれた
多くの人を思いやり
多くの人を思いやり

3．石を積み上げ八十尋（やそひろ）の
情けの橋をかけ渡し
黄金（こがね）の橋をかけ渡す
山陽二世の宮良翁
山陽二世の長重翁

4．出水（でみず）台風いくたびも
あれて流れた宮良橋
配所の月を眺めつつ
つくろいかけた仲尾次翁
衆生済度（しゅうじょうさいど）の仲尾次翁

5．忘れまいぞ大橋に
朝陽夕陽（あさひゆうひ）がきらきらと
往来（ゆきき）の人に照りはえて
仲尾次宮良の名が光る
仲尾次宮良の名が光る

【楽譜46】「宮良橋の歌」五線譜化

宮良橋の歌

大　浜　信　光　作詞
宮　良　長　包　作曲
大　山　伸　子　五線譜

※宮良長包は工工四譜で作曲しているが[楽譜45]、五線譜に変換した。

【写真34】初のコンクリート造りによる「宮良橋」着工風景（昭和８年）

【写真35】現在の「宮良橋」 平成９（1997）年竣工

頌徳碑の除幕式を祝うための曲が、「宮良橋の歌」のセレモニーソングであり、いわゆる、ポップスや流行歌のように、日常的に、頻繁に歌い演奏されることはなかったと考えられ、歴史に刻まれた一曲であろう。

なお、筆者は、その工工四譜を五線譜に作成したが(注107-2)、原曲の工工四譜が、88年前のものであり、解読が難しい点や不鮮明な箇所が多々あり、慎重に精査して楽譜化【楽譜46】、今回出版の『作曲全集２０２３』に収録することができた。

曲は、へ長調、13小節で、１～６小節は4/4拍子、７小節で2/4拍子、８～12小節は4/4拍子、13小節は2/4拍子と、拍子が変わる転拍子で、長包独特の作曲手法である。

「宮良橋の歌」は、覚えやすいメロディーで、賑々しく祝宴に相応しい曲調である。

現在の宮良橋は、平成９(１９９７)年に、造り直されている。【写真35】

108　吾子(あこ)は逝(ゆ)けり——応答形式の合唱曲

昭和10(１９３５)年頃に作曲(52歳)、作詞者は宮良長包。旋律が不明なこの曲は、昭和10年２月17日に開催された「首里至聖廟移築記念演奏会」のプログラムに、「演奏会曲目と歌詞」が記載されている【歌詞26】(注108-1)。歌詞から窺えることは、「吾子は逝けり」は、応答形式の合唱曲で、長包作品としては特異な曲である。
昭和9(1934)年に、二男・長佑を病気で亡くしており、わが子亡き後の淋しさや侘しさを曲に表現したものだろうか。

【歌詞26】「吾子は逝けり」(原文ママ)

（1）（合唱）夕(ゆうべ)のとばり
（復唱）いとおごそか
（獨唱）吾子(あこ)の枕邊いとしめやか
（合唱）いとしめやか
（合唱）きこゆるは只　天籟(てんらい)の聲
（蜀唱）あゝ吾子は逝けり
（合唱）吾子は逝けり
（合唱）愛(いと)しき吾子は逝けり　逝けり
（合唱）あゝ　あゝ

（2）（合唱）蓮のうてな
（復唱）いとおごそかに
（獨唱）例しへもなき　妙なる調べ
（合唱）妙なる調べ
（合唱）祖先(みおや)の國へ　菩提(のり)の花園(その)へ
（獨唱）あゝ吾子は逝けり
（合唱）吾子は逝けり
（合唱）愛しき吾子は逝けり　逝けり
（合唱）あゝ　あゝ

109 珊瑚礁――擬態語の妙味

昭和10(1935)年に作曲(52歳)、作詞者は瀬名波長宣。旋律は不明であるが、昭和10年2月17日開催された、「首里至聖廟移築記念演奏会」(主催：沖縄県師範学校学友会　場所：昭和会館」のプログラムに歌詞が記載されている。【歌詞27】

海原の自然や海の生物、野鳥、珊瑚礁の描写が美しい。「ハロロはろけき」、「ヒロロひろけき」、「ヒソソひそけき」の珊瑚礁に係る表現は、言葉遊びも感じられリズミカルで心地よい。

作詞者の瀬名波は、「嵐の歌／嵐の曲」(1934)の合唱の部を作詞しているが、長包とのコンビ作品は、この2曲である。

【歌詞27】「珊瑚礁」(原文のママ)

1．島を繞(めぐ)りて七重八重
千島の庭は果てもなく
小蟹小蟹の家隣り
鷺の歩みや日の永き
ハロロはろけき珊瑚礁

2．かすかに黒き人の影
抜き足差し足潮干狩
語る日燒(やけ)の顔と顔
誰が脱ぎ捨てし古草鞋(わらじ)
ヒロロひろけき珊瑚礁

3．淀みもつるゝ藻湖草
島と島との行きかひに
潮侍船の吹く法螺(ほら)は
陸(おか)に響きて谺(こだま)する
ヒソソひそけき珊瑚礁

110 仲里節――詞・曲は未だ不明

昭和10(1935)年頃に作曲(52歳)、歌詞・旋律(合唱曲)は不明である。沖縄県師範学校学友会主催、「首里至聖廟移築記念演奏会」(昭和10年2月17日　於：昭和会館)のプログラムには、オーケストラによる「仲里節、及びだんじゅ嘉利吉　宮良長包編曲」とある。

プログラムの解説文には、「沖縄民謡曲を編曲したものであります」と記載がある。「仲里節」は、長包の作品に間違いないのだが、それ以上の情報は、プログラムからは、読み取ることができない。

111 白さぎ――「石垣町歌」「春深し」と同じ旋律モチーフ

昭和10(1935)年に作曲(52歳)、作詞者は喜友名英文(注111-1)。曲は、変ロ長調、4/4拍子、24小節で、歌詞は1番のみの単旋律、伴奏は作曲していない。【楽譜47】

「白さぎ」の旋律のモチーフ1~4小節の①……箇所は、「春深し」1~4小節の①……箇所とほぼ同じ旋律である【楽譜48】。また、「石垣町歌」前奏1~4小節の①……箇所と、歌い出し15~18

【楽譜47】「白さぎ」（1～24小節抜粋）

【楽譜48】春深し（１小節～８小節抜粋）

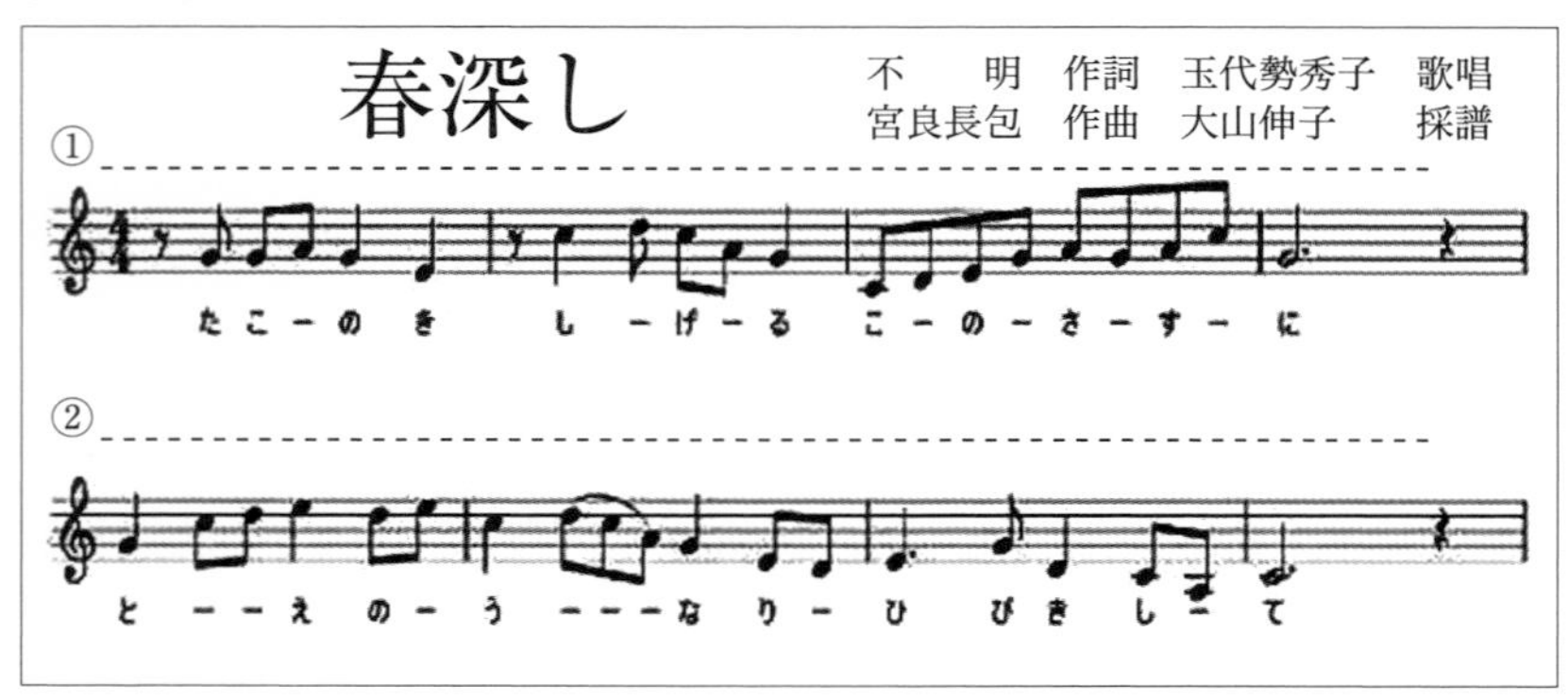

小節の①……箇所の旋律が同じである。【楽譜48】

さらに、「白さぎ」5～8小節、及び21～24小節の②……箇所と、「春深し」5～8小節の②……箇所がほぼ同じである。

長包の作曲技法は、自作の旋律モチーフを、他の自作曲に転用する特徴がある。

「春深し」は、玉代勢秀子さんが記憶を辿って歌唱した曲を、採譜し楽譜化した作品で（注111-2）、曲の存在も歌詞も知られていなかった、全く埋もれていた発掘作品である。

このように、発掘曲の「春深し」が、長包の作品であるかの判断は、旋律モチーフが「白さぎ」、「石垣町歌」と同じであることを確認することができ、それが決定打になった。

【楽譜49】「石垣町歌」（前奏〜18小節抜粋）

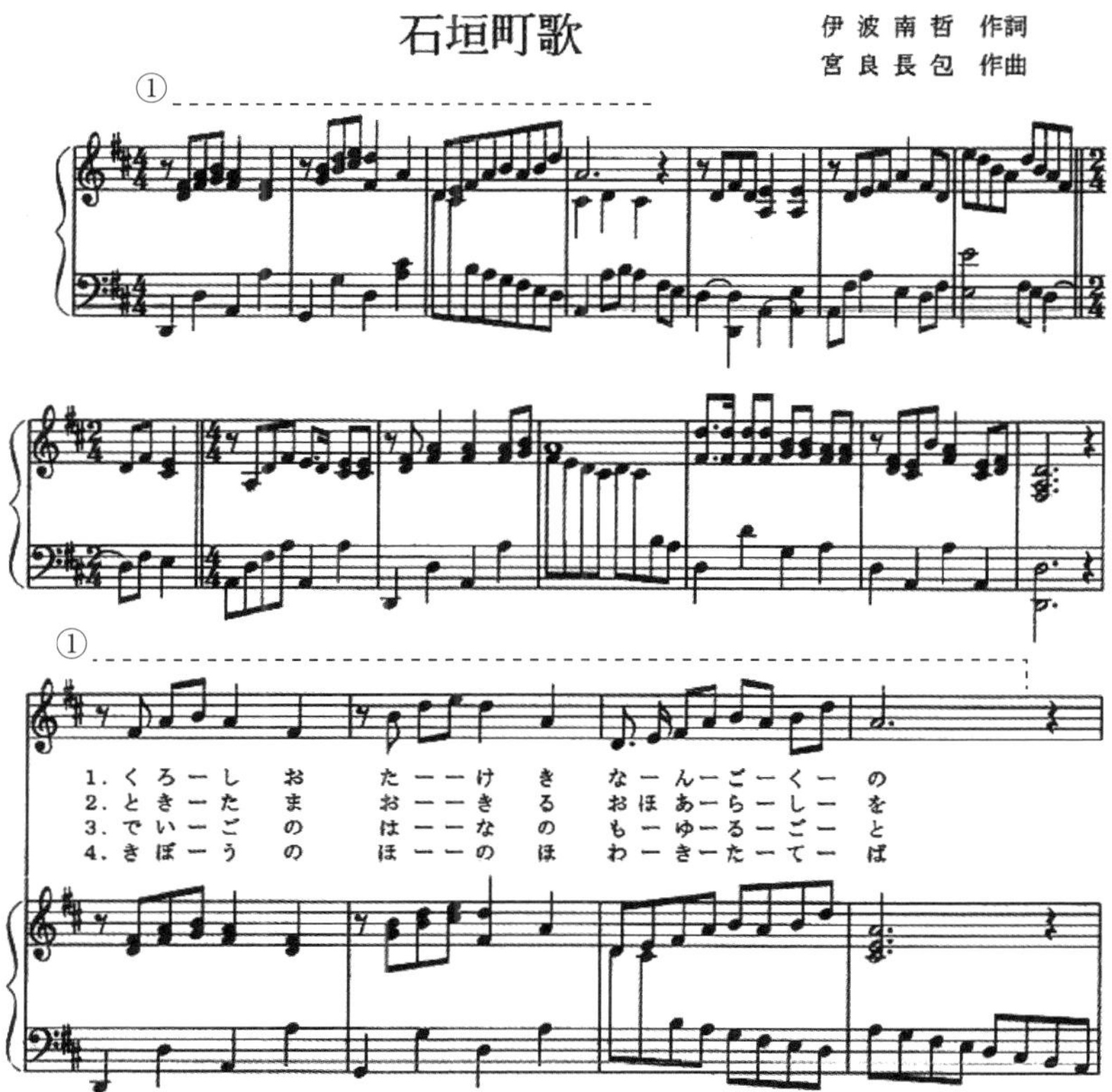

112　楠公（菊は十六）　上級生の部——驚きの楽譜発見

昭和10（1935）年に作曲（52歳）、学校劇の台詞に作曲したものである。脚色（作詞）は河原杏子。（注112-1）

昭和11（1936）年2月の「第一四回春季演奏会」（主催：沖縄県師範学校学友会）のプログラムによると、「第一部　オーケストラ　楠公　宮良長包作曲（大阪友文堂発行学校劇ヨリ）」とあり、指揮者は、「宮良長包」と記されている。

プログラムには、曲目と歌詞が記載されているが、「楠公」については全く記述がなく、詳細がわかっていなかった。また、プログラムの最終ページには、「最高なる音楽は、最高なる道徳に一致する　シューマン」と、シューマン語録が、記述されている。

この「楠公」作品について、前出のプログラムを手掛かりに、曲を調査していたが、どうしても見つからず、あきらめていた。

ところが、国立国会図書館で検索した折、「楠公」の曲名ではヒットせず、「昭和、大阪、学校劇、宮良長包」などの思い当たるキーワードで検索したところ、パソコンの画面からついに、「楠公」の楽譜が現れた。思わず、小躍りしてしまったのだが、さらに、長包作曲の「楠公（父は摂津）」、「誰にも言うな」、「人形（2曲）」、「小楠公」、「養老」が見つかった。

この7曲は、『情操教育　新らしい学校劇』(注112-2)に掲載されており、新たな長包作品7曲が立て続けに見つかり、それは、幸運であったことに他ならない。

国立国会図書館のデジタルコピーに目を通すと、発行は、大阪の「宏元社書店」と記され、前掲プログラム記載の「友文堂」とは異なるものの、「学校劇、楠公、宮良長包作曲」は、一致している。

この7作品の作曲活動は、長包の活躍が沖縄県内に留まらず、県外まで広く名声を轟かせていた証ではないだろうか。

『新らしい学校劇』収録7曲のうち、長包自身が県内の演奏会で披露した作品は、「楠公」のみ確認できたが、おそらく、本土では、全曲の実演があったのだろう。

「楠公」の脚本内容は、楠木正成(くすのきまさしげ)が、足利尊氏(あしかがたかうじ)との合戦について、部下と思案している場面や、正成の弟である正季(まさすえ)と、正成の息子、正行(まさつら)と会話している場面である。

「菊」の可憐さと美しさを話題にしている曲が、左記の場面である。この曲の学校劇を演じる対象は、「上級生の部」と記されている。【歌詞28】

【歌詞28】「楠公」(菊は十六)　長包作曲の箇所　脚色／河原杏子(原文ママ)(1小節～8小節部分)

歌「菊(きく)は十六かほり高(たか)い　父が土(つち)かいに私(わたし)が育(そ)だて　今朝(けふ)も一輪(りん)咲(さ)きいでた
菊(きく)は私(わたし)の紋所(もんどころ)」

※現代漢字かな遣い→かほり(かおり)　今朝(けふ)(けさ)

場面は、楠木正行（正成の嫡男）が、歌いながら舞台に登場するところである。曲は、ト長調、3/8拍子で21小節、歌詞は1番のみで、ピアノ伴奏を作曲している。軽快な3拍子で、思わずスイングしたくなる曲調である。

長包が、前掲の「春季演奏会」でプログラミングした「楠公」の演奏編成は、「オーケストラ」となっている。当時、学校で備えている楽器は、必ずしも潤沢ではなかったはずで、長包は、音楽構成のバランスを工夫して、楽器編成に腐心したのであろう。

113 楠公（父は摂津）

上級生の部――次々と楽譜見つかる

昭和10（1935）年に作曲（52歳）、学校劇「楠公（父は摂津）」の台詞を作曲したものである。脚色（作詞）は河原杏子。（注113-1）

【歌詞29】 楠公（父は摂津） 長包作曲の箇所　脚色：河原杏子（原文ママ）

歌「父は攝津の湊川　子は河内の故郷へ　西と東に別れ行く　櫻井驛の時鳥
哀れ血に鳴く思ひ哉」

※現代漢字かな遣い→河内（かわち）　哀れ（あわれ）　思ひ（思い）

【歌詞29】は、父・正成と幼き息子・正行の戦争合戦について問答する場面の歌詞に、長包が作曲している。

曲は、ホ長調、2/4拍子で16小節、歌詞は1番のみで、ピアノ伴奏も作曲している。付点8分音符と16分音符のスキップのリズムを中心に構成され、マーチ風の明るい曲である。

114　誰にも言うな　三、四年生の部——道徳教育の一環

昭和10（1935）年に作曲（52歳）、学校劇「誰にも言うな」の台詞を作曲したものである。作（作詞）は河原杏子。（注114-1）

『情操教育　新らしい学校劇』所収の学校劇であることから、児童・生徒が演じるセリフ、音楽、パフォーマンス、舞台構成が一体化した総合芸術の教材であろう。

【歌詞30】「誰にも云うな」長包作曲の箇所　作：河原杏子（原文ママ）

> 一同合唱「わざはひ口から入ると云ふ　わざはひ口から出ると云ふ
> 世間の口には戸はたゝぬ　つゝしみませう口の門」

※現代漢字かな遣い→わざはひ（わざわい）　云ふ（言う）
　つゝしみませう（つつしみましょう）

【歌詞30】の内容は、他人のプライバシーや陰口を他者に伝えると、また次の人に伝わり、人から人に伝達され、結局、最初に伝えた人に戻り、自分の行ないを反省する、という内容である。

他人の秘密事は、他者に伝えるとわざわいが起こるので、つつしみましょう、という道徳教育の一環ともいえる内容のドラマである。【写真36、37、38】

現代風に捉えれば、虚偽に拘わらず個人のプライバシーも侵害する、インターネットによる拡散は、他者に迷惑や不幸をもたらす、ということだろうか。古今東西、「世間の口には戸はたたぬ」という諺は、私達、人間への戒めであろう。それは、昔も今も変わらない普遍的な教訓である。

【楽譜50】でもわかるように、曲は、ニ長調、4/4拍子、20小節（1～4小節前奏）、歌詞は1番のみである。旋律は、G音（ソ）とC♯音（♯ド）が構成されていないヨナ抜き旋法で、左手伴奏の前半は、オクターブの連打音の箇所が多いが、後半伴奏は、五度や六度音程の三和音で、いずれもよく活用される伴奏型である。

【写真36】「誰にも言うな」の舞台構成

【写真左37】「誰にも言うな」台詞のラストシーン

密はかたく秘密として守ること。

一同「僕等も誓ふよ。

一同合唱「わざはひ口から入ると云ふ
世間の口には戸はたゝぬ
わざはひ口から出ると云ふ
つゝしみませう口の門

——幕——

六四

【写真右38】「誰にも言うな」台詞の出だし

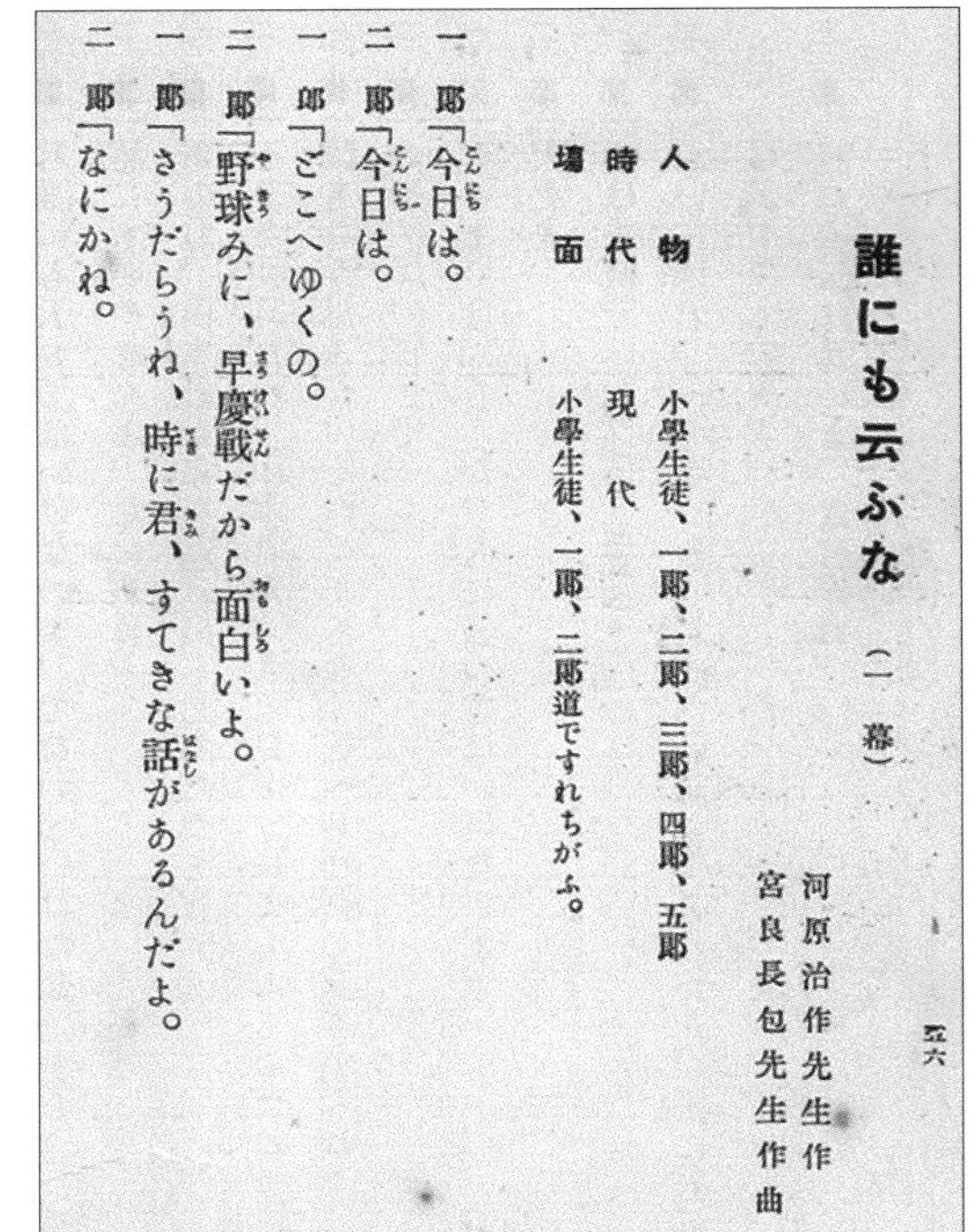

誰にも云ふな（一幕）

河原治作先生作
宮良長包先生作曲

人物　小學生徒、一郎、二郎、三郎、四郎、五郎
時代　現代
場面　小學生徒、一郎、二郎道ですれちがふ。

一郎「今日は。
二郎「今日は。
一郎「どこへゆくの。
二郎「野球みに、早慶戦だから面白いよ。
一郎「さうだらうね、時に君、すてきな話があるんだよ。
二郎「なにかね。

五六

【楽譜50】「誰にも言うな」（原曲譜）

誰 に も 言 ふ な

河原杏子先生作

ワ ザ－ハ ヒ ク チカラ イ ルトイフ ワ ザ－ハ ヒ

オクターブの連打音

ク チカラ デ ルトイフ セ ケン ノ ク チニ ハ

5度音程の３和音

ト ハタタ ヌ ツ ツ・シーミ マ ーセ ウ ク チ ノ モン

115　人形（1）　五、六年生の部――慰問袋の真心

昭和10（1935）年に作曲（52歳）、学校劇「人形（1）」の台詞に作曲したものである。河原杏子作（作詞）。（注115-1）

ドラマの内容は、三人の兵隊と一人の少尉が、国民からプレゼントされた、〃慰問袋〃の中身を話題にしている場面である。

「〃慰問袋〃には、故郷の人々の眞心がこもっているんだ。有難く頂戴するんだ」と少尉が三人の兵隊に言葉を投げ掛け、お互いの中身を見合う。「キャラメルが出るかと思ったらセッケンが出る」、「千人針から越中褌まで出て来るからな、まるでビックリ箱のようだ！」と、皆で喜びの声を上げる。そこで、一同合唱する。【歌詞31】

【歌詞31】「人形（1）」長包作曲の箇所　作：河原杏子（原文ママ）

> 一同合唱「あすの命もわからない　我等は國の人柱
> 　　　　　雪を血に染め地を骨に　うづむるとても二の足は」

※現代漢字かな遣い→我等は國（我等は国）　うづむる（埋むる）

歌詞の内容は、物々しいのだが、曲は、ト長調、26小節（前奏1〜6小節）、3/4拍子のワルツ系で、歌詞は1番のみ、全く悲壮感のない、明るい曲である。

左手伴奏は、歌い出しの7〜8小節のみ、右手に旋律を使わない両手伴奏になっているが《あすのいのちも》、9〜26小節は、右手に旋律を伴った伴奏型である。

なぜ、7〜8小節のみ、右手に旋律を使わない両手の伴奏型なのか、その創作的な意図は、つかめない。

116 人形（2）　五、六年生の部——勇ましさと真心

昭和10（1935）年に作曲（52歳）、学校劇「人形（2）」の台詞に、作曲したもので、「人形（1）」の続きである。河原杏子作（作詞）。（注116-1）

一人の兵士が〝慰問袋〟の中身について、「僕のものは人形です」と、皆に披露した途端、「汚い人形ですね」、「鼻が欠けています」、「耳もかけています」、「気味の悪い人形だ」と、他の兵士達に酷評される。ところが、同封されていた一通の手紙は、両親を亡くし叔父に引き取られた、貧しい13歳の娘からのメッセージだった。両親の形見であるみすぼらしい人形を〝慰問袋〟に入れた理由は、兵隊さんを励ます精いっぱいの自分の気持ちである。と、その理由について書いてあり、一同涙ぐむ、というドラマ展開である。

そこで、一同、合唱する。歌詞【歌詞32】は、【歌詞31】より、さらに勇ましい。

【歌詞32】「人形（2）」長包作曲の箇所　作：河原杏子（原文ママ）

一同合唱「斷じて斷じて斷じて奮戰　斷じて斷じて斷じて勝つぞ
お丶此熱情(このねつぜう)お丶此後援(このこうえん)
斷じて斷じて斷じて血戰　斷じて斷じて斷じて勝つぞ」

※現代漢字かな遣い→斷じて（断じて）　熱情(ねつぜう)（ねつじょう）

曲は、ト長調、32小節（前奏1～12小節）で、出だしは、2/4拍子で始まり、21～24小節は3/4拍子に転拍子、25小節～32小節は再び2/4拍子に戻る曲である。

前奏1～12小節は、トランペットのファンファーレをイメージした音使いで始まり、戦争色がかなり濃い曲である。2/4拍子の箇所は、スキップと8分音符のリズムパターンが主流で、3/4拍子の箇所は《お丶この熱情、お丶此後援》、なだらかで優しい曲調になる。〝慰問袋〟に込められた、人々の真心を、表現しているのだろうか。

また、2/4拍子箇所の旋律音構成は、G音（ソ）、B音（シ）、D音（レ）の三和音のみが使われ、トランペットのファンファーレの音構成と同じで、他の音を有していない。

柔軟性のない硬いイメージで、戦争色を強めるための意図的な音作りではないだろうか。

117 小楠公（しょうなんこう）

上級性の部――昭和7年の音楽教科書をヒントに

昭和10（1935）年に作曲（52歳）、学校劇「小楠公」の台詞に作曲したものである。脚色は（作詞）河原杏子。（注117-1）

〝小楠公〟とは、楠木正行（くすのきまさつら）をイメージするのだが（正成の嫡男で小楠公と呼ばれた）、昭和7（1932）年出版の音楽教科書、『新小学唱歌第4学年』に、楠木正行を教材曲にした、「小楠公」が掲載されている（注117-2）。長包は、その教科書をヒントに作曲を手掛けたのだろうか。

ドラマの内容は、楠木正行が戦場に赴いた、父・正成の安否を気使っている。しかし、遂に、楠木正成は、帰らぬ人となる。そこで、正行は、父への思いを独唱する。【歌詞33】

【歌詞33】「小楠公」長包作曲の箇所　脚色：河原杏子（原文ママ）

> 歌（正行（まさつら）独唱）
> 「父上様（ちゝうへさま）のおかたみの　此刀（このかたな）にて我胸（わがむね）をさすべき糧（れう）にあらざるか
> いかに思（おも）ふも我（わ）れ一人（ひとり）　生きのびたるはあやまりぞ
> 御免下（ごめんくだ）されいざ死（し）なん」

※現代漢字かな遣い→父上様（ちゝうへさま）（ちちうえさま）　糧（れう）（りょう）　思ふ（思う）

曲は、36小節（前奏1〜6小節）で、7小節から歌に入ると、右手がアルペジオで構成され、左手は、主旋律を構成している。しかも、右手は高音のアルペジオで、その高音の音使いには、〝唐突さ〟を感じる。

さらに、歌の後半部、27〜29小節は、急に、右手の旋律を左手が2拍遅れのカノン風伴奏型になっている。かと思えば、32小節から36小節は、再び、右手伴奏が高音のアルペジオで構成されている。

118 養老

上級生の部――養老公園で仲間とくつろぐ

昭和10（1935）年に作曲（52歳）、学校劇「養老」の台詞に作曲したものである。脚色（作詞）は井上胡蝶。（注118-1）

ドラマの内容は、出演者7名が養老公園に出かけ、世間話に余念がない。酒好きはもってのほか、と悪評を言い合う。かと思えば、仲間同士の言葉のあやで、トラブルになったりしている。そこで、仲直りに皆で歌を歌おう、という場面である。【歌詞34】

【歌詞34】「養老」長包作曲の箇所　作：井上胡蝶（原文ママ）

合唱「夏（なつ）の山路（やまぢ）の疲（つか）れさへ　瀧（たき）の清水（しみづ）の涼（すゞ）しさに　心（こゝろ）も足（あし）もうき立（た）ちて
もすそもかろくほら丶と　家路（いへぢ）をたどる里（さと）の娘（ムスメ）の
姿（すがた）やさしく見えにける」

※現代漢字かな遣い→山路（やまぢ）（やまじ）　疲（つか）れさへ（つかれさえ）　清水（しみづ）（しみず）
涼（すゞ）しさ（すずしさ）　心（こゝろ）も（こころも）
ほら丶と（ほらほらと）　家路（いへぢ）（いえじ）

曲は、変ロ短調、32小節（1～5小節前奏）、6|8拍子、歌詞は1番のみである。伴奏型は、右手に旋律を伴わない両手伴奏が中心で、18小節目《うきたちて》の箇所と、22小節目《ほらほらと》は、右手に旋律を伴う両手伴奏型で構成、濃淡をつけた伴奏型である。

ここに紹介した、「楠公（菊は十六）」、「楠公（父は摂津）」、「誰にも言うな」、「人形（1）」、「人形（2）」、「小楠公」、「養老」の7曲は、『新らしい学校劇』に所収されている曲であることは、前述の通りである。

そもそも、長包の作曲活動は、当時の音楽教科書教材に、皇民化教育や戦争を鼓舞する曲が、掲載されており、「子どもに相応しくない」と、自作曲を教材化したのが始まりだと、考えていた。「楠公」や「小楠公」も同様だが、戦争の英雄を称える音楽劇を手掛ける、という作曲の動機と、長包の教育理念とは、どうも結びつかない。

ただ、音楽劇の歴史的背景を繙いてみると、音楽劇は、当時の学校教育の重要な位置づけであったことは確かである。

佐々木正昭氏の論文によると（注118-2）、日本の学校劇は、大正半ばに台頭し、全国の小学校に広まった。ところが、大正13（1924）年、岡田文部大臣の訓示・通牒により、「演劇禁止令」が発表されて以降、盛んに導入されていた学校現場は、学校劇を中止する動きが起こって行った。昭和10年代には、時局に適合した演目の上演が推奨され、再び盛んに演じられ復活したという。『新らしい学校劇』所収曲のように、長包が、戦争に関わる題材を作曲することは、あるいは、時代を反映した必然的な事だったかもしれない。

119 桃太郎——ゆったりとしたリズムパターン

昭和11（1936）年に作曲（53歳）、作詞者は喜友名英文。曲は、ヘ長調、4/4拍子で24小節、歌詞は2番まであり単旋律である。（♩. ♪ ♩ ♩）のリズムパターンで構成され、11小節のみシンコペーションで曲にアクセントをつけている（楽譜□の箇所）。

「桃太郎」は、ゆったりとしたリズムパターンで、のどかな時間が流れているようで、温かい気持ちになる。【楽譜51】

しかし、「ももたろう」（作詞：田辺友三郎 作曲：納所弁次郎）（注119-1）は、弾むリズム構成であり、長包の作詞・作曲「新桃太郎の歌」もまた、スキップと8分音符のリズムパターンであり、両者とも弾むリズムで勇ましく、軽快である。

120 酒は泡盛——軽快なリズムパターンで音頭調を表現

昭和11（1936）年に作曲（53歳）、作詞者は宮良高夫。曲は、ハ長調、2/4拍子、48小節（前奏1～16小節、後奏37～48小節）、単旋律で歌詞は4番まである。1拍目に8分休符を使い、8分音

【楽譜51】「桃太郎」

桃太郎
喜友名英文　作詞
宮良長包　作曲
ゆるく
このはの　おさらに　きびだん　ご
ももたろう　さーんは　たべまし　た
ももたろう　きーんは　ちーからーも　ち
かはらけ　なんどは　われまし　た
おばあー　さんはわ　らのえん　ぎ
こったら　こったら　こねまし　た
シンコペーション

符や付点8分音符、または16分音符を生かしたリズムパターンを使い、音頭調である。旋律はF音（ファ）とB音（シ）のない（40小節のみ音階的に活用）ヨナ抜き旋法である。終止音にG音（ソ）が使われ半終止で（基本はC音〈ド〉）、初めに戻るための繰り返しが強調されて、しりとり歌風である。この、しりとり歌風の曲想は、「発音唱歌」や「緋色の小袋」にもみられる。

作曲の背景は、昭和11（1936）年、沖縄県が産業振興策の一つとして、泡盛の県外移出拡大のため泡盛宣伝歌を公募したところ、作詞者の宮良高夫の詞が一等賞に入選し、それに長包が作曲した。

それは、日本コロムビアレコードから発売されたが、徐々に戦時色が色濃くなり、「飲もうよ朗らか踊ろうよ」の歌詞部分が自粛され、自然に歌われなくなった。

興味深いことに長包は、昭和8（1933）年には、「千代栄節（廃酒歌）」（作詞／山川文信）も作曲している。廃酒歌を作ったかと思えば、泡盛奨励歌を作曲するという長包の創作意欲は、作曲家としてのプロフェッショナルな姿勢がうかがえる。

因みに、長包の飲酒の嗜みについて愛弟子の田場盛徳さん（注120-1）にうかがったところ、「長包先生は、酒はあまりお飲みになりませんでした」と田場先生がご高齢なため、好子夫人から伝言をいただいた。（注120-2）

作曲年について筆者は、『作曲全集2003』において、昭和8（1933）年としたが、その後、昭和11年であることが判明、今回出版の『作曲全集2023』に訂正して収録した。

121　沖縄健男児（けんだんじ）——歌詞見つかる

昭和11（1936）年に作曲（53歳）、作詞者は吉永清一郎。歌詞は左記の通りで、曲は不明である。

沖縄日報の昭和11（1936）年記事に、「第四回音楽週間」の一環で、「講演と演奏会　あす男師校の催し」と題して、講演と演奏のプログラムが掲載されている。

演目には、「沖縄健男児」吉永教諭作詞、宮良教諭作曲、と記載されており、歌詞が掲載されている【歌詞35】。歌詞は見つかったが、旋律は判明していない。

【歌詞35】「沖縄健男児」（原文ママ）

1．光芒万里瑠璃の色
東天明けたり我胸に
お春ぞ時ぞ
赤き忠誠に太陽は登る
奮へ奮へ沖縄健男児
空は晴れたり　吾等は若し

2．鯨聲吼ゆる南の海
厳頭赤し我が血潮
おお守れ時ぞ
高きみ旗に警鐘は鳴る
守れ守れ沖縄健男児
使命は尊し　生命はかろし

3．沃土は廣く腕ぞ鳴る
月にうそぶく新天地
おお進め勇め
黒潮遠く吾を呼ぶ
起てよ起てよ沖縄健男児
世界は廣し　心はかろし

4．眞紅の梯梧陽のゆらぎ
リズム高鳴るわが文化
おお愛でよ唄へよ
聖き神ゐん神を呼ぶ
唄へ唄へ沖縄健男児
空は明けたり　光明は充てり

122 鷲の歌――祝宴歌に相応しい歌詞

昭和11(1936)年に作曲(53歳)、作詞者は比嘉俊成。この作品は、旋律は不明だが、歌詞は、昭和11(1936)年2月16日(午前9時、午後2時、於：同校講堂)において、沖縄県師範学校学友会主催で開催された「第14回演奏会」のプログラムに記載されている【歌詞36】。

【歌詞36】「鷲の歌」(原文ママ)

1．一の枝　ふみのぼり
　七の高枝いやたかのぼり
　巣くふよ大鷲枝ごとに

2．人群の　七群の
　うましかひ卵ゆ　永久めづらしく
　かへす綾羽　びろう羽

3．ほのぼのと　初日の
　陽光あびて　をゝしくたけく
　天翔りたつ　東へ

また、プログラムに次のような解説文がある。

「八重山民謡『鷲の歌』の曲を、混声四部(女声二組、男声二組に分かれて合唱する曲)に編曲したものである。歌詞は、本校教諭比嘉俊成氏の作で原詩の内容にのっとり美しく、雄大に表現されたものである」と、記述されている。

実は、この作品は、「鷲の鳥」(作詞：泉国夕照／1927)と一語一句歌詞が全く同じである。「鷲の歌」の作詞者は比嘉俊成(1936)、「鷲の鳥」の作詞者は泉国夕照(1927)であり、作詞者は別人である。「鷲の鳥」は楽譜があり、「鷲の歌」は不明であるため比較はできないが、歌詞が同じである背景はわかっていない。

123　勤　学——歌詞が判明

昭和11（1936）年に作曲（53歳）、作詞者は比嘉俊成。作詞者は、「鷲の歌」と同じ比嘉俊成で、歌詞は、「第14回春季演奏会」で発表されたプログラムに掲載されている。【歌詞37】歌詞の冒頭に高音、低音と書かれている。曲は三部唱で声部パートの音楽的構成を示していると思うが、プログラムに記述されている情報のみではどのような曲構成か、判断が難しい。

【歌詞37】「勤學」（原文ママ）

其・一（高音）

1．踵（きびす）をあげて望（のぞ）むより
高く登るに如かざらむ
いねず食はずて思ふより
學ぶに如くはなかりけり
生れて同じ人々も
道にいそしみ善をつみ
徳を磨きてやまざらば
神も聖（ひじり）も備はらむ

2．礪（といし）にかけて金（かね）は利（と）く
墨縄はりて木は直し
人も學びて道を知り
誠かゞやき品尊し
石をも鏤（つが）つ天滴（あまだれ）や
晝夜を舎（お）かぬ水のごと
やまず勵みて進みなば
聖（ひじり）の徳も得らるべし

其・二（低音）

をさめよ我が身
はげめや業を
たゆまぬ針を
我が師と仰ぎ
みがけよ徳を
あらはせ誠
金剛石の
光るがごとく

124 豊年踊――演奏会プログラムに歌詞が掲載

昭和11(1936)年に作曲(53歳)、作詞者は宮良高夫。この曲は、昭和11年8月に開催された、「男師(男子師範)音楽部・八重山学生会演奏会」(主催:八重山郡教育部会8月5・6・7日午後8時 於:八重山館)の演奏会プログラムに、1~4番まで歌詞が掲載されている。【歌詞38】

【歌詞38】「豊年踊」(原文ママ)

1. 若夏のおとづれ　さーいやさかほ
南風薫る(はへかほる)稲田よ　さーいやさかほ
豊かなる黄金の波の踊るよ
踊れよ踊れ　早乙女

2. 滿作の喜び　さーいやさかほ
豊年の祭よ　さーいやさかほ
地にみてるめぐみ今宵晴れたり
踊れよ踊れ　若人

3. 島の月明るく　さーいやさかほ
浜下りて歌ふよ　さーいやさかほ
夜更け知らず舞ひ狂ふ島人
踊れよ踊れ　島人

4. 紅(べに)型のたもとに　さーいやさかほ
花染めの衣に　さーいやさかほ
早乙女の踊り姿美し
踊れよ踊れ　早乙女

豊年祭とは、沖縄県の各地で秋口に行われる、五穀豊穣を祈願する祭りである。作詞者の宮良高夫(注124-1)は石垣島出身で、この「豊年踊」は、八重山(石垣島)をイメージした豊年祭(ムラプール／八重山の呼称)の創作ではないだろうか。

「豊年踊」は、いわゆる、豊年祭のための歌詞に長包が作曲したのだろう。残念ながら、曲は不明である。

125　つばくろ――歌詞が完成した発掘作品

昭和11(1936)年に作曲(53歳)、作詞者は不明。曲は、ハ長調、4/4拍子で16小節、単旋律で歌詞は2番まである。音構成の基本はヨナ抜き旋法で、3小節目のA音(ラ)、B音(シ)、高音2点：C音(：ド)、A音(ラ)の箇所に、B音(シ)が音階的に使われているだけである。

この作品は、曲の存在や旋律さえも全く知られていなかった旋律を、鮮明に記憶して歌える安座間マサさん(那覇市・当時80歳)(注125-1)の歌唱を採譜、楽譜化し、『作曲全集2003』に収録したものである。その時は、1番歌詞の9～16小節が、安座間マサさんの記憶ではっきりしなかった箇所は楽譜下に……で表記していた。しかし、幸運にも吉浜俊子さん(うるま市／当時83歳)(注125-2)が記憶しており、吉浜さんの歌唱によって1番が完全になり、1番2番の歌詞が完成した曲である。

126　新桃太郎の歌――時局対応の歌

昭和12（1937）年に作曲（54歳）、作詞者は宮良長包。曲は、変ロ長調、4/4拍子で17小節、前奏1～4小節の後、単旋律の歌が続き、歌詞は9番まである。リズムは8分音符を主に構成され（♪.♬♪♪♪♪♩）、9、10小節にシンコペーションも見られ（♪♩♪♩♩）、軽快でリズミカルな曲である。音構成は、E♭音（ミ♭）、A音（ラ）のないヨナ抜き旋法である。【楽譜52】、【楽譜53】

『月刊琉球』（注126-1）には、「時局の歌、新桃太郎」とタイトルが記述されて、傍らに長包の顔写真が載っている。この「新桃太郎の歌」は、皆に良く知られている「ももたろう」（作詞：田辺友三郎　作曲：納所弁次郎）の一番歌詞《ももからうまれたももたろう　気は優しくて力持ち　鬼が島をば討たんとて　勇んで家を出かけたり》を、長包は、ヒントに作詞したと思う箇所が、随所に見られる。

例えば、「新桃太郎の歌」の一番歌詞《犬猿雉のつはものを　お供につれて遥々と　鬼が島を征伐に　勇んで國を出かけたり》は、「ももたろう」の一番歌詞《鬼が島をば討たんとて、勇んで家を出かけたり》とほぼ同工である。【歌詞39】

「新桃太郎の歌」は、登場する桃太郎と犬猿雉を軍隊にたとえ、比喩的に表現して、戦争を鼓舞

【楽譜52】「時局の歌　新桃太郎」（８～９番歌詞）

している歌詞であり、当時の時代背景が見えてくる。

他にも「桃太郎」（作詞：不詳　作曲：岡野貞一）がある。歌詞《ももたろうさん　ももたろうさん　お腰につけたきびだんご　ひとつ私に下さいな》と、そして前述の「ももたろう」、さらに「新桃太郎」（長包作曲）の3曲は、全く別作品である。

しかし、皇民化教育に抵抗し、戦争のための教育に異論を唱えていたという、長包のイメージとはかけ離れた作品である。国を挙げて戦争に向かう時代には、長包も、自ら作詞・作曲し、賛同せざるを得なかったのだろうか。この歌詞は、せめて動物を擬人化することで、直接的な戦争肯定を回避した苦渋の産物とも取れる。

【楽譜53】「新桃太郎」 1～17小節（8～9番）

原曲譜の誤りは修正し、前奏に基づいて歌唱部分（5～17小節）に伴奏譜を加えた。

【歌詞39】「時局の歌　新桃太郎」（原文ママ）

時局のリズムの波に乗って愛國の赤誠をよめるもの

1．天に代りて不義を討つ
忠勇無双の桃太郎は
犬猿雉のつはものを
お供につれて遙々と
鬼が島を征伐に
勇んで國を出かけたり

2．道は遠し一千里
長門の浦を船出して
鬼が島に来て見れば
桃太郎さんの軍勢に
心を呑まれて鬼どもは
鐵門堅く閉ざしたり

3．鐵門如何に堅くとも
わが工兵の猿部隊
敵の砦（とりで）を打ち毀（こは）し
どつと攻め入る犬聯隊
喊聲天をつんざきて
鬼の大軍大さわぎ

4．桃太郎さんの嚴命に
きつさき鋭き突撃戦
山をも抜かんばかりなり
前衛部隊は退却し
後衛部隊は同志討
あはれ敵軍總くづれ

5．中央陣の鬼どもは
命令うけて空襲だ
北平（ぺーぴん）軍の赤鬼號
南京虫の青羽機
山越え湖（うみ）越え駈け参じ
右往左往に飛び廻る

6．敵機幾萬ありとても
桃太郎軍の高射砲
百發無敵弾（むてきだん）
海軍（わが）航空の雉（きじ）部隊
銀翼萬里敵をのみ
制空権を握りたり

7．桃太郎さんのお里では
爺さん婆さん双手（て）をあげて
武運長久鬼どもを
一匹殘らず皆討てと
銃後の護りいそいそと
皇國（みくに）の爲めに萬々才

8．陸に海に大空に
桃太郎さんの軍勢は
三軍威風堂々と
敵の陣地に割つて入る
四億（しおく）の鬼ども今は早や
軍旗（ぐんき）の下（もと）に皆伏しぬ

9．情の深い桃太郎さん
赤鬼青鬼みな討つて
あとは罪（つみ）なき民草に
お腰のだんごを分けてやり
大和魂（やまとだまし）の赤誠（まごころ）を
祝（いわ）ひて共に萬々才

127 花と蜂――動植物の色彩と大小のコントラスト

昭和12（1937）年に作曲（54歳）、作詞者は喜友名英文。曲は、ト長調、4/4拍子、単旋律の10小節、歌詞は2番まである。

「白い花」と「アドバルーン」、「大きな蜂」と「飛行機」という対語で比喩的な詞に、音の上行下行形で表現している。速度表示に「ゆるく」とあるが、速度表示を記載する長包の自作曲は、他に「鳩間節」（1921）Andante、「夕やけ」（1922）ゆっくり、「帰り舟」（1928）ゆるく、「春小雨」（1928）♩＝63、「駅路」（1928）♪＝100等、わずか数曲である。なぜ、速度記号を明示する曲が少ないのか、その理由はつかめないが、長包の大正・昭和初期の作品にみられる。

喜友名は著書で、「花と蜂」を童謡曲として分類しており（注127-1）、教材化して授業で実践していた。

128 のぞみ（のぞみは）――曲の存圧が立証される

昭和13（1938）年に作曲（55歳）、作詞者は不明。詞・旋律は不明である。沖縄日報の記事には、昭和13（1938）年2月16日の演奏会で、「のぞみ」が演目に記載されている。この記事から、曲の存在は立証されたが、作品の全容はわかっていない。

129 園子の歌——愛娘へ捧げた歌

昭和13（1938）年に作曲（55歳）、作詞者は宮良長包。この作品は、四女の宮良園子さん（注129－1）に贈った歌である。曲は24小節でト短調で始まり、9～16小節はハ短調、17～24小節はト短調に戻る。拍子は4/4拍子、単旋律で歌詞は2番まである。

この曲は、石垣市白保の福仲文さん（取材当時82歳）（注129－2）が記憶していた歌唱を採譜し楽譜化、『作曲全集2003』に収録したものである。

長包は、沖縄県師範学校に勤務し、沖縄県立女子工芸学校と兼務していたが、福仲さんは、沖縄県立女子工芸学校在学中に長包から音楽を教わった一人である。

「園子の歌」をめぐってのエピソードについて、「授業の時は、黒板の横にゴザを敷き、四女の園子さん（当時5歳）を座らせていた。安津子夫人が他界し（1938）、母親を亡くして不憫に思った長包先生は、園子さんを授業にも連れだっていました。愛娘への愛おしさを「園子の歌」に表現したのでしょうね」と福仲さんは語った。哀愁を帯びた、どこか物悲しい旋律は、愛娘への子守唄のようでもあるが、先立たれた妻への思いが詰まった旋律にも感じられる。

130　国難突破――戦意高揚の曲？

昭和13（1938）年に作曲（55歳）、作詞者は吉永清一郎。歌詞・旋律は不明である。沖縄日報の昭和13（1938）年2月18日の記事によると、「男子校演奏会　宮良氏の新作発表」の見出しで、「『国難突破』は、吉永教諭作詞、宮良長包氏の曲なるもの（略）」と紹介されている。曲名にこだわると、戦意高揚の曲ともとれるのだが、長包は、皇民化教育や戦争を鼓舞する音楽教育に、毅然と立ち向かったという筆者の認識があるだけに、国の大波に飲み込まれ、信念を曲げる時期もあったのだろうか。

131　八重山茶摘歌――八重山の茶畑を曲に？

作曲年不明、作詞者は不明。八重山新報の大正10年2月21日の記事によれば（注131-1）、「茶種来る　茶業奨励の為め県庁より本群へ茶種一石三斗を先便の須磨丸にて送付し来りたるが島庁にては各村に配布せり」と記載がある。八重山にお茶が移入する最初の出来事のようだ。

また、先島朝日新聞の昭和5年5月3日の記事によると（注131-2）、「大浜村字宮良の青年団員90

名は去る4月23日字へギナーの茶園千余坪の雑草取りを一坪五厘にて請負作業をなし其金額五十円を得団旗を購入し残金は当青年団の基本金に宛てる計中である由」と記載があり、八重山に茶畑は間違いなくあったことが、新聞記事からも窺い知ることができる。

さらに、『石垣市史巡見Vol.3－村むら探訪』（注131-3）によると、八重山の開拓村入植地の於茂登（おもと）には、入植当初（昭和32〈1957〉）の生産物として、「イモ、水稲、陸稲、落花生、茶、サトウキビ、パイン」が記載されている。

この「八重山茶摘歌」は、作曲年、旋律も不明であるが、長包は、八重山の茶畑や茶摘みの情景を、曲に表現したのだろう。

この曲からもわかるように、長包の創作テーマは、実に幅広いことがわかる。

132 白浜のかに——蟹を擬人化したのどかな自然描写

推定作曲年は、戦前から戦中の一時期と思われる。作詞者は不明。曲は、ハ長調で9小節、歌詞は6番まである。拍子は、4/4拍子に始まり、2/4拍子、4/4拍子、3/4拍子、4/4拍子と頻繁に拍子が変わる。短い曲だが、転拍子のうえ、リズムが小刻みに変化したり、フェルマータで音を保持したり、囃子が加わり変化に富んでいる。

歌詞は、「白浜に住む蟹は、潮が満てば上の家よ」の五、五、六、六調で、1番と2番、3番と4番、5番と6番が対話になっている。

八重山民謡には、蟹を題材にした「アンパルの目玉蟹(ヌミダガーマ)ユンタ」、「やぐじゃーま節」がある。いずれも、蟹を擬人化して、当時の世相を表現した内容であるが、「白浜のかに」は、擬人化ながらも、童謡調でのどかな自然情景を歌っている。

この曲は、旋律を記憶していた石垣繁さん（石垣市／当時65歳）（注132-1）の歌唱を採譜し、楽譜化して『作曲全集2003』に収録した発掘作品である。西表島西部に位置する、白浜という地域の海辺に生息する、蟹の様子を描写したものだろうか。

133　八重うるま——歌詞・旋律が不明

作曲年、作詞者不明である。曲名の「八重」は、長包の故郷である、八重山を指しているのだろうか。うるまは、漢字で「宇流麻」と表することもあり、琉球の古称である。

八重山と琉球（沖縄）をテーマにした曲なのだろうか。手掛かりを引き出す要素が今のところ見つからない。

134 古城のほとり――首里城がテーマ？

作曲年、作詞者不明。首里城に関連する曲は、「ハンタン山マーチ」（1921）、「中山城万歳マーチ」（1924）、「首里古城」（1928）、「首里の城」（1931）があり、「古城のほとり」も、首里城に関連があるのだろうか？　それとも「古城のほとり」とは、首里城池畔の「りゅうたん池」を表現しているのだろうか。

135 平和――人類共通のテーマ

作曲年、作詞者・曲不明。長包が、それまで手掛けてきた作品とは趣が少し異なるように思うが、〝平和〟は、人類共通のテーマである。

今、ロシアのウクライナ侵攻で、世界中の人々が心を痛めていることだろう。日々のニュースを見るにつけ、「命どぅ宝(ぬちどぅたから)」を噛みしめている。

戦争は、大切な命が無残にも失われるばかりか、気の遠くなるような時間と、人々の忍耐、愛情で培ってきた、その国の文化、芸術、伝統、教育が一瞬にして壊滅されてしまう。なんと残酷なことだろうか。

翻って、長包が作曲した直筆譜は、昭和19（１９４４）年の那覇大空襲で、焼失し現存していない。戦争さえなければ…と、強く思うのだが、一方で、筆者が、戦火に埋もれた長包作品の発掘研究に取り組む機会に恵まれたことは、誠に幸運であった。

現在、長包作品は、１７７曲が判明しており、微力ながら、ようやく、ここまで漕ぎ付けることができた。だが、作品名は立証できたものの、歌詞や旋律が、未だ判明しないものもある。遥か一世紀前の資料収集や、長包ゆかりの方々の証言を追い求めているが、関係の方々が、ご高齢になられている、あるいは、他界なさっており、作品の掘り起こしも、今後、ますます、厳しくなるだろう。

これまで、長包作品や教育理念、長包の人間像に関わってきた中で、長包作曲の「平和」が、世界の平和希求を意図した、壮大な作品であることに間違いはない、と確信している。

136　久高島の唄——貴重な発掘作品

作曲年、作詞者不明。この作品は、民族音楽研究家・作曲家の杉本信夫氏（２０２２・11・１没）によって採譜されたものである。杉本氏は、35年間、沖縄県の各地を回って、民謡やわらべ歌を採譜し、また、作曲家として比類なき才能を発揮して、多くの自作曲を書き遺した。
「久高島の唄」は、杉本氏が県内で民謡を採譜した折、長包の曲を記憶して歌える喜納千鶴子さん(那覇市)の歌唱を採譜した曲で、生前の杉本信夫氏からご提供いただいた。【楽譜54】
この作品は、その存在さえも全く知られていない、埋もれていた貴重な作品であり、今回出版の『宮良長包作曲全集2023』にも収録することができた。【楽譜55】
「久高島の唄」が甦ることは、私たち長包研究者、長包愛唱家にとって、また、沖縄県の文化財産が日の目を見ることができ、この上ない喜びである。

杉本信夫氏のご冥福をお祈りし、本書収録にご快諾をいただいた奥様の杉本ひろ子氏、及び歌唱者の喜納千鶴子氏とご家族に心から感謝申し上げます。

【楽譜54】「久高島の唄」杉本信夫氏の自筆採譜

【楽譜55】「久高島の唄」『増補改訂　宮良長包作曲全集』所収（琉球新報社2023）

久高島の唄

※注１、注２、注３は２通りの旋律パターンが存在することを示している。

＊現在歌われている校歌

Ⅱ 校歌

137 那覇市立久茂地小学校校歌——作曲年が判明

大正6（1917）年に作曲（34歳）、作詞者は漢那憲康【歌詞40】。平成6（1994）年、歌詞が時代にそぐわないとして一部改訂された。【歌詞41】

曲は、ヘ長調、2／4拍子、16小節で歌詞は3番まである。付点8分音符と16分音符のスキップのリズムが特徴的で、リズミカルで軽快さを印象付けている。

現在の楽譜には、前奏・間奏が入っており、これは長包が作曲したものではないだろう。というのも、長包は、校歌に前奏や間奏を作曲したものはなく、他の校歌にも見当たらない。『創立六〇周年記念誌「くもじ」』(注137-1)には前奏・後奏のない校歌楽譜が掲載され、『創立七〇周年記念誌「くもじ」』(注137-2)には、校歌楽譜はなく歌詞のみの掲載、『創立80周年記念誌「くもじ」』(注137-3)の

【歌詞40】大正6（1917）年制定の校歌

1．南にたてる城岳　西を流るる久茂地川
誉れもたかき御成橋　渡ればここぞ久茂地校

2．体あくまで健やかに　元気に満ちし胞(はら)からよ
いざ諸共にいそしまん　學びのみちを一筋に

3．日ごとにうくるみおしえを　心にえりて怠らず
みくにの華の誠(まこ)となる　堅実のみち進まなん

【歌詞41】現在の校歌　平成6（1994）年一部改訂／下線部分

1．南にたてる城岳　西を流るる久茂地川
ほまれもたかき御成橋　渡ればここぞ久茂地校

2．体あくまですこやかに　元気に満ちた久茂地の子
力を合わせて励もうよ　学びの道を一筋に

3．伸びゆく那覇のただ中に　明るくつどう久茂地の子
輝く歴史引きついで　あしたをつくる久茂地校

校歌楽譜には、前奏8小節と歌が掲載されている。

また、『久茂地小学校創立90周年／幼稚園創立50周年周年記念誌「くもじ」』(注137-4)及び『久茂地小学校創立100周年／幼稚園創立60周年「くもじ」』(注137-5)には、前奏・間奏が掲載されている。おそらく、児童が歌い易いように、音楽教諭が作曲して追記したのではないだろうか。

翻って、これまで、久茂地小学校の校歌は、作曲年不明であったため、長年、調査を続けていた。ところが、公益財団法人対馬丸記念会発行「CD旧8校　校歌集」が発行されたという情報を琉球新報社の記事で知り、対馬丸記念会理事の外間邦子氏をお訪ねした。「CD旧8校　校歌集」のライナーノーツを見てみると、「久茂地尋常小学校校歌大正6(1917)年制定」と記述があった。(注137-6)

その裏付けを調べたところ、『那覇市教育史』に「久茂地国民学校(久茂地尋常小学校)校歌大正六年制定」と記され(注137-7)、原詩は、『二人の歩み渡慶次賀裕・静子自分史』の文中で確認することができた(注137-8)。【歌詞40】

昨今、市町村合併や少子化による学校の統廃合に伴ない、廃校する学校が増えている。「久茂地小学校」もその一つで、近隣の前島小学校と合併、新しく「那覇市立那覇小学校」が誕生した(平成26〈2014〉年4月)。従って「久茂地小学校校歌」は、【現在歌われていない校歌】に分類され姿を消した。

那覇市立那覇小学校は、新校歌が制定されている。(作詞：なはっ子＝前島小・久茂地小児童

作曲：工藤かや　編曲：シバミツ　平成26〈2014〉年1月制定）
　久茂地小学校の沿革は、明治44（1911）年4月、「久茂地尋常小学校」として開校、女子児童のみを収容した。同年6月「久茂地尋常高等小学校」と改称、昭和5（1930）年には男女共学となった。【写真39】
　昭和16（1941）年、国民学校令により「久茂地国民学校」と改称され、昭和19（1944）年10月10日の那覇大空襲で校舎は全焼し、解散状態になって終戦を迎えた。
　昭和26（1951）年、壺屋・開南小学校の児童を収容するため両学校から分離して、昭和27（1952）年、「久茂地小学校」と改称した。学校の統廃合により、平成26（2014）年廃校となり、97年の歴史に幕を降ろした。
　ところで、宮良長包家と【写真40】久茂地小学校は縁が深く、長包の三女のキクさんは郵便局勤めで久茂地に住み、四女の園子さんは、久茂地小学校に一学年から三学年まで在籍していた。キクさんは、母の安津子〈昭和13〈1938〉没〉、父の長包〈昭和14〈1939〉没〉が亡き後、20歳年下の園子さんを親代わりに育てた。キクさんは、縁あって久茂地小学校教諭の糸数昌仁氏と結婚、園子さんを連れ立っての嫁入りだった。【写真41】
　長包作曲の直筆譜を預かっていたキクさんだったが、1944年10月10日の那覇大空襲で、〝うず高く積まれていた直筆譜〟は焼失し、現存していない。

【写真39】戦前（昭和６年頃）の久茂地尋常高等小学校正門と校舎

【写真40】長包の家族写真

長包一家(大正８年頃)
　左から長男長一、長包、三女キク、妻安津子、長女ミエ

【写真41】三女キクさんと四女園子さん

筆者は、戦火に埋もれた長包作品を発掘する研究に取り組み、現在判明している作品数は、歌曲・オーケストラ曲の136曲、校歌32曲、団体歌・祝典歌9曲、計177曲に及んでいる。その中には、曲名は判明したが、歌詞・楽譜不明の曲もあり、その解明に引き続き取り組んでいるところである。

長包が作曲した校歌作品は32曲で、その内19曲は現在歌われていない。13曲は現在も歌い継がれている〝現役校歌〟である。

138　仲西尋常高等小学校校歌――校内に長包の校歌が聴けるスポットあり

大正8（1919）年に作曲（36歳）、作詞者は田端一村。曲は、ホ長調、16小節で2/4拍子、単旋律で歌詞は4番まである。付点8分音符と16分音符（スキップ）のリズムパターンで軽快な曲である。

仲西小学校の沿革は、明治28（1895）年4月、浦添尋常小学校仲西分校として開校され、明治35（1902）年3月、仲西尋常小学校として創立、大正6（1917）年、高等科が設置され、「仲西尋常高等小学校」と改称された。

昭和16（1941）年、国民学校令により「仲西国民学校」に改称され、太平洋戦争で全校を焼失した。戦後の昭和21（1946）年、「仲西初等学校」と改称し、浦添市安波茶の仮敷地に開校した。昭和23（1948）年、現敷地に移転し、学制の改正により仲西中学校を併置する。昭和25（1951）年、木造瓦葺の新校舎が落成し、昭和27（1952）年、小学校と中学校は分離独立し、「仲西小学校」と改称して、現在に至っている。

「仲西小学校校歌」の歴史は、①作詞作曲者不明／制定年不明、②作詞：田端一村　作曲：宮良長包　大正8（1919）年制定、そして、現在の③作詞：泉国夕照　作曲：仲本朝教）と3度変わっている。

長包は、大正7（1918）年12月、仲西尋常高等小学校の第9代校長として着任、校長として敏腕を振るい、音楽教育にも力を注いだ。子ども達の生活語である沖縄方言を、標準語に矯正するために作曲した「発音唱歌」（1919）は、音楽を国語教育に活用し発音を大切にする（注138－1）、長包ならではの示唆に富んだ作品である。

他方、音楽教育に力を入れるあまり、感性教育をめぐり職員と対立したという経緯もある。（注138－2）

一方、仲西尋常高等小学校在任中の大正8（1919）年、「職員の歌」を作曲しており、音楽を通して、教職員との〝対話〟や〝和〟を深めようとしたのではないだろうか。

その後、大正9（1920）年4月、小禄尋常高等小学校の校長として転任する。

ところで、「仲西尋常高等小学校校歌」の作曲年について、これまで昭和12（1937）年とし、筆者の論文にも確定的な作曲年が判明するまでの間と説明を加え、『作曲全集2003』にも収録している。

大正７(１９１８)年の説もあり、『仲西小学校創立80周年記念誌』の口絵には、「大正７年２月〜大正９年」と在任期間が明記されている。作詞者の田端一村(１９００〜１９４５)を調査したが、決定打が見つからなかった。

ところが、金城一石校長と又吉光晴教頭に、作曲年の裏付けとなる資料のご相談に、学校を訪問したところ、『仲西小学校創立80周年記念誌』に、「大正８年頃　校歌制定」と記載があることを調べて下さった(注138-3)。

一方、『沖縄教育(１１７号)』(注138-4)を繙くと、長包の就任辞令が、「大正７年12月20日」と明記されており、金城校長と又吉教頭が調べて下さった「大正８年の作曲制定」を裏付ける貴重なものとなった。さらに、『龍文』(注138-5)によると、前任校の沖縄県師範学校附属小学校の離任が、大正７(１９３２)年12月と明記されており、仲西尋常高等小学校着任の時期が一致する。

確かに、これまでの説である昭和12(１９３７)年作曲の場合、なぜ、仲西尋常高等小学校在職期間に校歌を作曲することなく、18年の時を経て作曲したのか、という疑問もあり、大正７年説についても、12月20日付の着任早々、２週間足らずで校歌を作曲することは可能だろうか、という時間的矛盾もあった。

今回、裏付けが明らかになったことで、「仲西尋常高等小学校校歌」の作曲年は、大正８(１９１９)年に改訂することとする。

長包は、仲西尋常高等小学校の校長在任中に、「職員の歌」と「発音唱歌」を作曲しており、「校

【写真42】仲西小学校内の長包の校歌が流れるスポット

歌」を含む３作品は〝同年生〟で、大正８年は、精力的に作曲活動を行ったことが証明されるだろう。

仲西小学校の校歌は、戦後新しくなり（現校歌）、長包の校歌は歌われなくなったが、校内にはボタンを押すと、長包の校歌が流れるスポットがあり【写真42】、仲西小学校の児童は、時空を超えて、長包作曲の校歌に親しみを持っているようだ。

139 津堅尋常高等小学校校歌――新発掘の校歌

大正11(1922)年に作曲(39歳)、作詞者は松根盛秀。旋律不明の作品だが、「戦前の津堅校校歌」歌詞の存在が明らかになった(注139-1)。【歌詞41】

作詞者の松根は、読谷村立古堅小学校の教諭で、〝詩人の松根盛秀先生〟と呼ばれていたようだ。昭和2(1927)年卒業(当時大正13年5年在学生)の児童が松根を次のように表現している。

【歌詞41】「津堅尋常高等小学校校歌」

1．中城湾頭波静か
平和の光さすところ
太平洋上波清く
吾(わ)がまなびやの窓高し

2．歴史を飾る護佐丸の
島人あまた義に勇む
赤き心のただよいて
正義の道の尊しや

3．千代に色映ふ光山
文化の海に漕ぐ友よ
夜毎に照らす灯台に
だれかわ道に迷ふらん

4．吾が大君の御(み)諭しに
わが師の君の御教へに
わが父母の御訓(みおしえ)戒めに
いざ築かん理想郷

「変わった先生がいた。詩人松根盛秀先生である。勝連半島東海岸の波に揉まれ色浅黒く、小柄ではあるが水泳が達者だった。夏休み等には高等科の男生徒を集め、比謝橋の橋の手元から小さい天満船を漕ぎながら、皆に水泳を教えてくださるのであった」。(注139-2)

松根は一見、体育の先生にも思えるのだが、れっきとした国語の先生である。

松根は、長包とのコンビ作品で、「読谷村立古堅小学校校歌」(ペンネーム松根星舟)、「南城市立知念小学校校歌」を作詞している。

140　大浜尋常高等小学校校歌――校歌作曲が縁で「童話会」に招かれる

大正11(1922)年に作曲(39歳)、作詞者は北村重敬(しげゆき)。旋律は当初、校歌楽譜が見つからず、大浜尋常高等小学校の卒業生である武内芳さん、田本房子さんの歌唱を採譜(注140-1)、楽譜化し、『作曲全集2003』に掲載したものである。

その後の調べで、『石垣市立大浜小学校創立百周年誌』(注140-2)に校歌楽譜が掲載されていることがわかったが、それには、「大浜小学校旧校歌(原歌)」と記載されていた。

石垣市立大浜小学校の沿革は、明治23(1890)年6月、「平得簡易小学校」として創立、直後の11月、「石垣南尋常小学校平得分教場」と改称された。明治24(1891)年4月には、「大川尋常小学校平得分教場」となり、明治26（1893）年、「大川尋常小学校平得分校」と改称された。明治27（1894）年、「大川尋常小学校大浜分校」となったが、児童の在籍数増加に伴い、教育環境を改善するため、新校舎建築要請の機運が村をあげて高まり、明治35（1902）年1月に校舎を落成、学校のハード面が整備された。

創立以来、隣接校との統廃合や、日本の学校令の影響を受けながら、幾度となく校名が改称されてきたが、明治39（1896）年5月、「大浜尋常小学校」と改称、独立校となった。

しかし、大正3（1914）年、大浜と隣接する平得と併合して、「大平尋常小学校」として創立に至るが、大正7（1918）年、高等科の設置により、「大浜尋常高等小学校」に改称された。昭和16（1941）年、国民学校令により「大浜国民学校」と改称、昭和20（1945）年に敗戦を迎えた。戦後、昭和21（1946）年には、「大浜初等学校」と改称、昭和24（1949）年に、現在の「大浜小学校」となった。

長包は、「大浜尋常高等小学校」時代の校歌を作曲しており、前掲の『百周年誌』に、「大正11（1922）年4月15日校歌ヲ定ム　作詞北村重敬　作曲宮良長包」と記されている。（注140-3）

昭和23（1948）年2月23日には、新校歌が制定された（作詞：大浜英佑、作曲：仲里長宜）。長包作曲の校歌は、現在は歌われていないものの、長包の校歌で育った世代の方々は、今でも同窓会などで愛唱しているという。

ところで、『大浜小学校百周年誌』によると、長包は、大正12（1923）年7月28日、大浜尋常高等小学校を訪問しており、校長は、第七代山口盛包氏（大正5年4月～昭和2年9月在職）が着任していた。

校歌を作曲したことが縁だと思うが、前出の『百周年誌』の沿革史によれば、「師範学校教諭宮良長包氏及び師範学校生大浜安庸氏。四年以上童話ヲ聞カシム」（注140-4）と記載がある。おそらく、八重山島尋常高等小学校勤務時代に長包が立ち上げた「八重山子供会」が、各学校現場で実践されていたものと考えられる。

八重山新報の大正12年8月1日付き記事に、興味深い内容がある。（注140-5）

「宮良長包氏の童話宣伝」と題して、「本村出身師範学校教諭心得宮良長包氏は先に国頭、中頭、島尻三郡に出張。童話の普及宣伝をなして来たそうであるが、今回休暇を利用して来島早々童話の宣伝に努め既に石垣、登野城、大浜各学校に於て童話会の催しありたりと」。

この記事は、前出の大浜尋常高等小学校で実践した童話会を裏付けるものである。

さらに、昭和21（1946）年2月27日、「伊波南哲氏童話会」が開催され、昭和25（1950）年には、「童話会（各学年より一人）伊波南哲氏の童話」を開催されたことが、前出の『百周年誌』に記録されている。

つまり、長包没後（1939）も、長包が立ち上げた「童話会」や「子供会」が、後輩の伊波南哲（詩人・作家）によって、学校現場で脈々と受け継がれていたことになり、極めて意義深い。

141 大浜尋常高等小学校行進曲——校歌とパートナー的存在

大正11（1922）年に作曲（39歳）、作詞者は北村重敬。旋律は西表秀さん、田本房子さん、武内芳さんの歌唱を採譜（注141-1）、楽譜化し、『作曲全集2003』に収録した。記憶を辿って歌った3人の方からの聞き取りを行った結果、「大浜小学校旧校歌」は「行進曲」であり、「大浜小学校旧校歌（原歌）」が、大浜尋常高等小学校の「校歌」であることが確認できた。「校歌」と「行進曲」はパートナー的役割を果たし、2曲一緒に歌われることが多かったという。

校歌と行進曲は、旋律は異なっているが、歌詞はまったく同じである。別のケースで、「兼次小学校」と「兼次中学校」は、旋律と歌詞は同じであるが、調性が異なっている。

142 白良（しらら）尋常高等小学校校歌——白保小と宮良小の合併校

大正15（1926）年に作曲（43歳）、作詞者は北村重敬。「白良」の白とは「白保（しらほ）」（地名）を指し、「良」とは「宮良（みやら）」（地名）のことで、大正3（1914）年、近隣の白保尋常小学校と宮良尋常小学校が併合し、「白良尋常高等小学校」が開校された。【写真43】

【楽譜56】「白良尋常高等小学校校歌」

校歌

作詞　北村重敬
作曲　宮良長包

一、白き真砂に青き松
伸びて栄ゆる学び舎(や)は
千代の齢(よわい)を称えつつ
むらの栄えを祈るなり

二、にごりにそまぬ宮良川
清き白保の波の色
かくて白良(しらら)の名も清く
村の誉もいや高し

三、八重の潮路にかぜ荒れて
世のあだ彼は繁くとも
いかですつべきわが使命
理想の郷を築くべく

【写真43】「白良尋常高等小学校の職員と児童」（昭和６年高等科２年卒業生）

「白良尋常高等小学校校歌」は、大正15（1926）年に制定され、宮良長包が作曲したものであることが判明した。

白良尋常高等小学校は、昭和17（1942）年、白保尋常高等小学校と宮良尋常高等小学校に分離されたが、校歌は、同一旋律で、歌詞は2校それぞれの地域に因んだ一部を変更し、歌っていた。

両校の楽譜を見てみよう。旋律は同じである。ただ、11小節の2拍目E音（ミ）【楽譜56】（白良尋常高等小学校校歌）と、F♯音（♯ファ）【楽譜57】（白保小学校）の違いがある。

歌詞を見ると、「白良尋常高等小学校校歌」と「白保小学校校歌」とは、2ヵ所異なっている。1ヵ所は1番歌詞で「白良尋常高等小学校校歌」の「学び舎」は、「白保小学校校歌」では、「学校（まなびや）」になっている。2ヵ所目は2番歌詞で、「白良尋常高等小学校校歌」の「白良」が、「白保小学校校歌」では、「白保」になっている。つまり、歌詞のもとは同じだが、それぞれで校名を替えて歌っている。

「白良尋常高等小学校」は、昭和16年、国民学校令により「白良国民学校」となり、昭和17年「白保国民学校」と「宮良国民学校」に分離、独立した。

「宮良小学校」の沿革は、明治29（1896）年、「大川尋常小学校宮良分校」として開校された。明治34（1901）年、「大川尋常小学校宮良分教場」と改称、明治39（1906）年、「宮良尋常小学校」となり独立校となった。大正3（1914）年、宮良・白保が合併し「白良尋常小学校」となり、同年10月、宮良仮教場が設置され低学年が通学、「宮良」の3学年以上の児童は「白保」へ通学することとなった。

大正15（1926）年4月、白保と宮良が合併、高等科を設置し、「白良尋常高等小学校」と改称され、この時、宮良長包作曲の校歌が誕生した。

日本の「国民学校令」に伴い、昭和16（1941）年4月、「白良国民学校」に改称、昭和17（1942）年、「宮良国民学校」となり白保から分離され独立した。その時、新校歌が誕生（作詞：大湾梅成　作曲：糸洲長良）、長包作曲の「白良尋常小学校校歌」は、16年間（1926〜1942）歌い継がれたが、長包作曲の校歌は歌われなくなった。

昭和21（1942）年4月に「宮良初等学校」、昭和24（1949）年4月には、「宮良小学校」に改

称、現在に至っている。その時、現校歌が制定された。（作詞：喜友名英文　作曲：外間永律）

143　＊石垣市立白保小学校校歌――作曲年が判明

大正15（１９２６）年に作曲（43歳）、作詞者は北村重敬。これまで作曲年を不明としてきたが、「石垣市立白保小学校」の前身である「白良（しらら）尋常高等小学校」の校歌楽譜が見つかり、作曲年が明らかになった。

「白良尋常高等小学校校歌」で説明の通り、大正３（１９１４）年、近隣の白保と宮良が合併し、「白良尋常小学校」が開校、大正15（１９２６）年、高等科を設置、「白良尋常高等小学校」に改称され、作詞：北村重敬　作曲：宮良長包の校歌が誕生した。

「白良尋常高等小学校校歌」はその後、そのまま「白保小学校校歌」へと継承されて、今日まで97年間も歌われている〝現役校歌〟である。

「白良尋常高等小学校」の説明と一部重なるが、「白保小学校」の沿革を記述する。

「白保小学校」の沿革は、明治23（１８９０）年６月、「白保簡易小学校」として開校され、同年11月、「石垣南小学校白保分教場」と改称された。その後、明治24（１８９１）年、「大川尋常小学校白保分教場」となった。

【楽譜57】「白保小学校校歌」

大正3（1914）年4月、白保・宮良が合併し「白良尋常小学校」となり、大正15（1926）年4月、高等科が設置され「白良尋常高等小学校」に改称された。

【写真44】「白保小学校校歌」歌碑

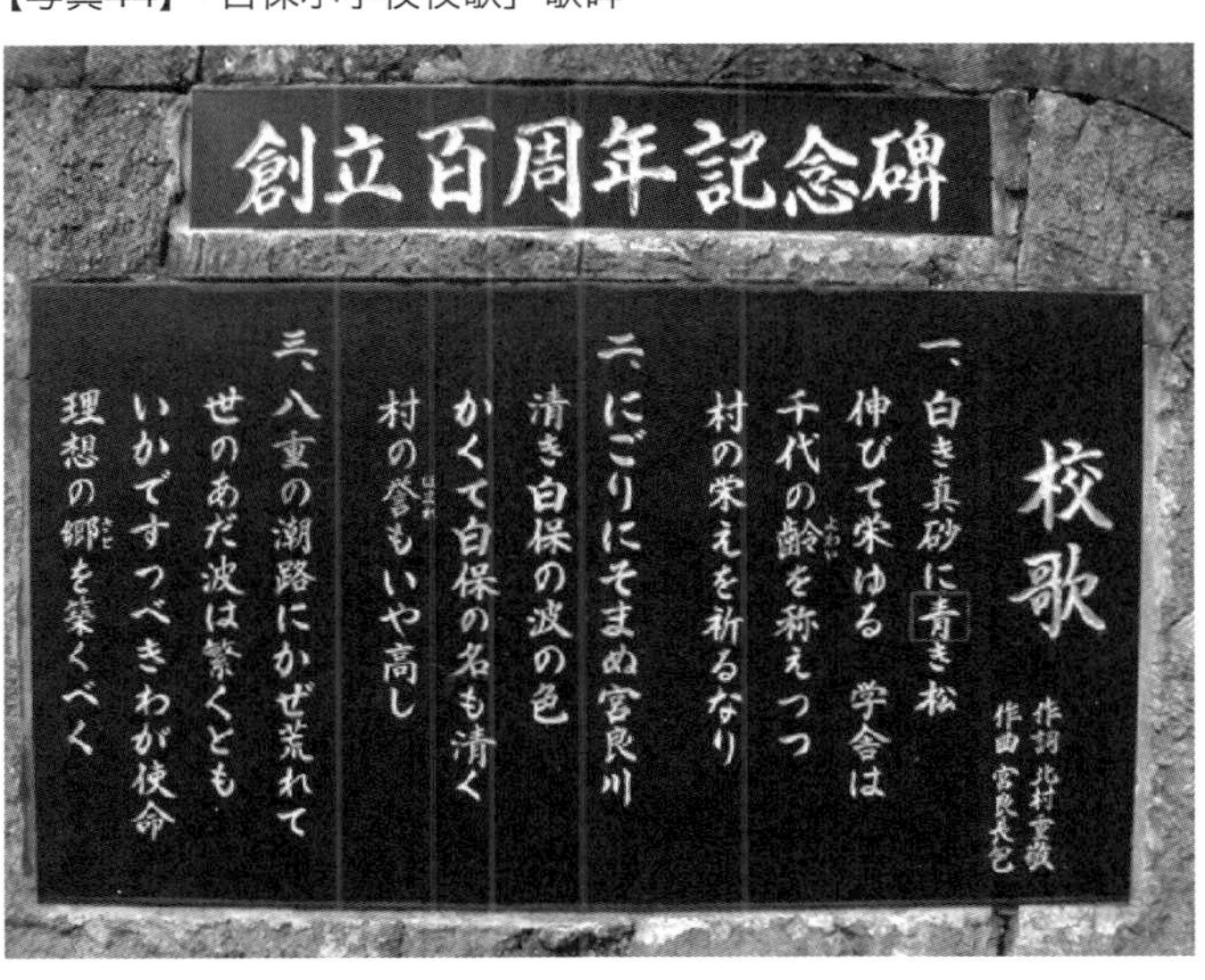

昭和16（1941）年4月、国民学校令により、「白良国民学校」に改称、昭和17（1942）年、「白保国民学校」へと改称され、白保・宮良が合併した「白良」の名称は外れ、事実上、白保と宮良は分教独立となった。

また、昭和21（1942）年4月、「白保初等学校」となり、昭和24（1949）年4月、「白保小学校」に改称、現在に至っている。

「白保小学校校歌」の作曲年は、これまでの「不明」を見直し、大正15（1926）年と改訂した。

「白良尋常高等小学校校歌」で述べたように、旋律は同一であるが、11小節の2拍目E音（ミ）【楽譜56】とF♯音（ファ♯）【楽譜57】に違いがある。

「白良尋常高等小学校校歌」の音構成は、ヨナ抜き旋法であることに照らすと、【楽譜56】のE音(ミ)が正確だろう。つまり、11小節目A音(ラ)→G音(ソ)→E音(ミ)→E音(ミ)音が正しいと判断できる。従って、「白保小学校校歌」の11小節2拍目F♯音(ファ♯)をE音(ミ)に訂正し、『増補改訂　宮良長包作曲全集　2023』に収録した。

前述で示したように、音構成は1ヶ所、歌詞は2ヵ所異なるものの、ほぼ同一の曲であることは明らかである。

ことほど左様に、「白良尋常高等小学校校歌」の楽譜が見つかったことで、「白保小学校校歌」の作曲年は、大正15(1926)年と判明し、日本の学校制度によって校名の改称をいく度となく繰り返しながら、97年間もの長い間、「石垣市立白保小学校校歌」として、現在も歌い継がれている〝現役校歌〟である。白保小学校創立百周年記念には、校歌の歌碑が建立された。【写真44】

作詞者の北村重敬は、長包とのコンビ作品で、「南国の花」(1923)、「でいご」(1925)、「亡父追善歌」(1926)等の代表作がある。

144　＊読谷村立古堅小学校校歌——学校に赴き校歌を指導

昭和2(1927)年に作曲(44歳)、作詞者は松根星舟(本名・松根盛秀)。曲は、ヘ長調、4/4

拍子、24小節で、歌詞は2番まである。付点4分音符と8分音符または、2分音符の組み合わせを主体に構成されている。

『古堅小学校73周年記念誌』に次のような記録が残されている。(注144-1)

「その年の秋頃、高等科の唱歌(現在の音楽科目を指す)を担当されている大湾梅成先生が、5〜6年生を旧校舎の一室に集め、新作校歌の発表兼練習をされた。その場に作曲者の男子師範学校教諭宮良長包先生がいらっしゃった。勿論この先生があの有名な作曲家だと知る筈もなく、先生のオルガンに合わせて只一生けん命歌うばかりだった。教室は、机、腰掛を全部出し多数の児童が入るようになっていた。皆、着物をつけて裸足で集合している。曲も割に覚え易く、数回も繰り返すうちに唱(うた)えるようになった」と記している。

児童(当時5年生)の手記からも分かるように、古堅小学校校歌の作曲の依頼を受けた長包は、自作曲を携えて古堅小学校へ赴き、直接児童たちに校歌の歌唱指導を行なっている。何事にも一生懸命な長包の姿が、熱血先生といわれた所以である。

長包作曲の「古堅小学校校歌」は、87年間も継承され、現在も歌われている〝現役校歌〟である。

作詞の松根星舟はペンネームで、本名・松根盛秀として、長包とのコンビ作品で、「南城市立知念小学校校歌」(1934)を作詞している。

145

沖縄県立第二中学校校歌――文武両道の校風

昭和3(1928)年に作曲(45歳)、作詞者は二中国語科教員。曲は、ト長調、4/4拍子、10小節の短い曲で、歌詞は4番まである。リズムは、付点8分音符と16分音符のリズムパターンで構成され、リズミカルでマーチ風である。歌詞は、《楚辺》や《城岳》など、学校の位置を示す地名が描かれ、校風を表現している。【写真45】

沖縄県立第二中学校は、現在の沖縄県立那覇高等学校の前身で、文武両道の教育は、優秀な人材を世に送りだしている。

長包作曲の校歌は、現在、歌われていない。(現校歌作詞：真栄田義見　作曲：友利昭夫)

【写真45】戦前の沖縄県立第二中学校校舎

146 沖縄県立第三中学校校歌――転拍子でマーチ風

昭和3（1928）年に作曲（45歳）、作詞者は新屋敷幸繁。曲は、ロ長調、26小節で歌詞は3番まである。拍子は1～14小節2/4拍子、15～17小節3/4拍子、18～26小節で再び2/4拍子に戻る転拍子で、マーチ風でリズミカル、軽快で明るい曲想である。

長包がロ長調（♯五つ）で作曲する作品は、「桑の実」（並行調の嬰ト短調）に確認できるが、♯や♭の多い調性はほとんど作曲していない。

例えば、童謡の「月」（1927）は、変ホ長調（♭3つ）から、同主調の変ホ短調（♭6つ）に移調し、再び変ホ長調に戻る曲で、変ホ短調（♭6つ）は、♭が多い調性だが、数少ない例である。

沖縄県立第三中学校は、現在の沖縄県立名護高等学校の前身であり、歌詞に歌われている《国頭》、《名護岳》、《嘉津宇岳》は、沖縄本島北部に位置する地名や自然を表わしている。

現在は新しい校歌に変わり、長包作曲の校歌は歌われていない。（現校歌　作詞：嶋袋全幸　作曲：渡久地政一）

作詞者の新屋敷幸繁とのコンビ作品では、「夕立」（1928）、「琉球木遣歌」（1930）、「うるま市立与勝中学校校歌」（推定1930―38）、「玉城尋常高等小学校校歌」（1932）がある。

147 ＊名護市立名護小学校校歌——学校に招かれ特別授業を公開

昭和4（1929）年に作曲（46歳）、作詞者は名嘉元精一。曲は、ト長調、2/4拍子、20小節で歌詞は4番まである。付点8分音符と16分音符のリズムを主体にした行進曲風である。作詞者の名嘉元精一は、長包とのコンビ作品「沖縄県青年団歌」（1930）の作詞者である名嘉元浪村と同一人物で、浪村はペンネームである。

長包は、校歌を発表した5月に名護小学校に招かれ、6年1組で（担任：柳一夫先生）、特別授業を公開していることが、『百年誌』（注147-1）に記述されている。

沖縄県北部に位置する名護市に関わる作品を手掛けたということは、長包が沖縄県師範学校の生徒を引率して、地方を音楽行脚した際に、学校関係者と関わりを持つことで、校歌作曲の依頼を受けたのではないだろうか。

「名護小学校校歌」は、93年間も歌い継がれている〝現役校歌〟である。

名護市と関わりのある作品は、「沖縄県立第三中学校校歌」（作詞：新屋敷幸繁／1928）、「献穀田田植歌」（作詞：神田精輝／1932）、「名護小唄」（同：嶋袋全幸／1933）がある。

それにしても、高速道路が通っている現在ならともかく、交通の不便なその時代に、どのような足取りで、遠い北部まで訪問したのであろうか。長包は、まさに〝行動の人〟である。

148　具志川尋常高等小学校校歌――転拍子で盛り上がり効果

昭和5（１９３０）年に作曲（47歳）、作詞者は古波蔵保昌（こはぐらほしょう）。曲は、変ホ長調、21小節で、歌詞は３番まである。拍子は１～16小節２/４拍子、17小節のみ３/４拍子で、18～21小節は再び２/４拍子に変化する転拍子である。

曲の盛り上がり効果を上げることを意図して、わずか１小節から２小節のみ拍子を変えている作曲手法は、長包独特のものであり、「那覇市市歌」（15～16小節目）、「船路」（17小節目）等に見られ、「コイナユンタ」（7、11、18小節）は、囃子の効果を生かす工夫にも使われている。

具志川小学校の沿革は、明治15（１８８２）年3月、「具志川小学校」として創立され、明治21（１８８８）年2月、「具志川尋常小学校」と改称、明治35（１９０２）年には、高等科を設置し、「具志川尋常高等小学校」と改称された。【写真46】

具志川尋常高等小学校は、昭和7（１９３２）年、創立50周年式典を挙行し、長包作曲の「50周年記念祝奉歌」が発表された。昭和16（１９４１）年には、国民学校令により、「具志川国民学校」と改称【写真47】、終戦後の昭和21（１９４６）年には、「具志川初等学校」となり、昭和30（１９５５）年廃校となったが、昭和40（１９６５）年、「具志川教育区立具志川小学校」となった。

【写真46】明治期の具志川尋常高等小学校のかやぶき校舎と児童（着物とカンプー姿）

【写真47】具志川尋常高等小学校正門と校舎（昭和15年）翌年「国民学校」となる

平成17（2005）年4月、近隣の具志川市・石川市・勝連町・与那城町四市町の合併に伴って、「うるま市立具志川小学校」と改称、現在に至っている。

具志川小学校は、141年の歴史ある伝統校であるが、国の学校制度や市町村合併により学校名が幾度となく改称され、複雑な変遷を辿っている。

長包作曲の校歌は、現在歌われていないが（現校歌　作詞：当山直志　作曲：当山直志）、いつまで歌われていたのか、その歴史的背景に辿り着くことは難しい。

古波蔵保昌とのコンビ作品で、具志川小唄（1931）「具志川小学校五〇周年記念奉祝歌」（1932）がある。

149　石垣尋常高等小学校校歌――「創立40周年記念日の歌」も作曲

昭和6（1931）年に作曲（48歳）、作詞者は豊田信時。曲は、ト長調、4/4拍子、16小節で歌詞は4番まである。付点4分音符と8分音符、4分音符（または8分音符）のリズムパターンで構成、校歌独特の弾むようなリズムではなく、なだらかなゆったりとしたリズムである。歌詞は、「八重の潮路」、「松の並木」、「宮鳥（御嶽）」、「八重山」等、地域の名所や自然描写が表現されている。4番歌詞には「勅語のままにいそしみて」の語句があり、戦前の皇民化教育がそのままストレートに現れている。

【楽譜58】現・石垣小学校校歌（1～8小節抜粋）作詞：葦間冽　作曲：仲里長宜

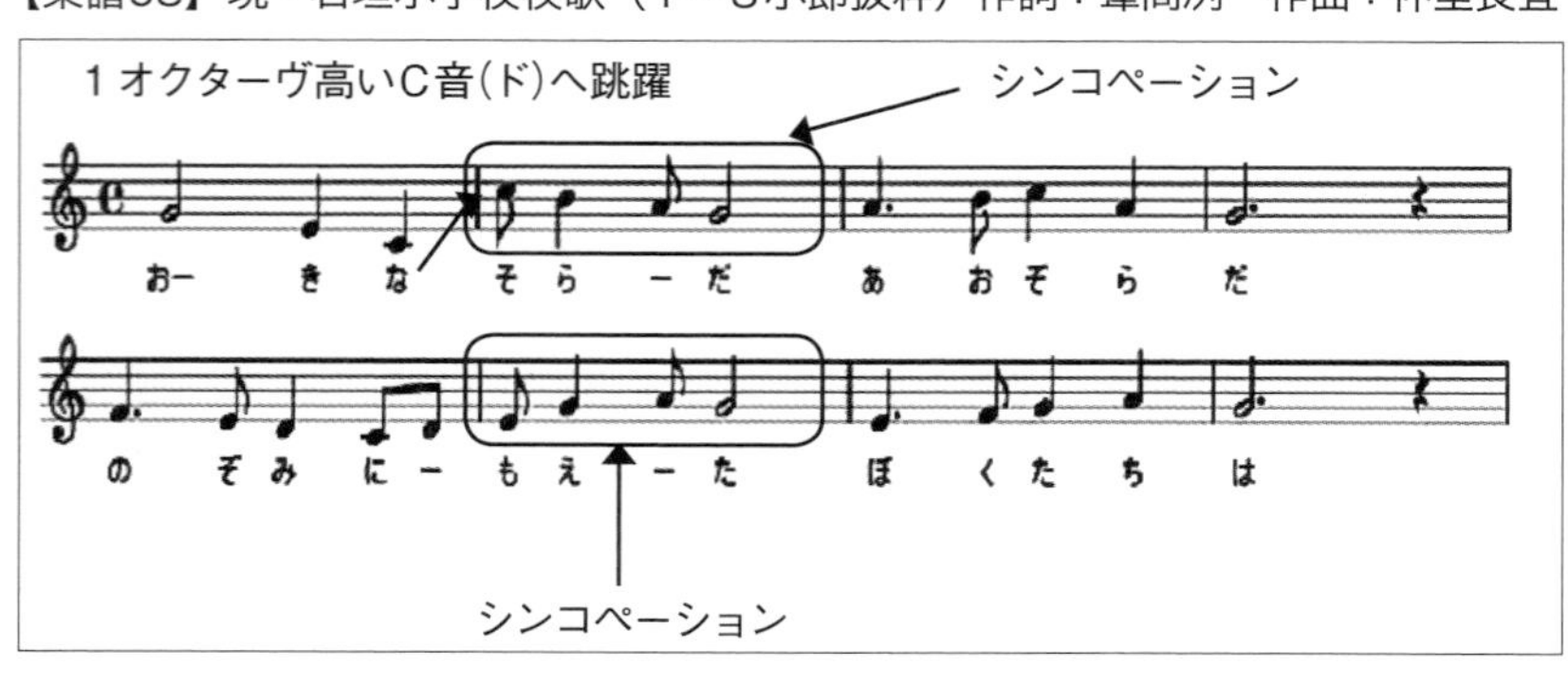

作曲年について、『作曲全集2003』においては、昭和12（1937）年としたが、拙稿「宮良長包の音楽教育活動に関する研究（7）—作品研究Ⅳ（昭和篇③）—」（注149-1）には、昭和6（1931）年と位置付けた。

『石垣小学校創立記念「百年誌」』にも校歌制定を明記した記載はなく、これまでの制定年説であった、昭和12（1937）年を、明確に立証する根拠がなかった。

しかし、前出『百年誌』の沿革史欄を注意深く見ると、昭和6年度欄に「五十周年記念式典　12月15日本校創立五十周年記念式挙行」と記載がある。（注149-2）

校歌や校旗が創立記念日に制定されることは多くのケースで見受けられる。この校歌を昭和6（1931）年12月15日の創立50年式典に制定されたと推定することは容易であり、しかも時の学校制度は、尋常高等小学校時代である。「石垣尋常高等小学校校歌」制定年を昭和6（1931）年と判断することには、何ら矛盾はないといえるだろう。

ましてや、これまでの制定年説に根拠を見出すことができな

【歌詞42】「石垣小学校校歌」１番～３番歌詞　昭和21（1946）年制定
作詞：葦間冽　作曲：仲里長宜

１．大きな空だ　青空だ
望みにもえた　ぼくたちは
自由にかける　空の子だ
明るく元気で　伸び伸びと
世界の道を　進むのだ

２．大きな海だ　黒潮だ
真理の岸辺　目ざしつつ
悠々流れる　海の子だ
嵐にあうとも　恐れずに
自ら道を　ひらくのだ

３．かわらぬ緑だ　がじゅまるだ
母校の愛の　巣の中で
すくすく伸びる　夢の子だ
今に羽ばたく　日が来たら
世界に幸を　もたらそう

ければ、幾分でも可能性のある制定年が、より正確であると、判断できるのではないだろうか。

また、長包は「石垣尋常高等小学校校歌」作曲以前の、大正10（１９２１）年に、「石垣尋常高等小学校40周年記念日の歌」（作詞：池間重敬）を作曲しており（注149-3）、石垣尋常高等小学校に勤務経験はないが、縁の深い学校である。

長包が作曲した「石垣尋常高等小学校校歌」は、現在、歌われていないが、昭和21（１９４６）年、「石垣初等学校校歌」として制定された（作詞：葦間冽、作曲：仲里長宜）校歌が、77年の永きに亘って現在まで歌い継がれている。

現在の校歌は、子どもに相応しい歌詞と旋律、明るい希望と高揚感に満ち溢れ、まさに〝名曲〟といえるのではだろうか。

長包の作品ではないが、説明を加えたいと思う。

曲はハ長調、4/4拍子、20小節で、歌詞は３番までである。旋律の特徴として、1小節の4拍目C音(ド)から2小節1拍目へ、いきなり1オクターブ高い・Ċ音(・ド)に跳躍する【楽譜58】(矢印箇所)。子どもたちにとっては、このオクターブの音程がピタリと、はまるかどうかスリリングで、うきうきとして歌ったものだった(筆者は石垣小学校出身)。

さらに、シンコペーションを随所に駆使し、生き生きとしてエネルギッシュである。(□箇所)歌詞1~3番を記載すると【歌詞42】、どの時代にも色あせることなく、子ども達が未来に向かって夢を持ち、世界に大きく羽ばたくことを、礼賛している詞ではないだろうか。

150 沖縄県師範学校附属小学校校歌——子どもの感性を大切にした実践教育

昭和6(1931)年に作曲(48歳)、作詞者は福重猛治。曲は、へ長調、アウフタクトで始まる4/4拍子で、16小節で歌詞は3番まである。曲は、付点四分音符と八分音符、四分音符のリズムパターンで、なだらかな上行・下行形にめりはりのある気品に満ちた旋律である。

首里城下に位置する附属小学校の景観が、《首里城下》、《中山》、《瑞泉》など、歌詞に出てくる地名で表現されている。

沖縄県師範学校附属小学校は、教員を養成する沖縄県師範学校の附属小学校として、明治14(1

【写真48】戦前の沖縄県師範学校附属小学校（校舎と児童の集合写真）

【写真49】附属小学校跡地記念碑（沖縄県立芸術大学中庭）

881)年に開校された。（注150-1）

長包は大正4(1915)年、八重山島尋常高等小学校(現・登野城小学校)勤務から、沖縄県師範学校附属小学校へ転勤となった。

【写真48】は、戦前の校舎と児童の集合写真で、いわゆるエリート校としての風格ある校舎と、規律正しく並んだ児童の姿は、校風を映し出している。

【写真49】は、小学校跡地の記念碑で、現在の沖縄県立芸術大学の通りに面した庭に建立されている。

記念碑の裏には、「沖縄縣師範学校附属小学校は、1881年2月12日那覇西村に創立し1886年1月16日首里當蔵(しゅりとうのくら)のこの地に移転、数多くの人材を輩出したが、1945年4月5日沖縄戦で学校は灰燼に帰した。ここに古き歴史を誇り栄光に満ちた母校をしのび記念碑を建て永くその名をとどめる。1995年6月同窓会」と記されている。

沖縄県教育史の一翼を任っていた沖縄県師範学校附属小学校の教壇に立った長包は、子どもの感性を大切にした授業を展開、音楽教育に情熱を注いだ。

この時期を境に、長包の本格的な作曲活動が始まったのである。

【楽譜59】真和志小学校校歌（1～4小節抜粋）

151　＊那覇市立真和志小学校校歌

——地域の名所を詠み、曲はリズミカル

昭和7（1932）年に作曲（49歳）、作詞者は上原晃。昭和30（1955）年に真和志小学校によって歌詞の一部が改訂された。曲は、変ロ長調、12小節、4/4拍子で、歌詞は4番まである。音構成は、長包の作品で多く見られるヨナ抜き旋法で、E♭音（ミ♭）とA音（ラ）が旋律になく、付点8分音符と16分音符のリズムパターンを主体に構成されたマーチ風である。

1小節目のC音（ド）→D音（レ）→C音（ド）→D音（レ）や、3小節のF音（ファ）→G音（ソ）→F音（ファ）→G音（ソ）、さらに、11小節目（1小節に同じ）に見られる刺繍音的な音使いが特徴である（□囲み部分）。【楽譜59】

歌詞は、《城岳》、《識名園》、《真和志高原》、《大石森》など、地域の名所を詠み、リズミカルで心地良い。

「真和志小学校」の変遷は、明治13（1880）年3月5日、「真和志小学校」として創立、明治21（1888）年、「真和志尋常小学校」に校名を改

【写真50】戦前の真和志小学校

【歌詞43】「真和志小学校校歌」昭和７年制定

1．見よ秀麗の　城岳(ぐすくだけ)
名に負う森の　識名園
そのふところに　和みつつ
豊に稔(みの)る　平原の
里の真中(まなか)に　美しく
いらかも高し　真和志校

2．明治の聖代　治まりて
民のかまども　にぎわえる
五月の半ば　その昔
若葉の緑　色深み
のぞみにもえて　開きたる
歴史栄えある　学びやぞ

3．古(いにしえ)首里の　統治をば
ただちに受けし　由緒(ゆかり)ある
里のほこりを　今も尚
げにげにはげみ　はげみあい
地の利に人の　和をかねて
高き理想に　おどるかな

4．和気もて集う　友がらの
徳をみがきつ　身をきたえ
学びの道に　いそしみて
そのもの声は　高らかに
大石が森に　こだまして
永久にひびかん　真和志校

【歌詞44】現在の「真和志小学校校歌」昭和30年歌詞改訂　作詞：真和志小学校
　　　　１番は変更なし。②～④番は全体的に改訂。

1．見よ秀麗の　城岳（ぐすくだけ）
名に負う森の　識名園
そのふところに　和みつつ
豊に稔（みの）る　平原の
里の真中（まなか）に　美しく
いらかも高し　真和志校

②．文化の潮　とどろきて
生命（いのち）はおどる　鷲のごと
真（まこと）の道を　求めつつ
歴史栄（は）えある　その昔
大志（のぞみ）にもえて　開きたる
我が学園に　力あれ

③．朝日に直射（ただ さ）す　真和志高原（はら）
清き泉の　よどみなく
学びの海に　棹さして
げにげに励み　励みあい
理想の岸へ　進みゆく
我が学園に　光あれ

④．和敬に充ちて　集いよる
学びの友よ　いざはげめ
人材数多（あまた）　世にいでよ
共に育たん　雄叫びは
大石森に　こだまして
栄え永久（とわ）なる　真和志校

【写真51】那覇市立真和志小学校校歌の歌碑

称し、明治36(1903)年、高等科を設置、「真和志尋常高等小学校」に改称、明治43(1910)年、「真和志尋常小学校」(俗称第二真和志校、後の安里尋常高等小学校)を創設、大正5(1916)年、真和志尋常小学校に高等科を設置、「安里尋常高等小学校」と改称した。【写真50】

昭和16(1941)年、国民学校令により「真和志国民学校」となるが、沖縄戦で校舎が全壊し、昭和21(1946)年、沖縄戦の激戦地となった南部の摩文仁村で、「真和志初等学校」として開校された。昭和22(1947)年、真和志校敷地に移転、昭和27(1952)年、「真和志小学校」に校名が戻り、現在に至っている。

沿革史によると、昭和7(1932)年の箇所に、「この頃、校歌制定とみられる」(注151-1)と記述がある。

長包作曲の校歌は、戦火をくぐり抜け90年間も歌われ続けている〝現役校歌〟なのである。

歌詞は、昭和30(1955)年に改訂されており、昭和7(1932)年制定の歌詞と【歌詞43】、改訂された現在の歌詞を記載する【歌詞44】。1番の歌詞は両者とも全く同じだが、②~④番は全体的に改定されている【歌詞44】。歌詞変更の経緯を沿革史等で調べたが、確認できなかった。

歌碑は、正門近くの校庭に位置し、歴史の重みを感じさせ風格がある。

右側の碑は1~2番の歌詞、左側は3~4番の歌詞が記されている。【写真51】

152　玉城尋常高等小学校校歌――卒業生によって甦った校歌

昭和7（1932）年に作曲（49歳）、作詞者は新屋敷幸繁。「玉城尋常高等小学校」は「現・南城市立玉城小学校」の前身で、長包の校歌は、現在歌われていない。現在の「南城市立玉城小学校校歌」は、昭和36（1961）年の創立80周年記念式典で新しく制定されている。（現校歌　作詞：前川守　作曲：仲本朝教）

【楽譜60】は、長包の埋もれた作品を調査していた折、那覇市在住で玉城尋常高等小学校卒業生の伊江栄子さんと大城好子さんが、「母校の校歌は長包先生の曲ではないだろうか」と、一報を下さり、お二人が記憶を辿って歌った曲を採譜したものである。（注152-1）

伊江さんと大城さんは、5番までの歌詞をフルコーラスで歌った。お二人は、玉城尋常高等小学校を昭和16（1941）年に入学、それ以来、ずっと愛唱歌として歌っているとのことで、その校歌には振り付けがあり、運動会ではダンスを踊り、「懐かし思い出がいっぱい詰まった校歌です」と語っていた。今でも、同期会の余興でプログラムに入っており、「ステージで歌って踊ります。あの頃の校歌が宮良長包の作曲なんて知りませんでした。〝えんどうの花〟も、当時、学校でよく歌いました」と回想した。

【楽譜60】「玉城小学校」校歌（採譜）

玉城尋常高等小学校（採譜）

新屋敷幸繁　作詞　伊江栄子・大城好子　歌唱
宮 良 長 包　作曲　大 山 伸 子　録音・採譜

【楽譜61】「玉城小学校記念誌」掲載の校歌（原曲譜）

※原曲譜で明らかな誤りは補訂した。

「玉城小学校」の「百年記念誌」(注152−2)を繙くと、『50周年記念誌』のコピーが所収されており、「玉城尋常高等小学校校歌」が掲載されていることが確認できた。【楽譜61】

伊江さんと大城さんが、記憶を辿って歌った【楽譜60】と、『記念誌』に掲載されている【楽譜61】を比べて見よう。

調性は、【楽譜60】はイ長調、【楽譜61】はト長調であるが、【楽譜60】は、お二人が歌った音高を採譜したものであり、原曲譜の関係性に問題はないだろう。

両者とも、旋律はほとんど変わらず、後半の3連符の特徴は全く同じである。

改めて、お二人の優れた歌唱力と記憶力に敬意を表するとともに、人間が記憶する歌は、生涯忘れないものだと、感動したのである。

【楽譜61】の原曲譜は、リズムの誤りや記号の脱落があり、補訂し、今回出版の『増補改訂 宮良長包作曲全集2023』に掲載することとする。

153 *今帰仁村立兼次小学校校歌——兼次中学校と歌詞・旋律が同じ

昭和8(1933)年に作曲(50歳)、作詞者は平敷兼仙。曲は、ニ長調(□箇所)16小節、2/4拍子で始まるが、13小節から4/4拍子に変化する転拍子で(□箇所)、歌詞は4番まである。音階に

【楽譜62】「兼次小学校校歌」

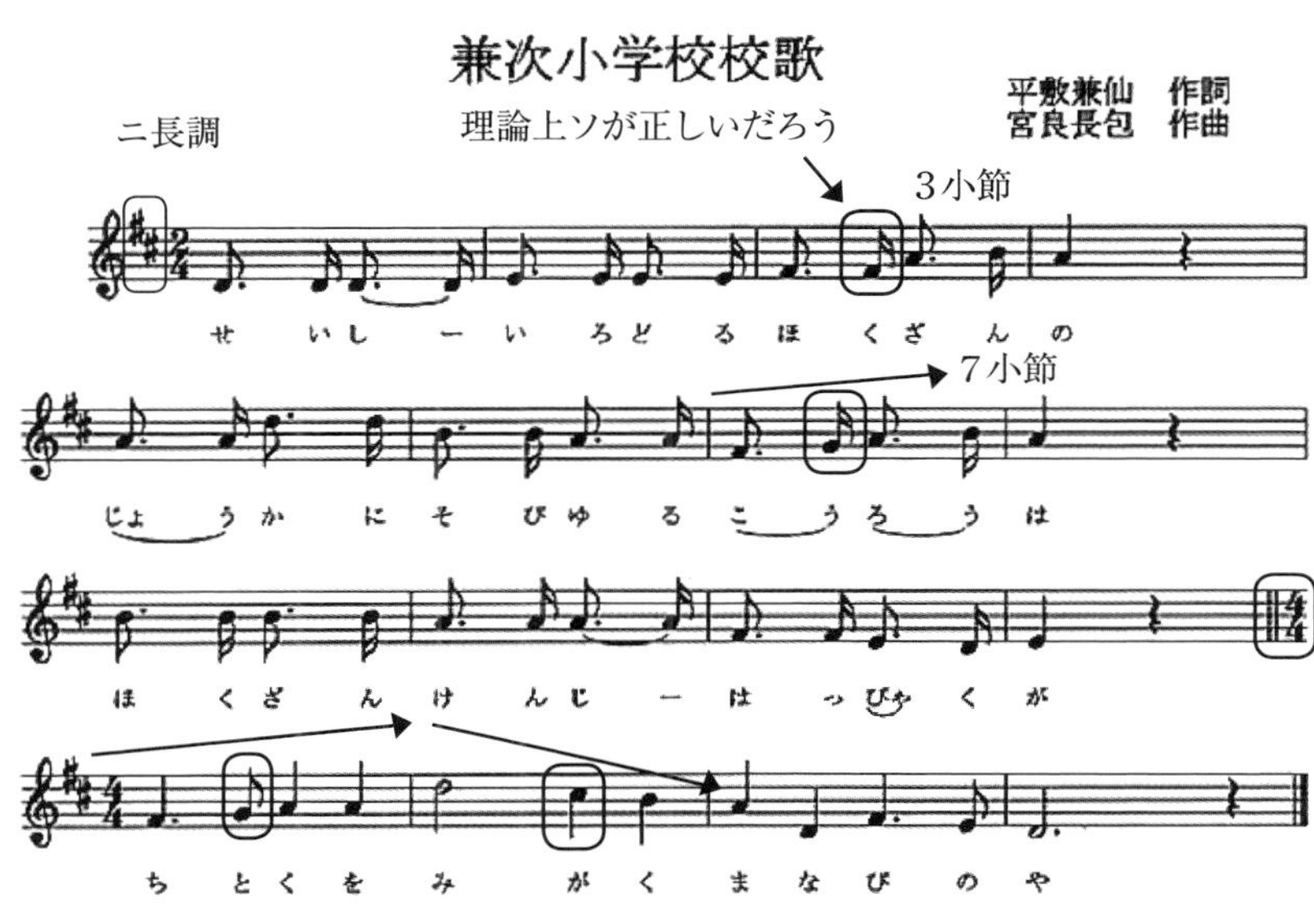

ついては、3小節目F♯音（ファ♯）は、おそらくG音（ソ）であり、14小節の高音2点：C音（：ド）と共に、経過音的に使われ、7音音階で構成されている。【楽譜62】

この校歌は、「兼次中学校校歌」と調名は異なるが、歌詞、旋律は全く同じである。このように、同じ旋律と歌詞で、小学校はニ長調、中学校はヘ長調という異なった調の事例も珍しい。長包が作曲上、意図的に行ったものなのか、学校で偶発的に起こったものなのか、その経緯を調べる手立てとして、兼次小学校の沿革を繙いてみた。

兼次（かねし）小学校は、明治32（1899）年、兼次尋常小学校として創立した。大正8（1919）年、高等科を設置し、「兼次尋常高等小学校」に改称し、昭和16（1

941)年には、「国民学校令」により「兼次国民学校」と改称、昭和23(1948)年には、6・3・3学校教育制度施行に伴い、中学校を初等学校に併置し、「兼次小・中学校」と改称した。昭和47(1972)年、兼次小・中学校の併置を廃止し、「兼次小学校」と「兼次中学校」が分離、独立した。

長包が校歌を作曲した昭和8(1933)年は、「兼次尋常高等小学校」の時代であり、昭和23年に中学校が併置された際、「兼次小学校校歌」がそのまま引き継がれ、昭和47年、兼次中学校に分離した時点で、「兼次中学校」は、それまで歌ってきた、併置校時代の「兼次小・中学校校歌」を継承したのではないか、と推測が可能である。

しかし、そういう経緯を確認できる資料が見当たらず、現時点では推測にとどまる。

また、作詞者の平敷兼仙について、ご子息の平敷令治氏(元沖縄国際大学学長)が記述している(注153-1)。「父が兼次小学校の校歌の作詞者であることを私たちキョウダイ(ママ)は物心ついたころには知っていたし、歌うこともできた。(略)父は、山紫水明の地『今帰仁』を讃え、歴史のロマンに触れ、そして教育の普遍的理念である『知・情・意』を培うことを高らかにうたいあげている。懐かしいひびきは宮良長包先生のすばらしい作曲の賜である」。

前述の通り、長包作曲の「兼次小学校校歌」は、90年間の永きに亘り歌い継がれている〝現役校歌〟である。

154　今帰仁村立兼次中学校校歌――合併で姿を消した長包の校歌

昭和8（1933）年に作曲（50歳）、作詞者は平敷兼仙。曲は、ヘ長調、16小節、2/4拍子で始まるが、13小節で4/4拍子に変わり、歌詞は4番まである。音階は、3小節、7小節、13小節目のB♭音（シ♭）、14小節目のE音（ミ）を経過音的に使い、7音音階で構成されている。（□の箇所）

前述したように、兼次小学校校歌の歌詞と旋律は同じだが、小学校はニ長調、中学校はヘ長調となっており調名が異なっている。しかし、平成15《2003》年発行の『兼次中学校55年の記録』に目を通すと、小学校と同じニ長調に修正されており（注154-1）、おそらく、間違いに気づき手直ししたものと見られるが、その経緯については記述されていない。

つまり、長包が作曲した校歌の原調は、ニ長調であり、〝何らかの事情〟で「兼次小学校校歌はニ長調の原調で歌われ、中学校校歌はヘ長調に移調したのではないかと結論付けられる。【楽譜63】

〝何らかの事情〟について考えられることは、「兼次小学校校歌」の項目で述べたように、昭和47（1972）年、兼次小中学校の併置校が分離され、兼次小学校と兼次中学校が各々に独立した際、小学校は原調のニ長調で引き継がれ、中学校は移調したヘ長調で引き継がれたのではないか、と考えられる。

【楽譜63】「兼次中学校校歌」

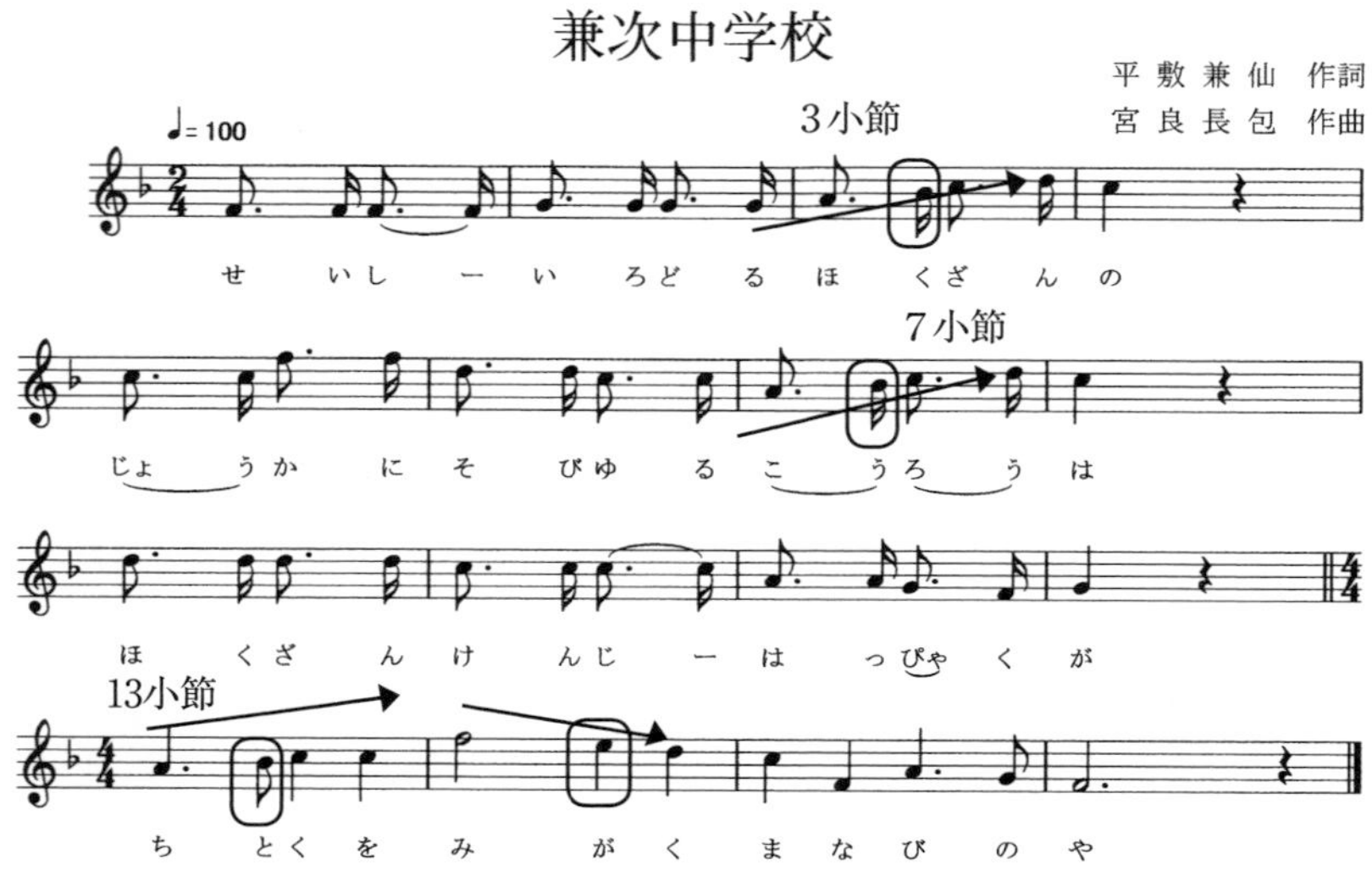

この差異について、拙稿「宮良長包の音楽教育活動に関する研究(1)—校歌作品を中心に」(注154-2)で触れたが、もともと、小学校と中学校の校歌の調性は同じではなかったか、という仮説を、筆者は立てていた。

へ長調で歌い継がれてきた「兼次中学校校歌」は、平成15(2003)年4月から、近隣の4中学校(兼次中学校、今帰仁中学校、古宇利小・中学校、湧川小・中学校)の合併に伴い、新生「今帰仁中学校」となり、新校歌が制定された。(新校歌「光あれ」作詞:黒島直太　作曲:島袋正雄)

155　＊八重瀬町立具志頭小学校校歌――道徳教育に位置付け地域と一体化

昭和8（1933）年に作曲（50歳）、作詞は戊申（ぼしん）琉歌会。これまで、作詞者不明としてきたが、拙稿「宮良長包の音楽教育活動に関する研究（7）―作品研究Ⅳ（昭和篇③）」において、作詞は「戊申琉歌会」と結論付けた。（注155−1）

八重瀬町立具志頭小学校は、日本の学校制度に伴って、校名が幾度となく改称されたが、宮良長包作曲の「校歌」は、90年も歌い継がれている〝現役校歌〟である。

具志頭は、「汗水節」（作詞：仲本稔、作曲：宮良長包）のゆかりの地であり、作詞者の仲本稔は、地元具志頭の出身である。作詞者が地元出身という要因は大きく働き、八重瀬町の具志頭幼稚園、具志頭小学校、具志頭中学校の学校教育は、地域と一体になり、「汗水節」（注155−2）を道徳教育に位置付け、教育実践が盛んである。

八重瀬町立具志頭幼稚園では、「汗水節の心の行動デー」というコンセプトで、奉仕の心を理解することを教育目標に掲げ、「汗水節」をBGMで聴きながら清掃する実践を行っている。園児は毎週月曜日の朝30分間、園庭を掃除する。【写真52】

八重瀬町立具志頭小学校では、年中行事として、小学校の低・中学年は校内の清掃美化を実施、高学年は、地域の道路や公園、海岸等の清掃活動を行なっている。【写真53】

【写真52】具志頭幼稚園の園児が「汗水節」の曲を聞きながら園庭を清掃

【写真53】具志頭小学校高学年の児童が「汗水節心の行動デー」で地域を清掃

八重瀬町立具志頭中学校では、校内に「汗水節」の歌詞を掲示し（平成6年から）、「汗水節」に慣れ親しむ環境が整っている。また、「勤労生産奉仕的行事」を実施し、「汗水節」の歌詞に込められている《6つの心》を教育目標に掲げている。

1．勤労を喜ぶ心　2．金銭や物を大切にする心　3．夢に向かって努力する心　4．健康と長寿を大切にする心　5．勉学に励む心　6．社会奉仕を大切にする心、を掲げ、学校と地域が一体となって、道徳教育とクロスして「汗水節」による〝長包メロディー〟を教育実践に生かしている。

また、平成11（1999）年～平成13（2001）年、具志頭中学校は沖縄県教育委員会指定の「心の教育」研究協力校となり、「汗水節」を道徳教育に位置付けながら、「汗水節の心」をテーマにした外部講師の講演会、音楽の時間では「汗水節」混声四部合唱（編曲：喜納健仁）を練習し、三線を授業に取り入れて「汗水節」が演奏できるようスキルアップを図っている。

さらに、「汗水節」の歌詞に因んだ作文の募集や、「子ども郵便局」を校内に開設し、勤労を喜ぶ心、お金や物を大切にする心等、歌詞に沿った趣旨で教科の横断的教育を実践している。

「汗水節」の作詞年は、昭和3（1928）年で、原詩名は「勤倹力行の奨」であったが、長包の作曲が完成した時、「汗水節」と改題した（作曲は昭和4〈1929〉年）

156 沖縄県立女子工芸学校校歌――おしゃれで気品に満ちた旋律

昭和9（1934）年に作曲（51歳）、作詞者は勝連盛英。この校歌は、卒業生の福仲文さんの歌唱を採譜し（注156-1）、『宮良長包作曲全集2003』に収録したものである。

曲は、変ホ長調、4/4拍子で24小節、歌詞は3番まである。リズム構成は、付点4分音符と8分音符、4分音符、8分音符、2分音符の基礎リズムを組み合わせて、音階的な上行下行形で構成され、ゆったりとしたリズムで、女子校の気風が旋律に現れている。11小節4拍目のA音（ラ）を、刺繍音的に変化させているところは、〝おしゃれで気品に満ちた〟旋律である。音階は、D音（レ）とA♭音（ラ♭）を駆使し、7音音階で構成されている。

沖縄県立女子工芸学校の沿革は（注156-2）、明治30（1897）年4月に創立、首里尋常高等小学校女子部に付設された。明治33（1900）年3月、実業補習学校として独立する。

【写真54】戦前の「沖縄県立女子工芸学校」

明治36(1903)年、「首里区立女子工芸学校」と改称、大正10(1921)年10月、「首里市立女子工芸学校」と改称され、昭和9(1934)年4月、沖縄県立女子工芸学校に改称された。【写真54】この年、作詞：勝連盛英　作曲：宮良長包の校歌が制定された。昭和18(1943)年、「沖縄県立首里高等女学校」と改称されたが、戦後は閉校に至った。長包は、女子工芸学校に大正13(1924)年に赴任し(注156-3)、沖縄県師範学校と兼任し授業を担当、「男女七歳にして席を同じうせず」の時代に、男女混声合唱団を結成して精力的に作曲、音楽教育を実践していった。

157　＊南城市立知念小学校校歌——脈々と歌い継がれて90年

推定、昭和9(1934)年に作曲(51歳)、作詞者は松根盛秀。曲は、ハ長調、12小節、4/4拍子で歌詞は4番までである。付点8分音符と16分音符のスキップのリズムパターンを主体に、リズミカルな明るい曲で構成されている。音階は、F音(ファ)とB音(シ)のないヨナ抜き旋法、素朴で歌いやすい旋律である。

南城市立知念小学校の変遷は、明治16(1883)年11月16日「知念小学校」として創立し、明治21(1888)年、「知念尋常小学校」と改称、明治23(1890)年、「佐知尋常小学校」に改称され、大正5（1916）年、「知念尋常高等小学校」に改称、昭和16（1941）年4月には第二次世界大戦に伴い、「知念国民学校」に改称された。

戦後、昭和21（1946）年には、「知念初等学校」、昭和27（1952）年は、「知念小学校」に校名が戻り、現在に至っている。

長包が作曲した年は、昭和9年11月16日の創立50周年記念式典の時と思われる。『知念小学校百周年記念誌』の沿革史によると、「昭和9年11月16日校歌ノ制定」（注157-1）と記述してあるだけで、作詞・作曲者は明記されていない。おそらく、この記念式典の校歌制定が、長包作曲の校歌ではないかと判断できる。

「知念小学校」は創立以来、自治体の統廃合がありながらも、校歌はその影響を受けることなく脈々と受け継がれており、長包が作曲した「知念尋常高等小学校校歌」が「南城市立知念小学校校歌」として、今日まで90年間歌い継がれている、〝現役校歌〟である。

158 ＊糸満市立真壁小学校校歌——歌詞の一部改訂を詳細に記録

昭和10（1935）に作曲（52歳）、作詞者は比嘉俊成。曲は、ハ長調、9小節、4/4拍子で歌詞は4番まである。音階は、F音（ファ）とB音（シ）のないヨナ抜き旋法である。

真壁小学校の沿革は、明治13（1880）年9月15日、真壁小学校として創立、明治21（1888）年、「真壁尋常小学校」と改称、大正5（1916）年、高等科を設置し、「真壁尋常高等小学校」に改称され、昭和16（1941）年、「真壁国民学校」となるが、昭和21（1946）年には「真壁初等学校」に改称して、昭和27年（1952）年、「真壁小学校」となり、現在に至っている。

校歌の由来について、『百年の歩み』（注158－1）を引いてみよう。

「本校の校歌は昭和10（1935）年当時、玉城正保校長のころ、県立第一中学校教諭金城増太郎先生の斡旋で、沖縄県師範学校教諭の比嘉俊成先生が作詞され、同校教諭の宮良長包先生が作曲されたものです。そして、毎年の運動会では、女性徒が校歌を歌いながら、いともリズミカルに校歌ダンスを演ずる姿は、校区民の羨望の的でありました。

ところが、戦後は、歌詞の意味が不詳のまま、歌い継がれてきました。そこで、当時、校歌を作詞された比嘉俊成先生（先年読谷高校長を退任）にお会いする機会を得て、歌詞の内容を解明してもらうと共に歌詞の中で、今日の時代感覚にそぐわない語句の一部についても先生の手で改めてもらいました」と、回想している。

歌詞の一部を手直しした経緯について詳述しており、歌詞の変更に至る状況がわかる文章で、しかも、作詞者の手によって改訂されている。作者に敬意を払い、作品を尊び、この史実や経過を記録に残している。

校歌制定年の昭和10（1935）年は、「真壁尋常高等小学校」の時代だが、戦前、戦中、戦後、日本の教育制度は目まぐるしく変わり、校名も幾度となく変わっている。
しかし、長包作曲の「真壁小学校校歌」は、連綿と受け継がれた〝現役校歌〟である。

159 首里第二尋常高等小学校校歌――埋もれていた校歌

昭和11(1936)年(53歳)、作詞者は神田精輝。原曲譜は【楽譜65】、ト長調で16小節、拍子は1～8小節まで2/4拍子、9～10小節4/4拍子、11～16小節は2/4拍子で拍子が変化する転拍子で、歌詞は4番まである。(注159-1)

曲想は、前半部1～8小節の弾むようなリズミカルな箇所から、中間部9～12小節はレガートでなめらかに変化、後半部13～16小節では再びリズムミカルな箇所へと戻る、緩急に富んだ曲である。

この校歌は、旋律を記憶して歌える金城秀雄さん(那覇市・取材当時79歳)の歌唱を採譜し、聞き取り調査を行なった【楽譜64】(注159-2)。その後、採譜楽譜をもとに調査したところ、この校歌は現・那覇市立城西小学校の『一〇〇周年記念誌』に楽譜が掲載されていることがわかった。多くの『記念誌』で目にすることだが、『記念誌』記載の楽譜に音楽理論上の誤りがあり、おそらく楽譜を印刷する際、誤植に気づかず、そのままになっているケースと思われる。【楽譜65】は、補訂した楽譜である。

【楽譜64】「首里第二尋常高等学校校歌」採譜楽譜

首里第二尋常高等小学校（採譜）

神田精輝　作詞　金城秀雄　歌唱
宮良長包　作曲　大山伸子　採譜

【楽譜65】『百周年記念誌』掲載の原曲譜

【写真55】戦前の「首里第二尋常高等小学校」

金城さんが記憶を辿って歌唱し採譜した旋律と、『記念誌掲載』の楽譜コピーを比較すると、歌詞の1番と2番が混在していた個所はあったものの、旋律やリズムはほぼ同じであった。改めて金城さんが幼い時に記憶して歌ったことの正確さを知ることとなったが、金城さんの情報発信がなければ、「首里第二尋常高等小学校校歌」が宮良長包の曲であることを突き止めることができなかっただろうし、あるいは、その曲の存在を知るまでに、さらに時間を要したかも知れない。【写真55】

校歌の場合、時代の変遷と共に新しい校歌に変わっている学校も多く、現在歌われていない校歌で長包作品は見落とされがちである。「首里第二尋常高等小学校校歌」の場合も、現・那覇市立城西小学校校歌は、新しい校歌に変わっている。（作詞／大城立裕　作曲／仲里長太郎（昭和46〈1966〉年制定）

160　＊久米島町立久米島小学校校歌——ゆったりした安らぎ感

昭和13（1938）年に作曲（55歳）、作詞者は、宮里静湖。曲は、変ホ長調、16小節で4／4拍子、単旋律で歌詞は4番までである。付点4分音符と8分音符そして4分音符のリズムパターンが明確で（♩. ♪ ♩ ♩）、ゆったりとした曲である。通常の校歌は、マーチ風のテンポアップした曲が多いが、「久米島小学校校歌」は、ゆったりとして、安らぎ感がある。

音構成は、A♭音(ラ♭)とD音(レ)のないヨナ抜き旋法である。

この校歌は、混声四部合唱で歌われることもあるが、長包の作曲(原曲)ではなく、編曲されたものである。

久米島小学校の沿革は、廃藩置県の明治15(1882)年、「真謝小学校儀間分校」として創立、明治21(1888)年、「儀間尋常小学校」に改称し、明治29(1896)年、「久米島高等小学校」として創立した。

大正5(1916)年、久米島尋常小学校に改称、大正10(1921)年、久米島尋常高等小学校となり、昭和16(1941)年、国民学校令により「久米島国民学校」となった。

戦後、昭和21(1946)年には、「久米島初等学校」に改称、昭和27(1952)年、「久米島小学校」と改称し、現在に至っている。

久米島は、沖縄県那覇市から、海を隔てて約100㎞の距離にあり、「荒磯の歌」(1935)を作曲する際、長包は久米島に赴き、久米島民謡「阿嘉(あか)の鬚水(ひじみじ)」を、地元のお年寄りによる三線と歌の演奏を採譜し、その旋律モチーフを元歌に、「荒磯の歌」を作曲した。

作詞者の宮里静湖は、長包の沖縄県師範学校の教え子で久米島出身である。長包とのコンビ作品「船路」(1928)、「桑の実」(1932)、「久米島小唄」(1934頃)を作詞している。

「久米島小学校校歌」の作詞者も宮里静湖であり、85年間、連綿と歌い継がれている〝現役校歌〟である。

161　與勝尋常高等小学校校歌――与勝中学校の前身

推定、昭和5－13（1930－38）年に作曲（47－55歳）、作詞者は新屋敷幸繁。曲の存在は不明だが、歌詞が判明している。「うるま市立与勝中学校」の前身とみられる要素が多く存在する。

「與勝尋常高等小学校校歌」【歌詞45】と「うるま市立与勝中学校校歌」【歌詞46】の歌詞1、2番は同じであり、3番が一部異なり、「うるま市立与勝中学校校歌」には、4番が加筆されている。

「與勝尋常高等小学校校歌」と「与勝中学校校歌」を比較してみよう。歌詞の1～2番は同じで

【歌詞45】「與勝尋常高等小学校」校歌

1．我等を生める東海の
二村を合わす半島に
力を合わせて與に勝つ
向上與勝の名をおいて
仰ぐ理想の日の光
輝く學舎　與勝の學舎

2．海島山を見渡せば
眺は日本一にして
昔鎌倉とうたわれし
勝連城も朝夕の
學びの庭の中にして
輝く學舎　與勝の學舎

3．ひとたび我等世にたたば
與勝魂内外に
手柄を立てたる人材の
基を築く大御代の
輝く學舎　與勝の學舎

あり、作詞者が、同じ新屋敷幸繁であることも、資料等で証明されている。

ということは、作曲者も同一者ではないか、ということが推測できる。つまり、「與勝尋常高等小学校校歌」の作曲者が、宮良長包である可能性は極めて高い。

作曲は、ほとんどの場合、作詞が先で言葉に旋律をつけて作曲をするからであり、その上、1番と2番の歌詞が、全く同じであることも理由に挙げられる。

したがって、歌詞が同じ新屋敷幸繁であることは、作曲者も同じ「宮良長包」であることを否定する要因はないといえる。

現在のところ、「與勝尋常高等小学校校歌」の作曲者は「長包ではないか」、という判断で位置づけているが、「宮良長包」の可能性はほぼ間違いないといえるだろう。

つまり、「與勝尋常高等小学校校歌」は、「現・うるま市立与勝中学校校歌」の前身であると判断できる。

左記の新聞記事【記事2】、【記事3】は、沖縄県師範学校(男子校である)音楽部14～15名の学生が、長包引率のもと、與勝尋常高等小学校に招聘されて、音楽会を開催した記事である。

長包作曲の「だんじゅ嘉利吉」、「唐船」を演奏していることが、紹介されている。

長包は、沖縄県師範学校の学生を伴って、よく地方へ音楽行脚をしている。

戦争出兵宅の慰問演奏や農村宅へ慰労演奏、また、遠島地の石垣島や宮古島、名護などを訪問して演奏旅行を継続して行っており、「大衆に音楽を近づけよう」という長包の教育理念を実践、時には、長包作曲の新作を携えて、音楽行脚を決行している。

現在のように、交通環境に恵まれている時代とは異なり、交通状況が芳しくない時代に、さぞかし不便であったことだろうと、推察する。長包は、まさに〝行動の人〟である。

【記事2】昭和10年10月4日　琉球新報社一部抜粋

男師校音楽部
與勝校演奏

男師校音楽部員は與勝校主催の音楽會の招聘を受け本日午前自動車二台に分乘音楽部長宮良教諭引率部員十四、五名與勝校へ赴き午後一時から音楽會を開催するがオーケストラ「君が代行進曲」及宮良氏作曲「だんじゆ嘉例吉」「唐船どーい」その他を演奏すると

【記事3】上記記事の清書（筆者）

男師校音楽部
與勝校演奏

男師校音楽部員は與勝校主催の音楽会の招聘を受け本日午前自動車二台に分乗音楽部長宮良教諭引率部員十四、五名與勝校へ赴き午後一時から音楽会を開催するがオーケストラ「君が代行進曲」及び宮良氏作曲「だんじゅ嘉利吉」「唐船どーい」その他を演奏する（略）

※注（筆者）長包の作品は「唐船」

162　＊うるま市立与勝中学校校歌――與勝尋常高等小学校が前身

推定、昭和5－13（1930－38）年に作曲（47－55歳）、作詞者は新屋敷幸繁。曲は、ハ長調、4/4拍子、13小節で、歌詞は4番までである。校歌でよく使われる付点8分音符と16分音符のリズムパターンが主体で、歌いやすく覚えやすい親しみのある曲である。音構成は、F音（ファ）とB音（シ）のないヨナ抜き旋法である。

「与勝中学校」は、平成17（2005）年の市町村合併に伴い、うるま市に改組され「うるま市立与勝中学校」と改称された。

「うるま市立与勝中学校」の沿革によると（注162－1）、校歌制定は昭和33（1958）年とあり、宮良長包は、昭和14（1939）年6月29日に他界しており、制定が没後ということになるので時間的な矛盾が生じる。

前述したように、「與勝尋常高等小学校校歌」と【歌詞45】、「うるま市立与勝中学校校歌」の歌詞は【歌詞46】、ほぼ同じであり（与勝中校歌の歌詞3番は一部改訂、4番は加筆されている）、「與勝尋常高等小学校」が「うるま市立与勝中学校」の前身の可能性が高い理由は、前述の通りである。

【歌詞46】「うるま市立与勝中学校」校歌

1．我等を生める東海の
二村を合わす半島に
力を合わせて与に勝つ
向上与勝の名を負いて
仰ぐ理想の日の光
輝く学舎　与勝の学舎

2．海島山を見渡せば
眺めは日本一にして
昔鎌倉と歌われし
勝連城も朝夕の
学びの庭の中にして
輝く学舎　与勝の学舎

3．これぞ与勝中校よ
われらの栄誉わが希望
古城の思い深くして
歴史のあとにかんがみて
人の鏡になるという
輝く学舎　与勝の学舎

4．世界平和の足なみに
校歌はひびけ空のはて
空より青き海の果て
海より青き　青春の
血潮高なる西原に
輝く学舎　与勝の学舎

「與勝尋常高等小学校校歌」を前者、「与勝中学校」を後者として、作詞者、作曲者について検討してみよう。

ここから導き出されることは、1、2番の歌詞は同一のため、作詞者は、前者・後者とも、新屋敷幸繁（1899―1985）であり、しかし、後者「与勝中学校校歌」の3、4番は、新屋敷幸繁自身が手直ししたものか、明確に立証するものはないが、次のような推測が可能ではないだろうか。

「与勝中学校校歌」は、前身の「與勝尋常高等小学校」時代に新屋敷幸繁が作詞し、宮良長包が作曲して校歌が誕生した。その後、時代の気風に合うように歌詞が手直しされ、後者の歌詞になったのではないだろうか。

作詞の手直しはあったものの、歌い継がれてきた、と判断でき、作曲者は、宮良長包とほぼ断定できるのではないだろうか。

現在歌われている「与勝中学校校歌」は、「與勝尋常高等小学校」時代の作曲であり、作曲年は、「推定、昭和5（1930）年‐昭和13（1938）年」と結論付けられる

そもそも、「うるま市立与勝中学校」は、昭和33（1958）年4月から近隣の与那城、平敷屋、勝連、南風原、各校区の中学校が統合して、「与勝事務組合立与勝中学校」が設置された。

その後、平成17（2005）年4月、具志川市、石川市、勝連町、与那城町が合併し、「うるま市」が誕生、「うるま市立与勝中学校」に改称され、現在に至っている。

市町村の合併等によって、新生校になり、校歌が新しく入れ替わるケースがある中、長包作曲の与勝中学校校歌は現在も歌われている〝現役校歌〟である

163　沖縄県立第二高等女学校校歌——エレガントな旋律フレーズ

昭和10‐13（1935‐38）年に作曲（52‐55歳）、作詞者は山城正忠。曲は、変ホ長調、4/4拍子、20小節で、歌詞は4番までである。付点4分音符と8分音符、4分音符のリズムパターン（♩. ♪ ♩）を主体に、メロディーが上行下行して、穏やかなフレーズを構成している。15小節目には、刺繍音のB♭（シ♭）→A♮（ラ♮）を使い、エレガントさを醸し出している。

沖縄県立第二高等女学校の沿革は、明治38（1905）年、私立那覇女子技芸学校として開校、普通科・簡易科・選科を設置し、設立時は1年制でスタートした。

【写真56】戦前の「沖縄県立第二高等女学校」

明治41（1908）年には、尋常小学校卒業以上を対象とする本科（2年制）を置き、修身、国語、算術のほか、作法や手芸、裁縫が教科の中心だった。

大正10（1921）年、那覇市立実科高等女学校の4年制となり、大正13（1924）年、那覇市立高等女学校になり、昭和3（1928）年、沖縄県に移管、沖縄県立第二高等女学校と改称された。【写真56】

昭和19（1944）年、10月10日の那覇十・十空襲で、校舎を焼失した。昭和20（1945）年、沖縄戦では、第二高等女学校生徒も「白梅学徒隊」として戦地に赴き、多くの尊い命が失われた。戦後、学校は再建されず、廃校となった。

旧制学校の校歌であり、現在は歌われていないが、同窓会などでは、愛唱して懐かしんでいるという。

164 朝鮮公州公立女学校校歌——作詞・旋律・作曲年不明

作曲年、作詞者不明。昭和11(1936)年、11月23日付き「海南時報」の記事によると、「恩師宮良長包先生。足跡を顧みて」のタイトルで、志磨のぞみ氏が次のように執筆している。「(略)永井郁子女史の紹介により前拓務大臣永井柳太郎氏の新日本建設の歌を作曲され、朝鮮公州公立女学校校歌を作曲された」とあり、長包が、「朝鮮公州公立女学校」の校歌を作曲したことに触れている。志磨の証言にもあるように、作曲をしていたことは、確かである。

しかし、以下の理由により、作曲年や推定年の解明が極めて困難である。

(1) 想定される期間が長く範囲の推定が困難である。いわゆる、朝鮮の日本統治時代である明治43-昭和20(1910-1945)年の35年間のうち、作曲は、長包が教諭に就いていた明治35(1902)年-没年の昭和14(1939)年の間と考えられる。さらに、沖縄県師範学校に音楽教諭として着任した、大正10(1921)年~作曲活動終年の昭和13(1938)年の間に狭めて捉えても、作曲推定年があまりに長く、解明は困難である。

(2) 朝鮮の公州公立女学校の数が膨大で、推測や推定が、困難である。

(3) 歌詞・旋律が不明で、まったく手掛かりがなく、作曲年の推定が困難である。

165　小禄尋常小学校校歌（小禄第二国民学校）――全く埋もれていた作品

作曲年不明、作詞者は宮良長包。この校歌は、『那覇市教育史』（注165－1）に、「小禄第二国民学校（小禄尋常小学校）作詞・作曲　宮良長包　制定年月日不詳」とあり、歌詞が記載されている。また、「戦前の学校　校歌集」（注165－2）の冊子にも、歌詞が掲載されているが、楽譜の掲載はない。長包は、大正9（1920）年4月－大正10（1921）年3月まで、小禄尋常高等小学校の校長として着任しているが、校歌を作曲した「小禄尋常小学校」には勤務した記録はなく、楽譜に辿りつくことが難しい状況であった。（注165－3）

そこで、「小禄尋常小学校校歌」を記憶して歌える方を探す手立てとして、小禄の金城（かなぐすく）自治会や小禄老人福祉センター等の協力を頂き、地域に働きかけをお願いした。しかし、歌唱者が中々見つからず、諦めかけていたところ、「歌える方を紹介します」と女性祭祀芸能研究者の平良徹也氏から情報をいただき、小禄の田原在住の與儀光枝さんの歌唱を採譜することができたのである。【楽譜66】（注165－4）

與儀光枝さんは（昭和5年9月15日生まれ／取材当時93歳）、「小禄尋常小学校校歌」を3番までフルコーラスで正確な音程で歌った。小禄尋常小学校に在学していた頃は、学校の行事で、天長節、紀元節、明治節を歌ったことは覚えている。戦時中は、宮崎へ学童疎開したこともあり、校歌はほとんど歌っていなかった、と回想した。校歌は、先輩たちの歌唱を〝耳コピー〟で覚えたとのことである。「小禄尋常小学校校歌」を採譜し楽譜化できたことは誠に幸運だったが、與儀さんの疎開先での実体験は、胸が押しつぶされるような話だった。

「ヒ〜サン」(寒い)、「ヤ〜サン」(空腹)、「サビサン」(寂しい)の毎日で、辛い疎開先での経験は3年間にもおよび、家族が離れ離れで暮らすさびしさは、言葉では言い表せない、と語った。

「歌は好きでしたか?」と聞くと、「普通だった。二部唱や三部唱でいつも真ん中を歌った」(真ん中とはメゾソプラノやアルト・パートのことだと思う)と、懐かしそうに話した。

「他に歌を覚えていますか」と質問すると、ドイツ民謡の「モルゲンローテ」を歌い、〝谷あいの里をせせらぎなして　流れゆく小川なつかし我は〟と、正確な音程と透き通るような声で笑顔を絶やさず歌ってくれた。【楽譜67】

この曲は、当時の音楽教科書か副教材ではなかっただろうか。音楽教育との関連性を調べたいと思う。

小禄尋常小学校校歌について【楽譜66】【歌詞47】、歌の出だしは、滝廉太郎作曲の「箱根八里」の出だしの旋律と同一である。【楽譜68】

これは、偶然の産物とも思えるが(注165-5)、別の視点から捉えると、「小禄尋常小学校校歌」の作曲年が不明であることから、その解明につながらないだろうか。

というのも、「箱根八里」の作曲年は、明治33(1900)年で、「小禄尋常小学校」が金城地区に

開校されたのは、明治34（1901）年である。【写真57】

両者を関連付けると、『中学唱歌』（注165－6）に掲載された「箱根八里」は、広く愛唱されていたと判断でき、長包もまた、学校教育で教材曲として活用していただろう。

長包に身近であっただろう「箱根八里」のメロディー・モチーフは、「小禄尋常小学校校歌」創作にも自然にイメージされ、出だしに活用されたのではないかと推定可能である。

このことは、「小禄尋常小学校校歌」の作曲年が解明される、重要な糸口になるかも知れない。

因みに「箱根八里」は、現在も、小学校音楽6年の教科書に掲載されており（注165－7）、123年間も愛唱されている、息の長い作品である。

【歌詞47】戦前の小禄尋常小学校校歌

1．見上ぐる岡はがざんびら
緑も深き並木松
昇る朝日に照りそいて
千歳（ちとせ）の色をしめすなり

2．望めば広し那覇の海
文化の恵にうるおいて
生い立つ児童七百余
我に力と誠あり

3．協同一致根かぎり
我が本分を尽しなば
知恵の光いや勝（まさ）ん
励めよ励めよ我が友よ

【楽譜66】「戦前の小禄尋常小学校校歌」與儀光枝さんの歌唱を採譜し楽譜化

※歌唱者の高音は変ホ長調（♭3つ）であったが、ハ長調に移調した。

【楽譜67】「モルゲンローテ」與儀光枝さんの歌唱を採譜

【写真57】「小禄尋常小学校」校舎と児童　明治34（1901）年

【楽譜68】「箱根八里」1～4小節目抜粋

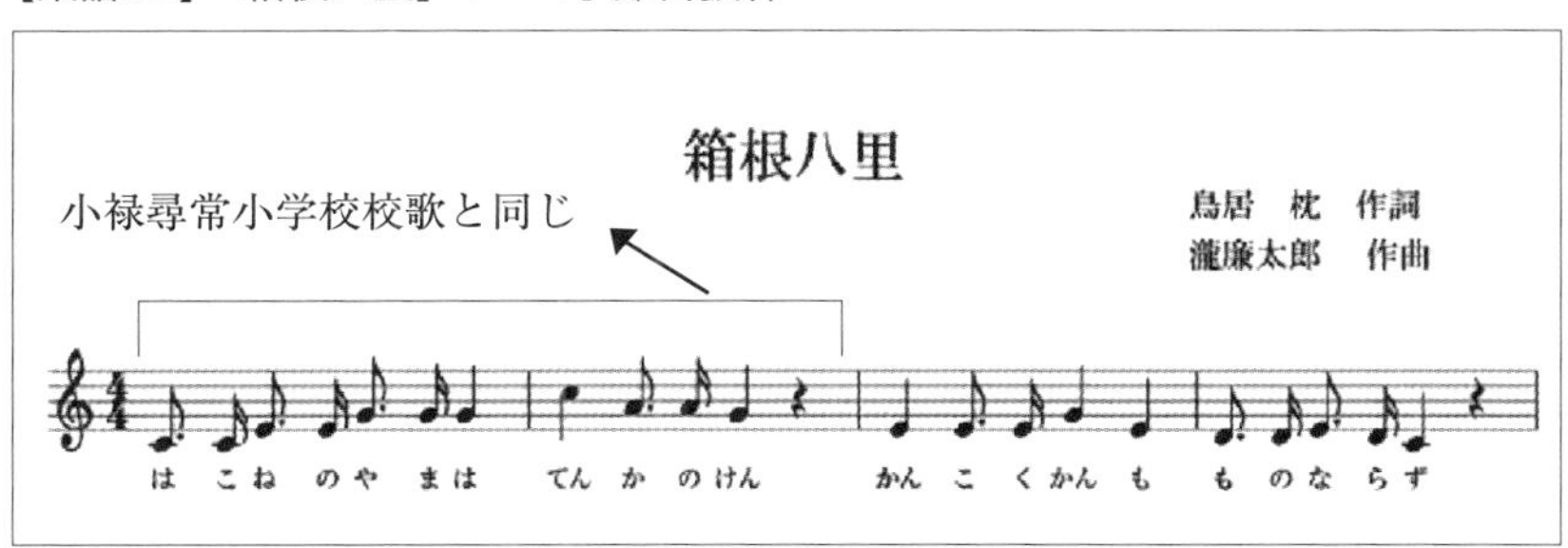

「小禄尋常小学校」及び、「小禄尋常高等小学校」の沿革は、極めて複雑である。「小禄尋常小学校」は、明治13(1880)年、「小禄小学校」として開校、沖縄初の小学校設置であった。明治19(1886)年、「小禄尋常小学校」と改称、明治24(1891)年、村内の小禄村より当間村へ校舎を移転し、通称「当間学校」と呼ばれた。明治35(1902)年、校舎移転に伴い、「東部小禄尋常小学校」に改称され(通称金城学校)、明治36(1903)年、「小禄尋常小学校」と校名が変更された。

その後、第二次世界大戦開戦の昭和16(1941)年、国民学校令により「小禄第二国民学校」と改称、終戦を迎える。

長包が校歌を作曲した「小禄尋常小学校」は、明治34(1901)年に金城地区に移転され(東部小禄尋常小学校)、昭和16(1941)年には、学校教育令により「小禄第二国民学校」と改称されたが、戦後、学校は継承されていない。

一方、長包が校長に着任した「小禄尋常高等小学校」の沿革は、明治13(1880)年、「小禄小学校」として開校され、明治19(1886)年、「小禄尋常小学校」と改称、明治24(1891)年、小禄村より当間村へ移転し、通称「当間学校」となった。ここまでは、前者の「小禄尋常小学校」と同じ歴史を持つ。

さらに、明治35(1902)年、「西部小禄尋常小学校」と改称、明治36(1903)年、高等科設置により、「小禄尋常高等小学校」と改称された。昭和16(1941)年、国民学校令により「小禄第一国民学校」となったが、戦時中は、「小禄第一国民学校」、「小禄第二国民学校」とも学童疎開し、8月14日、鹿児島県向け出発した。

昭和19（1944）年、10月10日の那覇大空襲（十・十空襲）で壊滅し、各学校は閉鎖された。

終戦を迎え、「小禄尋常高等小学校」は昭和21（1946）年、「小禄初等学校」となり、昭和22（1947）年には、「高良初等学校」に改称され、昭和26（1951）年、「高良小学校」として校名変更し、現在に至っている。

長包は、勤務していた「小禄尋常高等小学校」の校歌は作曲していないが、その校歌は、作詞者・作曲者、作曲年も不明である。

166　＊南城市立久高小中学校校歌——シンプルでリズミカル

作曲年不明、作詞者は外間良儀。曲は、ヘ長調、4/4拍子、12小節で、歌詞は3番まである。音構成は、E音（ミ）と♭B音（♭シ）のないヨナ抜き旋法である。8分音府、4分音符（休符）のみのシンプルなリズムで構成され、歌いやすく覚えやすい曲である。

同音反復が多い音使いが、3小節目や7小節目に見られる。また、11小節目の1拍、2拍目にD音（レ）→C音（ド）→D音（レ）→C音（ド）の刺繍音が現れ、シンプルな中にもリズミカルで心地良い。【楽譜69】

【楽譜69】久高小中学校校歌

知念村立
久高（くだか）小中学校 校歌
外間 良儀

一、清きけなげの波の花
朝日の光仰ぎつつ
カベルの御嶽いや高く
斎場（せいふぁ）の霊岳前にうけ
いらかも高くそびえたつ
我が学舎の気高さよ

二、五穀のはじまり神の島
進貢船のあやつりて
うるま文化を培えし
祖先の遺風をうけつぎて
身は健やかに気は高く
生いたつ我等の雄々しさよ

三、この名勝とこの歴史
誇りは高く身にしみて
心ひとつにもろともに
学びの道にいそしまん
知徳を磨き体を練り
世の文明につくさなん

『久高小中学校記念誌』の学校沿革史を確認したが（注166-1）、作曲年について記録がなく、不明である。
「南城市立久高小中学校校歌」は、現在も連綿と歌い継がれている〝現役校歌〟である。

167　＊糸満市立高嶺小学校校歌——最後のフレーズは曲のハイライト

作曲年は不明、作詞者は山城篤男。作曲年について、山城篤男氏との関連性も調べたが、手がかりになるものが見つからなかった。

曲は、変イ長調、22小節、2/4拍子で歌は4番まである。この曲の特徴は、付点8分音と16分音符、8分音符のリズムパターンが、曲の最初から終わりまで整然と、淡々と続いていることである。あるようでないケースで、珍しい音楽構成なのかも知れない。

音構成は、♭D音（♭レ）、G音（ソ）のない構成音でヨナ抜き旋法、19小節-22小節は〝粋〟な旋律の動きである。19小節-20小節の「たかみねこう」は、21小節-22小節で、音高を上げて「たかみねこう」とくり返している。強いメッセージ性があり、この曲のハイライトではないだろうか。

普通の場合、20小節で収めるところを、敢えて22小節にして、「たかみねこう」を繰り返して終わる、という〝粋〟なアイディアである。長包の校歌32曲にも見当たらない、唯一の作曲技法ではないだろうか。【楽譜70】

【楽譜70】「糸満市立高嶺小学校」校歌

長包の校歌は、沖縄県内各地の尋常小学校や尋常高等小学校、師範学校、高等女学校など32校の作品があり、そのうち13校は現在も歌われており、19校は、現在歌われていない。

市町村の合併や少子化による学校の統廃合もあり、学校が、廃校を余儀なくされる昨今、長包の校歌が消えていくのも時間の問題なのだろうか。

168　＊竹富町立西表（いりおもて）小中学校校歌――弾むようなリズム感

作曲年不明、作詞者は石田鶴鳳。曲は、ハ長調、4/4拍子、8小節で歌詞は3番まである。付点8分音符と16分音符のスキップのリズムを主体に構成され、短い曲だが、弾むようなリズム感が心地よい。歌詞は、「祖納岳」、「パナリミジュ」（離れ島の溝の事）、「盆さん」（まるま盆さん）等、地域の名所を詠んでいる。【楽譜71】【写真58】

「西表小中学校」は、西表島の西側、祖納集落に位置し、風光明媚な環境にある。

学校のホームページを見てみると、「本校区は、祖納（そない）・干立（ほしたて）・白浜（しらはま）の集落で形成されている。祖納には郵便局、診療所、営林署等が置かれ、干立には天然記念物のヤエヤマヤシや与那田川河口近くのヤエヤマヒルギの群落がみられる。また、近くの山々には、国の特別天然記念物と指定されているイリオモテヤマネコが棲息し、優雅な飛翔で知られるカンムリカワシも普通に見ることができ

【楽譜71】「西表小中学校校歌」

竹富町立
西表（いりおもて）小中学校 校歌
石田 鶴鳳

一、高くそびゆる　祖納岳
深くたたゆる　パナソミジュ
かすみに浮ぶ　盆山も
あかず楽しさ　ながめあり

二、ここ秀麗の　地を占めて
青葉に映ゆる　赤き舎は
これぞ我らの　母校なる
その名も古き　西表校

三、ここに集える　健児らの
気はすみわたる　八重の潮
広さを己が　心にて
千代変わりなく　あきらけく

る。今でも稲作文化が色濃く残り、それに源を発する御嶽信仰が脈々と受け継がれ、『世願祭（ユーニンガイ）』、『豊年祭（プーリィ）』、『節祭（シチ）』等の祭祀が年中厳かに執り行われている」と、記載されている。さらに、児童生徒数の減少は現実的で、人材育成の厳しさにも言及している。

西表小中学校は、西表島の自然豊かな環境や、地域の伝統的な祭祀など、自然や文化への関わりに恵まれた学習環境にある。学校教育も、地域の伝統行事に児童生徒を積極的に参加させて、文化継承の担い手となって、心豊かな人間性を育んでいる。

西表島は、稲作が盛んなため、学校では、田植から稲刈りまでの体験学習を導入している。【写真59】また、稲作体験学習に加え、アンブシ漁による海の体験学習や、紙漉き体験学習を三大体験学習として取り組んでいる。紙漉きで仕上がった和紙は、卒業証書になるという。

このように、西表小中学校は、地域の特性と一体化した学習環境が整っている。

長包の故郷、八重山諸島の校歌作品は、「白保小学校」、「西表小中学校」、「大浜尋常高等小学校」及び「行進曲」、「石垣尋常高等小学校」の4校があり、「石垣市立白保小学校校歌」、「竹富町立西表小中学校校歌」は、脈々と歌い継がれている〝現役校歌〟である。

西表小中学校歌詞の盆山は、祖納湾内に浮かぶ雑木林の茂る小島で、それを表現している。

八重山の古典民謡、「まるま盆（ぶん）さん」にも左記歌詞のように歌われ、名曲である。【歌詞48】、【写真60】

【写真58】【竹富町立西表小中学校校歌の歌碑】正門前に建立

【写真59】【西表小中学校の稲田作り】（校庭の苗庭）授業の一環に導入

【歌詞48】民謡「まるま盆さん」1番

ヒョホー　まるまぶんさん
夜（ユ）な夜（ユ）な見（ミ）りば
風（カジ）ぬ　根（ニ）を知（シ）ち
居（イ）ゆる白鷺（シルサイ）
エンヤラヤンザ
サエー　エイヤハリバ　サヌシー
ヒヤマッタン　タヌムジュゥ

「まるま盆さん」の解釈1番

まるま盆山を
毎日夕暮れ時に眺めて見ると、
風が吹く方向をよく知っている
白鷺の群れは、実に利口だ
エンヤラヤンザ
サエー　エイヤハリバ　サヌシー
ヒヤマッタン　タヌムジュゥ

【写真60】「まるま盆さん」（中央）と「パナリミジュ」（奥・左右の島はパナリ）

Ⅲ　団体歌・祝典歌

＊現在歌われている団体歌・祝典歌

169　職員の歌――音楽教育者として才覚を発揮

大正８（１９１９）年に作曲（36歳）、作詞者は宮良長包。歌詞と曲は不明である。長包は、沖縄県師範学校附属小学校勤務を経て、大正７（１９１８）年12月、仲西尋常高等小学校（現・浦添市立仲西小学校）の第９代校長として着任した。その頃、学校現場では標準語励行運動が展開され、沖縄方言は使用禁止となり、沖縄県の言語教育にも強く影響を及ぼした。

長包は、方言が生活語になっている児童の沖縄方言を矯正するため、「発音唱歌」〈大正８〈１９１９〉年〉を作曲、子ども達が無理なく楽しく標準語が習得できるよう、自作曲を教材化した。音楽教育を国語教育に生かした、柔軟なアイデアと指導法を持ち合わせ、教育者として指導力を十分に発揮した。「職員の歌」は、仲西尋常高等小学校勤務時代の作曲である。

一方、感性教育を巡って、若い教師と度々対立し、それが要因となったのだろうか、大正９（１９２０）年３月、小禄尋常高等小学校の校長として転任している。仲西尋常高等小学校は、１年３ヵ月の在任であったが、しかし、長包の音楽教育者としての才覚が発揮された時期といえよう。「職員の歌」がどのような歌詞で旋律だったのか、未だ不明である。

長包は、仲西尋常高等小学校の校歌を作曲しているが（作詞者：田端一村／１９１９年）、現在の校歌（作詞：泉国夕照　作曲：仲本朝教／１９５３）が誕生するまで、愛唱された。

170　沖縄県女子師範学校・沖縄県立第一高等女学校寮歌

――旋律は不明

大正10（１９２１）年に作曲（38歳）、作詞者は近藤鐵太郎。近藤鐵太郎は、沖縄県女子師範学校の国語教師で、長包とのコンビ作品に、「心の花」（大正13〈１９２４〉年）がある。

歌詞は、沖縄県女子師範学校同窓会編『ひめゆり』（注170-1）に掲載されているが、旋律は不明である【歌詞49】

【歌詞49】「沖縄県女子師範学校・沖縄立第一高等女学校寮歌」（原文ママ）

1．敬いなつきゆくままに
真（まこと）わが父わが母と
思ふ心のいやまして
まどい楽しきわがすまい

2．教え守りつ情にあみつ
恐れずなれずつつしみて
学びの道に茂り合う
言の葉草をつみてなむ

3．睦み交しつつ行くままに
真わが姉わが妹
思う心のいやまして
まどい楽しきわがすまい

171　石垣小学校40周年記念日の歌——歌詞・旋律不明

大正10（1921）年に作曲（38歳）、作詞者は北村重敬（しげゆき）。歌詞・旋律は不明である。

『石垣小学校百年誌』（注171-1）の沿革史によると、「大正10（1921）年12月15日、本日ハ本校創立満40周年記念日ニ付此歴史的光彩アル記念日ヲ有意義ニ祝福スルタメ左記事項ヲ挙行セリ」と記載がある。記念式順には、「唱歌　40周年記念日ノ歌　池間重敬　作歌　宮良長包　作曲」と記されている。（注171-2）

明治14（1881）年12月15日に創立した石垣小学校は、大正10（1921）年12月15日、創立40周年を迎え記念式典を挙行、宮良長包作曲の「石垣小学校40周年記念日の歌」を発表している。（作詞の池間重敬は、北村重敬と同一人物か）

長包は、当時、沖縄県師範学校教諭心得に着任しており、音楽教育者として、作曲家として、すでに、実力を評価されていたのだろう。その後、昭和6（1936）年、「石垣尋常高等小学校校歌」も作曲している。

172 ＊那覇市市歌――歌詞の改訂

昭和4（1929）年に作曲（46歳）、作詞者は安藤佳翠。詞は、平成29（2017）年、那覇市選定委員会により、4番～7番が付け加えられた。

曲は、ハ長調、16小節、2/4拍子で始まり、15～16小節で4/4拍子に変わる、長包が得意とする転拍子の作曲手法が表現されている。【楽譜72】、【歌詞50】

付点8分音符と16分音符のリズムパターンを主体に、軽快さと、それでいて、ゆったりと穏やかな空間が感じられる曲調である。

長包は、「校歌」や「団体歌」にヨナ抜き旋法（ファとシの音を使わない）を用いることが多い

【楽譜72】「那覇市市歌」

旋律が上行し、クレッシェンド　　6度跳躍で一気に盛り上がる(ソ→ミ)

那覇市市歌

安藤　佳翠

一、あけぼの清き南の
港にぎわう百船や
まちはいらかの数増して
弥栄えゆくわが那覇市

二、みどりも深き奥武山
めぐる入江の水なごみ
清き心に諸人の
むつみしたしむわが那覇市

三、ゆかりも古き波の上
あおぐ誠を捧げもて
理想の自治に進まなん
希望かがやくわが那覇市

【歌詞50】歌詞加筆　４番〜７番（那覇市歌選定委員会）

４．御万人（うまんちゅ）にぎわう　１マイル　誇れる郷土（しま）に　笑顔咲く
結（ゆい）の心で　ともに生き　平和はぐくむ　わが那覇市

５．守礼（しゅれい）の邦（くに）の　城下町　歴史の息吹　受け継がん
万国津梁（ばんこくしんりょう）　ここにあり　あしたをひらく　わが那覇市

６．緑の風の　那覇空港　生業薫る（なりわいかお）　小禄（おろく）の地
若い力の　意気昂（いきたかし）　未来はばたく　わが那覇市

７．清松（せいしょう）並木の識名名園（しきなえん）　志（こころ）ゆかしき　真和志（まわし）の野
遠く海原　夢たくし　世界をつなぐ　わが那覇市

が、「那覇市市歌」は、７音音階（ド〜シの構成音）を見事に駆使している。それは、９〜11小節目に見られる音階の上行形である。E音（ミ）→F音（ファ）→G音（ソ）→A音（ラ）→B音（シ）→高い２点：C音（：ド）→：D音（レ）→：E音（ミ）と一音ずつ１オクターブの音域を上行していく。（楽譜→部分）音の上行に伴って、クレッシェンド（だんだん大きく）が表現される。

最も、特徴的な箇所は、13〜14〜15小節目の音の動きである。C音（ド）からA音（ラ）まで一音ずつ上行し、16分音符のG音（ソ）から、いきなり高い２点：E音（：ミ）に音程が跳躍し（楽譜の丸箇所部分）、さらに4/4拍子に変化することによって、曲が一気に盛り上がり（→部分）、《わがなはし》はエネルギッシュで、この曲のハイライトとなろう。長包ならではの作曲の〝技〟である。【楽譜70】

「那覇市市歌」は、現在も歌われている〝現役の

市歌〟であり、公式行事や、那覇市役所の始業時間にロビーで放送されており、那覇市のシンボルとして94年間も継承されている。

173 沖縄県青年団歌——発掘作品

昭和5(1930)年に作曲(47歳)、作詞者は名嘉元浪村(本名は精一)。この曲について、那覇市在住の安里康雄(取材当時84歳)(注173-1)さんから、ご自身が記憶している歌は、宮良長包の作曲ではないかと、琉球新報社に一報を寄せてくださった。筆者は、安里さんを訪ね、記憶している旋律を歌唱していただき、採譜し、その曲の背景について聞き取り調査を行なった。

1. 採譜曲について

【楽譜73】は、安里さんの歌唱を採譜したものである。曲は10小節で、ト長調(歌唱者の音高で記譜)、4/4拍子、10小節目で3/4拍子に変化する転拍子である。曲全体に、付点のリズムが現れ、長包が好んだスコッチスナップ(注173-2)の弾んだリズムである。

音階は、戦前、日本の音楽教育に導入していた、第4音(ファ)と第7音(シ)を使わないヨナ抜き旋法で構成されている。安里さんの記憶による歌唱は、歌詞が1番のみであった。

【楽譜73】「沖縄青年団歌」採譜楽譜

2. 聴き取り調査について

安里さんは、今帰仁尋常小学校在学時代に先輩から口承で教わった。「沖縄県青年団歌」は、先輩から〝宮良長包の曲である〟と、聞かされていたが、その先輩は他界し、今や確証が得られない、と話した。

その先輩は、桃原長松さんという方で、この歌は、当時、農業科の教師であった比嘉歳徳先生に教わり、比嘉先生は、宮良長包の教え子であった、と述懐した。安里さんは、小学校4年か5年生の時に、山路の行き帰り友人とよく歌ったといい、歌の記憶は確かなものだと、推察できた。

これらの取材内容や曲の特徴について、取材に同行して下さった琉球新報社の記者が、その取材内容を琉球新報社紙面に掲載し（2006・4・12夕刊）、宮良長包の曲かどうか、曲に心当たりのある方への情報を呼び掛けた。掲載直後、10数件の情報が寄せられたが、そのうちのいくつかを紹介する。

（1）吉本健二さん（取材当時56歳）は、幼少の頃、警察署勤務の父・春吉さん（大正7年生まれ・故人）の転勤で、宮古島多良間村に一家で移り住んだ折、父親から口承で教わった。「自警団歌」のイメージで歌っていて、今でも全曲覚えている。新聞掲載の歌詞は、自分の記憶と若干異なるところがある。

（2）金城力人さん（同62歳）は、沖縄本島北部の奥（地名）に幼小の頃住んでいて、運動会などで

【楽譜74】「沖縄縣青年團歌」『沖縄青年』掲載の原曲譜

沖縄縣青年團歌

名嘉元浪村　詩

一、輝かに日は映え渡り
黄金なす五穀の穂波地に満つ
此處ぞ吾等が生れし郷土
噫我等南の國の熱血児
風雲の志胸に秘め
土と鍬とに親しみて
郷土を飾る梯梧樹に
赤き心の花を咲かせん

二、けざやかに月照り満ちて
藍碧の海にいろくづむれをどる
此處ぞ我等が愛する郷土
噫我等南の國の熱血児
溌溂の氣概腹にをさめ
舟とかいとに親しみて
海を色どる珊瑚樹に
赤き心の實を結ばせん

歌っていた「奥青年会歌」に酷似している。今も故郷の奥に帰省すると、祝席で歌っている。

（3）玉栄芳雄さん（同59歳）は、作詞者は上里春生（三木露風の門弟で沖縄県伊江島出身の詩人）ではないかと思う。

（4）金城秀雄さん（同79歳）は、この曲は知らないが、他の曲で宮良長包の曲ではないかと思う歌に、心当たりがある。

後日、聴き取り調査を行ったところ、「首里第二尋常高等小学校校歌」を記憶しており、宮良長包の作曲であることが判明した。

（5）堀川秀信さん（同41歳）は、うるま市史編纂課に勤務しているが、仕事の調査で『沖縄青年』の冊子に、楽譜が掲載されていることが、確認できた。

（6）仲村顕さん（同32歳）は、沖縄県の郷土史研究調査中に、『沖縄青年』の冊子に楽譜が掲載されていることを、偶然見つけた。

これらの貴重な情報に基づいて、精査を行なった。

3．精査と結果について

特に、前述の（5）、（6）の情報に基づいて調査した結果、「沖縄青年団歌」は、『沖縄青年』（注173－3）に楽譜が掲載されていることがわかった。正確な曲名は、「沖縄縣青年團歌」であった。【楽譜74】

原曲譜「沖縄縣青年團歌」は、16小節で、ニ長調、曲全体を通して4/4拍子で、付点の弾むリズムを中心に構成、ヨナ抜き旋法の音階で、歌詞は2番までである。

ここで、採譜楽譜【楽譜73】と『沖縄青年』掲載の原曲譜【楽譜74】を見てみよう。

（1）小節数について、原曲譜は16小節だが、採譜楽譜は10小節となっている。これは、歌唱者が口承で覚える時点で6小節短い旋律だったのか、歌唱者の記憶が、時間経過と共に小節数が短くなったかは不明である。

（2）拍子について、原曲譜は曲全体が4/4拍子だが、採譜楽譜は10小節目で3/4拍子に変わる転拍子である。長包の作曲手法は、転拍子を多用した作品が特徴的である。歌唱の採譜で最も難しかった点は、この9～10小節目の拍子が変化する箇所である。安里さんの記憶による歌唱には、歌詞や旋律に一部曖昧な箇所もあるが、曲の一文字が抜けているだけで、ほぼ正確である。

（3）リズムについて、両楽譜とも、付点音符で全体が構成されている。

（4）音構成について、両楽譜ともヨナ抜き旋法である。メロディーラインは、おおよそ同じであり、特に曲のサビ部分(最後4小節目から)は、ほぼ同旋律である。

（5）原曲譜の歌詞は2番まであるが、安里さんの記憶では1番のみ、原曲の1番と2番が混在している部分もある。

（6）曲名について、原曲譜は、「沖縄縣青年團歌」、採譜楽譜は、「沖縄青年団歌」で、違いは「縣」の有無だけである。

（7）作曲年について、「沖縄縣青年團歌」の作曲年は、『沖縄青年』（第1号発行の昭和5〈1930〉年）と、判断できるだろう。

4．実証過程について

正式な曲名は、「沖縄縣青年團歌」であった。この調査過程で、情報提供者⇓録音採譜と聞き取り調査⇓新聞紙面で「採譜楽譜」提示と情報提供の呼び掛け⇓読者からの情報提供⇓「原曲譜」見つかる⇓採譜楽譜と原曲譜の曲分析、精査⇓長包作品と断定、という経緯を辿っている。

このケースは、安里さんの情報から発信され、原曲譜の存在が確認でき、結果として長包の作品と断定されたが、もし、安里さんの情報がなければ、「沖縄縣青年團歌」は、埋もれたままで、日の目を見ることがなかったかも知れない。

採譜楽譜と原曲譜は、若干の相違は見られるものの、人間が記憶して歌った曲は、ほぼ正確で信憑性のあることが、安里さんの歌唱によって立証されたのではないだろうか。

この事例からもわかるように、発掘作品は、情報提供が糸口であり、いかに、重要であるか、実証された。

174

具志川小学校50周年記念奉祝歌――作曲年昭和7年に訂正

【写真61】具志川尋常高等小学校児童の集合写真と校舎
昭和7(1932)年

昭和7(1932)年に作曲(49歳)、作詞者は古波蔵保昌。曲は、ト長調、21小節、2/4拍子で歌詞は3番まである。音階は、C音(ド)と♯F音(♯ファ)の構成音がないヨナ抜き旋法である。付点8分音符と16分音符、8分音符のスキップリズムで、校歌に多く見られる弾んだ軽快な曲構成である。(『作曲全集2023』参照)

17小節のD音(レ)から19小節の高音2点:E音(:ミ)に向かって、音程が上行して盛り上がりを見せ、20小節の終止音G音(ソ)に向かって下行している。つまり、17小節から20小節に向けて、クレッシェンド(だんだん大きく)→デクレッシェンド(だんだん小さく)となり終止している。歌詞は、解読困難な語句が多い。

「具志川小学校奉祝歌」は、具志川尋常高等小学校が五〇周年を迎えた、昭和7（1932）年10月29日の創立記念式典で披露されている（注174－1）。

【写真61】は、昭和7（1932）年撮影の全校生徒と校舎であるが、児童数はかなり多いようだ。

ところで、筆者は、『宮良長包作曲全集2003』を出版時、校歌作曲年を昭和8（1933）年としたが、昭和7年の50周年記念式典において制定されたことが確認でき、訂正することとする。

長包と作詞者の古波蔵保昌とのコンビ作品に、「具志川尋常高等小学校校歌」（1929）がある。

175 石垣町歌――「春深し」「楽しく遊べ」と旋律モチーフが同じ

昭和10（1935）年に作曲（52歳）、作詞者は伊波南哲。曲は、ニ長調、28小節、4/4拍子で始まるが、8小節の1小節のみ2/4拍子に変わり、9小節～最終小節の28小節まで、再び4/4拍子に変わる転拍子の曲で、歌詞は5番までである。音階は、G音（ソ）とF♯音（ファ♯）のないヨナ抜き旋法である。

この作品は、ピアノ伴奏も作曲しており（1～14小節）、充実した作品ではないだろうか。

曲は、「楽しく遊べ」（作詞：松岸寛一／1925）、「春深し」（不明／1934頃）の旋律モチーフが、石垣町歌の主旋律とほぼ同じであることがわかった。

この要因は、埋もれていた発掘曲である「春深し」が、長包作品と断定する決定的な要素となった。

3作品を作曲年順に見てみると「楽しく遊べ」（1925）、「石垣町歌」（1935）、「春深し」（1934頃）で、もともとの主旋律は、「楽しく遊べ」ということだろうか。

176　新川青年団歌——歌詞は判明・旋律は不明

昭和11（1936）年に作曲（53歳）、作詞者は伊志嶺安保。歌詞は判明したが、旋律が不明である。昭和11年8月に開かれた、「男師音楽部・八重山学生会演奏会」（主催：八重山群教育部会、8

【歌詞51】「新川青年団歌」（原文ママ）□は判読不明

1．愛と正義の血に燃えて
まいつばあ神の大前に
額（ぬか）つく□びの鉄なるぞ
目覚めて立てる
我等は若き新川青年

2．高き希望に腕（うで）はなる
猛進凛々（もうしんりり）しさ姿こそ
南日本の花なれや
目覚めて立てる
我等は若き新川青年

3．一（ひと）たび熱血湧き立ちて
我等が息のかゝる時
こゝに文化の花ぞ咲く
目覚めて立てる
我等は若き新川青年

4．見よや瑞穂の八重うるま
実る五穀の香も高く
村轟（とどろ）く祝（ほ）ぎの声
目覚めて立てる
我等は若き新川青年

5．御威稜輝く日の本に
紅き血潮の國の為め
盡す生命巌根（いわね）なる
目覚めて立てる
我等は若き新川青年

月5・6・7日午後8時、於：八重山館)に、「新川青年団歌」がプログラミングされている。「伊志嶺安保作歌、宮良長包作曲　生徒一同」と明記されており、「生徒一同」とは沖縄県師範学校生徒(男子)による演奏ということである。

演奏会のプログラムに歌詞は記載されているが【歌詞51】、残念ながら、曲の記録はない。

177　八重山農学校開校記念日の歌——祝曲歌に相応しい曲

昭和12(1937)年に作曲(54歳)、作詞者は宮良高夫。曲は、変ロ長調、4/4拍子の13小節で、歌詞は5番まであり、スキップと4分音符の単旋律で、歌詞は5番まである。

音構成は、基本的にE♭(ミ♭)とA音(ラ)のないヨナ抜き旋法であるが、A音(ラ)は、経過音的に使われている(【楽譜75】○印3・6・9・11小節目)。

12小節目の1拍目8分休符は(【楽譜75】楕円印)、「のうがっこう」を強調するために効果的に活用され、それに続く、F音(ファ)↓高い2点C音(ド)の5度音程の跳躍も(楽譜□印)、さらにダイナミックで、祝典歌に相応しい晴れやかな音構成である。

八重山農学校(現・沖縄県立八重山農林高等学校)の沿革は、昭和12(1937)年4月、沖縄県立八重山農学校として開校、昭和20(1945)年12月31日、公立八重山農学校と改称し、昭和21(1

【楽譜75】「八重山農学校開校記念日の歌」

946)年8月1日、公立八重山農林高校と改称され、昭和22(1947)年4月1日、公立八重山農林高等学校と改称された。昭和24(1949)年4月1日、新制高等学校制度に基づき、修業年限を3カ年に変更する(6・3・3制)。昭和47(1972)年、5月15日、本土復帰により、沖縄県立八重山農林学校に改称され、現在に至っている。

「八重山農学校開校記念日の歌」は、昭和12(1937)年4月、「沖縄県立八重山農学校開校日」のために作曲されたものである。

作詞者の宮良高夫とのコンビ作品は、「帰り舟」(1928)、「日暮れ」(1929)、「なんた浜」(1930)、「迷い鳥」(1931)、「首里の城」(1931/旋律不明)、「月の出汐」(1932)など名曲が多い。

あとがき

宮良長包研究の集大成

本書は、「宮良長包」の出版書で初めての解説全集である。本書は、『生誕140年記念　増補改訂　宮良長包作曲全集』を解題とし、宮良長包作品全177曲の一曲一曲を、作品の背景や楽曲分析を行い、丁寧に分かり易く解説した。それは、長包の音楽性を知ると同時に、音楽教育者としての教育像や人間像についても触れた解説全集である。

宮良長包(1883~1939)は、明治、大正、昭和前期に活躍した音楽教育者で、作曲家である。長包が作曲した直筆譜は、昭和19(1944)年の那覇大空襲(十・十空襲(じゅうじゅう))で、焼失し現存していない。

筆者は、戦火に埋もれた長包メロディーを発掘する研究に取り組み、現在、177曲が判明、歌曲・オーケストラ曲136曲、校歌32曲、団体歌・祝典歌9曲がある。

さらなる曲の発掘を目指していたが、この研究を始めた二十数年前とは、状況が大分異なっていた。というのも、歌を記憶して歌える方々がご高齢になり、あるは他界しており、採譜や聴き取り調査が困難である現実に直面した。

しかし、落胆することばかりではなかった。

「母が『泣く子』を歌えます」と一報をいただいてすぐに飛んでいき、録音・採譜・聴き取り調査、そして楽譜化することができたのである。それは、沖縄市在住の仲宗根ミツさん（101歳）が記憶して歌う「泣く子」である。仲宗根さんは、昔を懐かしむように遠くを見つめながら、正確な音程で歌ってくれた。

「泣く子」は、昭和5（1930）年8月16日、八重山師範学生会が主催した「大演奏会」（八重山館）で、宮良長包自身が独唱した曲である。

さらに、「小禄尋常小学校校歌」の旋律が歌える方を、小禄自治会や老人福祉センターの協力を得て探したが、見つからず半ばあきらめていたところ、「歌える方紹介します」という朗報をいただいた。

小禄在住の與儀光枝さん（94歳）は、「小禄尋常小学校校歌」を、正確な音程と透き通った声で笑顔を絶やさず歌ってくれた。台風が近づく中、録音・採譜・聴き取り調査をすることができ、誠に幸運であった。

長包作品の原曲譜は、戦火でほとんど焼失しているため、第一次資料や第二次資料が存在しない場合が多く、このように歌唱を採譜することで（第三次資料）、「長包音楽」が甦っている。

筆者が、歌唱を採譜していていつも実感することは〝人は記憶した歌は忘れない〟ということである。

また、今回の研究で得た活字資料は、貴重なものばかりであった。

例えば、筆者は、宮良長包作詞・作曲の「潮花節」工工四譜の複写を所有していたが、出典が不明確なため、図書館の蔵書を調べたものの、なかなか手掛かりがつかめなかった。

そこで、宮良長包の資料が所蔵されている、石垣市企画部観光文化課文化推進係に問い合わせたところ、奔走して調べて下さった。

驚くべきことに、「潮花節　工工四譜」の原本が、八重山博物館に所蔵されていることが判明したのである。大正10（1921）年発行の原本である。一世紀前の原本が見つかった突然の奇跡的な発見だった。

筆者は、本書を執筆するに当たり、目標に掲げていたことがある。

第一に、一人でも多くの方が「長包音楽」に関心をもっていただけるように、文章は分かり易く記述し、曲に照らした【写真】や【資料】を掲載した。第二に、「長包研究」の参考書となるよう、特に、巻末の【作品表】と【注釈】は、本文と整合性をとりながら、可能な限り正確な情報を織り込んだ。

本書の出版に当たり、実に多くの方々のご協力をいただいた。貴重な資料・情報の提供やご助言を下さった各機関や個人の皆様には、心から感謝申し上げます。

本書が、一人でも多くの方々の参考になれば、この上ない喜びである。

最後に、本書を出版して下さる琉球新報社と、統合広告事業局事業統括局長の仲原崇夫氏に感謝を申し上げ、新星出版株式会社及び、本書・編集者の城間毅氏、そして、同時出版『生誕１４０年記念　増補改訂　宮良長包作曲全集』編集者の比嘉志麻子氏に、心から厚くお礼を申し上げます。

２０２３年8月吉日

大山伸子

【注釈】

歌曲・オーケストラ曲

1−1　佐々木すぐる著『改訂唱歌科教材集』改訂第10版、大正14（1925）、124頁
1−2　大山伸子編・校訂『宮良長包作曲全集』琉球新報社刊、平成15（2003）、10頁
1−3　「宮良長包生誕130年音楽祭」（宮良長包130年記念音楽祭実行委員会主催）沖縄コンベンションセンター劇場棟　（2013・6・22）
2−1　玉代勢秀子さんの歌唱「義士会の歌」を録音・採譜・聴き取り調査　（2002・8・1）
2−2　大山伸子編・校訂『宮良長包作曲全集』琉球新報社、平成15（2003）、11頁
2−3　宮城貞子さんへの「義士会の歌」の聞き取り調査　平成14（2002）
2−4　宮城貞子著『旅路』私家版　平成17（2005）、201〜202頁
2−5　『石垣市立大浜小学校創立百周年記念誌』記念事業期成会、平成3（1991）、135頁
2−6　同、141頁
2−7　『石垣市立石垣小学校「百年誌」』記念事業期成会、昭和50（1975）、80頁
2−8　同、80〜81頁
2−9　『読谷村立古堅小学校73周年記念誌』期成会実行委員会、昭和50（1975）、34頁
2−10　『与那国小学校創立百周年記念誌「創」』記念誌編集委員会、昭和60（1985）、70頁〜133頁
3−1　川平永介さんの歌唱「送別の歌」を録音・採譜・聴き取り調査　（取材当時83歳）
3−2　『川平永介集—歌と心』川平永介集刊行会、平成21（2009）、222〜307頁
6−1　沖縄キリスト教短期大学教授、専門は朗読教育
6−2　伊波南哲（いば・なんてつ）本名は興英（1902〜1976）沖縄県石垣市出身の詩人・作家。代

表作は、長編抒情詩『オヤケ・アカハチ』、『伊波南哲詩集』、『南国の白百合』、『沖縄の民話』、『交番日記』等がある。『オヤケ・アカハチ』は、東京発声映画製作所で映画化された。（1937）

『沖縄大百科事典（上巻）』沖縄タイム社、昭和58（1983）、229頁（大意）

私事で恐縮だが、伊波南哲先生は、父・長哲が発表する文章を機会あるごとに褒めてくださった大恩人である。父が、八重山毎日新聞の編集長として迎えられた時も伊波先生は、「本誌の編集長に浦崎長哲が就任した。という快ニュースに接して、私は、本誌発展のために、さらに八重山文化向上のために、快哉を叫ばずにはおれない」と、過分なお褒めをいただいた。（「春風に乗って〈下〉」八重山毎日新聞1962・3・22）

浦崎長哲著『船と人生』私家版、平成13（2001）、142～143頁

6－3　宮良長包生誕135年記念音楽祭（実行委員会主催／てだこ大ホール2018・6・30）

7－1　近藤健一郎著「宮良長包作詞作曲『発音唱歌』（1919）年とその周辺（中）—宮良長包教育論考に注目して」『南島文化』（沖縄国際大学南島文化研究所紀要第29号）平成19（2007）、205～207頁

7－2　『沖縄教育（No.238）』沖縄県教育会、昭和11（1936）6月号、41頁

7－3　『沖縄教育（No.238）』沖縄県教育会、昭和11（1936）6月号、42頁

8－1　「鳩間節」楽譜ピース版、共益商社書店、大正11（1922）

8－2　志磨のぞみ執筆「恩師宮良長包先生の足跡を顧みて」海南時報、昭和11年11月23日4面

8－3　藤原義江著『オペラうらおもて—藤原オペラの二十五年』カワイ楽器、昭和37（1962）、14頁

8－4　同、19頁

8－5　『藤原義江』藤原義江記念館・紅葉館、平成14（2002）、101頁

9－1　『大浜村誌』大浜公民館、平成12（2000）、569頁、572～574頁

9－2　大山伸子編・校訂『生誕120年記念　宮良長包作曲全集』琉球新報社、平成15（2003）、17頁

9－3　同、173頁

10－1　『八重山歌謹識工工四』喜舎場孫知編、大正10（1921）

10－2　『潮花節歌詞』石垣市企画部観光文化課文化振興係所蔵

13－1　「嘆きの海」楽譜ピース版、共益商社書店、大正14（1925）

16－1　新村出編「広辞苑（第7版）」ノスタルジア（nostalgia）、令和4（2022）2286頁

17－1　玉代勢秀さんの歌唱「朝暁の光」を録音・採譜・聴き取り調査、平成14（2002・8・1）

17－2　大山伸子著「宮良長包の音楽教育活動に関する研究（2）―発掘作品のパフォーマンス化―」沖縄キリスト教短期大学紀要35号、平成19（2007）、29～33頁

17－3　「宮鳥御嶽（メートゥルオン）」石垣市有形民俗文化財。石垣四ヵ村の地としての伝承を持ち、豊年祭など地域行事の舞台になっている拝所。敷地内に「石垣市立みやとり（宮鳥）幼稚園」（地域や篤志家の浄財で昭和21〈1946〉年創設）があり、八重山の幼児教育の要だったが、2020年3月閉園、74年の歴史に幕を下ろした。園舎は以前と変わらず現在も健在。

17－4　大山伸子著「宮良長包の音楽教育に関する研究（10）―作品研究V（作曲年不明篇）―」沖縄県立芸術大学紀要第27号、平成31（2007）、39頁、41頁

17－5　「宮鳥御嶽」の神司・小川喜美江氏に聴き取り調査　（2003・2・5）

17－6　『石垣市史　資料編　近代（5）』石垣市役所、昭和62（1987）、316頁

17－7　宮良長包の生涯・映画「ドキュメンタリー&ドラマ『えんどうの花』」、2006年製作・上映

18－1　CD「森繁久彌全集」第4巻、「わたんじの唄」、コロムビアミュージックエンタテイメント、昭和35（1960）4・15発売

18―2　同、第2巻、「わたんじ」、大阪フェスティバルで森繁久彌と美空ひばりのデュエットライブ録音　昭和44（1969）3・10発売

20―1　北原白秋著『白秋童謡集　第二集・兎の電報』アルス社、大正10（1921）、1～2頁

20―2　佐々木すぐる（明治25〈1892〉―昭和41〈1966〉）本名は佐々木英。童謡作曲家、音楽教育者。作品は、「月の砂漠」「お山の杉の子」「青い鳥」等2000曲を超える。

『標準音楽辞典』音楽之友社、昭和48（1973）、418頁（大意）

21―1　宮良エミ（結婚して譜久村）は長包の長女。1910～1997。県内小・中・高校の音楽教諭を勤めた。長包の作品研究に深く取り組み、『宮良長包作曲集』プロジェクト・オーガン出版局、昭和55（1980）、『宮良長包作曲集』琉球新報社、平成3（1991）を出版、「長包音楽」を志す後輩たちの道しるべとなっている。

23―1　志磨のぞみ執筆「恩師宮良長包先生の足跡を顧みて」海南時報、昭和11年11月23日4面

24―1　①譜久村エミ楽譜『宮良長包作曲集』プロジェクト・オーガン出版局、昭和55（1980）

24―2　②譜久村エミ楽譜監修『宮良長包作曲集』琉球新報社、平成3（1991）

糸洲長良・外間永律編輯「宮良長包曲集第3集」（ガリ版刷冊子）、発行日未記載、20頁

24―3　「第十四回春季演奏会　演奏会曲目と歌詞（プログラム）」沖縄県師範学校学友会、昭和11年2月16日午前9時午後2時、6頁

24―4　『創立40周年儀間郷友会記念誌』上里進、平成24（2012）、78頁

24―5　「三木健・大山伸子編著『宮良長包著作集―沖縄音楽教育論』ニライ社、平成16（2004）、209頁

24―6　備瀬知範（びせ・ちはん）1897～1958　音楽教育者。沖縄県立第一中学校、沖縄県師範学校卒。実践型の音楽教育者で、学校音楽の社会進出をモットーとして、勤務校（1924～1

945在職）である沖縄県立第二高等女学校でブラスバンドを結成し、街頭音楽会を開催するなど沖縄の音楽教育に尽力した。沖縄音楽教育協会会長（長包の役職を引き継ぐ）。沖縄タイムス音楽功労賞受賞（1985・2）『沖縄大百科事典下巻』沖縄タイムス社、昭和58（1983）、299頁〔大意〕

長包「辞世の句」は、死去直前、備瀬知範宛てに遺された。（琉球新報1939・7・8）

> 天地万物は私の味方です。
> 大調和の裡に神に守られ
> 人の情を享けつつ
> 凱歌をあげて楽しく行く
> 人生は有難いものだ

24―7 『龍潭（25号）』沖縄県師範学校学友会、昭和3（1928）、9月、97～98頁

24―8 『大宜味村立塩屋小学校創立百周年記念誌』事業期成会記念誌編集部、平成17（2005）、94頁

24―9 『名護市立真喜屋小学校百周年記念誌 所収「稲嶺尋常高等小学校創立四十周年記念誌」』記念事業期成会、昭和10（1935）、561～562頁

24―10 『名護市立真喜屋小学校創立百周年記念誌』記念事業期成会記念誌部、平成8（1996）、129頁

24―11 『今帰仁村立天底小学校創立百年誌』事業期成会、平成元（1989）、123頁

25―1 「綾雲」楽譜ピース版 共益商社書店、昭和2（1927）、10月

25―2 三木健著『宮良長包の世界』南山社、平成16（2004）、46～50頁

25―3 大山伸子執筆『宮良長包の世界 書評』琉球新報社、平成16（2004）、読書欄

26—1　島袋盛敏著『琉歌集』風土記社、昭和44（1969）、39頁（辺野喜節）
26—2　同、69頁（伊集の木節）
27—1　『沖縄教育（第237号）』沖縄県教育会発行、昭和11（1936）、70頁、復刻版『沖縄教育（第27巻）』不二出版、平成23（2011）
28—1　「宮良長包新曲発表会告知」沖縄タイムス紙面、大正13（1924）、7月27日掲載
29—1　①大山伸子編・校訂『生誕120年記念　宮良長包作曲全集』琉球新報社、平成15（2003）、43頁
②大山伸子編著『生誕140年記念　宮良長包作曲全集』琉球新報社、令和5（2023）
29—2　岩崎卓爾（いわさき・たくじ）1869～1937　石垣島の初代測候所所長、宮城県仙台市生まれ、生涯、約40年間を石垣島住人として過ごした。八重山の自然生態や歴史・文化に強い関心をもち『石垣島案内記』、『八重山童謡集』、『ひるぎの一葉』等を著した。「イワサキチョウ」他10種類等にイワサキが命名されている。
参考資料『沖縄大百科事典（上）』沖縄タイムス社、昭和53（1983）、259～260頁〔大意〕
29—3　岩崎卓爾著『石垣島案内記』岩崎卓爾発行、明治42（1909）
29—4　岩崎卓爾著『八重山童謡集』岩崎卓爾発行、大正2（1912）
29—5　『児童の産業（創刊号）』八重山通俗図書館（※）、大正13（1924）年11月22日掲載
※大正3（1914）年6月開館、昭和12（1937）年9月八重山図書館に改称され、昭和26（1951）年米軍直轄に伴い、昭和27（1952）年4月、琉球政府立八重山図書館に改称される。昭和40（1965）年1月琉球政府立八重山分館に改称、昭和47（1972）年5月日本復帰に伴い、沖縄県立図書館八重山分館に改称され、平成24（2012）年3月閉館した。それらの貴重な蔵書は、沖縄県立図書館に所蔵されている。

30－1　大山伸子編・校訂『生誕120年記念　宮良長包作曲全集』琉球新報社、平成15（2003）、44頁、大山伸子編著『生誕140年記念　宮良長包作曲全集』琉球新報社、令和5（2023）
30－2　岩崎卓爾『八重山童謡集』五線譜と工工四譜
30－3　「児童の産業（創刊号）」八重山通俗図書館、大正13（1924）11月22日掲載
30－4　THE NEW GROVE DICTIONARY of MUSIC&MUSICIANS(16)』Edited by Stanley Sadie, 1980(Rousseau ,Jean-Jacques　1712-1778)p. 270～273, p. 878
30－5　THE GROVE DICTIONARY of MUSIC&MUSICIANS（4）』Edited by Stanley Sadie, (Cheve、Emile Joseph Maurice　1804-1864）p. 216
31－1　ここに示した「沖縄タイムス」は、現在の「沖縄タイムス社」とは異なる新聞社。前身は、大正8（1919）年8月に創刊した「沖縄時事新報」で、〈注1〉大正10（1921）年8月、「沖縄タイムス」に改題し再スタートするも、〈注2〉大正12（1923）年頃廃刊となった。『沖縄大百科事典（上巻）』沖縄タイムス社、昭和58（1983）、552頁（大意）
〈注1〉「沖縄タイムス」の改題について、資料によっては（『琉球新報百年史』90頁）、大正9（1920）年11月と記載がある。
〈注2〉「沖縄タイムス」改題後、昭和3（1928）年「沖縄昭和新聞」に解題した、と記された資料（『琉球新報百年史』90頁）もある。
31－2　沖縄タイムス記事の見出し「新曲発表会　明二十九三十日帝国館、妙なる新曲とカ曲（歌曲か?）銀の月夜は聴衆恍惚たらん」大正13（1924）7月28日掲載
31－3　大成京子「虹ぬユンタ～宮良長包が生きていたら～」CD21曲収録、平成17（2005）
32－1　『満州唱歌集―伴奏付―尋常小学校第三学年用』南満州教育会教科書編輯部、昭和8（1934）、12～13頁

32−2 『南島唱歌第一輯』共益商社書店、昭和2(1927)、5頁

33−1 『心の花』竹柏会第9巻第2、明治38(1905)、97頁

33−2 『心の花』竹柏会第10巻第5、明治39年(1906)、98頁

33−3 『心の花』竹柏会第10巻第5、明治39年(1906)、98頁

34−1 北原白秋著『白秋童謡集　第一集・トンボの眼玉』アルス社、大正8(1919)、21〜29頁(お祭)

35−1 志磨のぞみ執筆「恩師宮良長包先生の足跡を顧みて」海南時報、昭和11(1936)11月23日4面

38−1 玉代勢秀さんの歌唱「中山城万歳マーチ」を録音・採譜・聴き取り調査(2002・8・1)

39−1 「宮良長包の音楽教育活動に関する研究(2)—発掘作品のパフォーマンス化」沖縄キリスト教短期大学紀要第35号、平成18(2006)、29〜31頁

40−1 『定本　野口雨情(第3巻　童謡1)』未來社、昭和61(1986)、18頁

44−1 「雀のお宿」作詞：北原白秋　作曲：弘田龍太郎　大正9(1920)作曲。昭和22(1947)の音楽教科書「一ねんせいのおんがく」に掲載された。元歌は、明治20(1887)に明治政府が発行した「幼稚園唱歌集」に掲載された「進め進め」で、「雀のお宿」と旋律は同じ。長包作曲の「雀のお宿」とは別曲

44−2 北原白秋著『白秋童謡集　第一集・トンボの眼玉』アルス社、大正8(1919)、139〜141頁(雀のお宿)

46−1 神村朝堅編『おきなわ』おきなわ社、昭和26(1951)、55〜58頁

46−2 下総皖一(しもふさ・かんいち)本名：覚三(1898〜1962)、「月の砂漠」「お山の杉の子」「たなばたさま」等、多くのヒット曲があり、生涯で1000曲の童謡を書き遺した。高弟に、芥川也寸志、團伊玖磨、石桁真礼生、金井喜久子等、著名な作曲家が多い。

46－3　北原白秋著『白秋童謡集　第五集・祭の笛』アルス社、大正11（1922）、190～193頁（五十音）

48－1　楽譜ピース版「鳩間節」共益商社書店、大正11（1922）、12月

49－1　宮良長包著『琉球の新民謡』大阪開成館、昭和11（1936）、7月

50－1　三木健／大山伸子編著『宮良長包著作集―沖縄教育音楽論』ニライ社、平成16（2004）、30頁～31頁

50－2　同、22～23頁

54－1　当間典子さんの歌唱「へちまの棚」を録音・採譜、聴き取り調査（2003・3・11）

54－2　宮城美智子さんの歌唱「へちまの棚」を録音・採譜、聴き取り調査（2003・4）

57－1　大浜当忠（おおはま・とうちゅう）1917～2008　沖縄県石垣市出身。沖縄県師範学校在学中、長包に学ぶ。卒業後教職を経て、東京声楽音楽学校卒業後、二期会会員として「カルメン」等、オペラ公演の舞台を踏む。東京滝野川少年少女合唱団を主宰、指導者として活躍し、全日本少年少女合唱団副理事を務めた。長包の最後の弟子といわれている。（沖縄県師範学校1938卒／長包1939没）
※参考『新撰芸能人物事典明治～平成』日外アソシエーツ（株）、平成22（2010）、157頁

58－1　三木健／大山伸子編著『宮良長包著作集―沖縄教育音楽論』ニライ社、平成16（2004）、211頁

58－2　沖縄マンドリンクラブによる「朝鮮の印象」演奏テープ

60－1　宮良スミ編『宮良高夫』自費出版、平成7（1995）、39～40頁

60－2　同、40頁

61－1　宮里静湖自筆「詩集　宮里静湖」原稿用紙に〈船路〉〈桑の実〉〈荒磯の歌〉の歌詞及び解説

が記入されている

61－2　「海南時報」昭和10（1935）年8月8日創刊の八重山群石垣町（当時）発行の地方紙

61－3　志磨のぞみ執筆「恩師宮良長包先生の足跡を顧みて」「海南時報」昭和11（1936）年11月23日4面

61－4　『藤原義江／藤原義江記念館〝紅葉館〟』平成14（2002）、101頁

64－1　『琉球讃美歌』セブンスデー・アドベンチスト沖縄教区沖縄宣教研究委員会編、平成3（1991）年、98～99頁

67－1　沖縄県師範学校主催「第2回学芸会プログラム」昭和4（1929）2月7日

67－2　沖縄県師範学校主催「第10回演奏会プログラム」昭和6（1931）

69－1　いしがき少年少女合唱団(Ishigaki Boys and Girls Chorus)。日本最南端の児童合唱団。1969年に設立、2022年で結成30周年を迎えた。演奏活動は、国内に留まらず、国外にも活動の場を広げ、これまでに、オーストリア、ハンガリー、スイス、アメリカ（ハワイ）等に遠征し、その透き通るような歌声は、好評を博している。宮良長包の記念音楽祭には（沖縄本島で開催）、2003年、2013年、2018年と連続出演し、〝天使の歌声〟は、聴衆の心を捉えて離さない。

70－1　宮良長包生誕140年音楽祭（2023・11・18）／（那覇市文化芸術劇場なはーと）にて出演予定、宮良長包音楽の継承・発展に多大な貢献をしている。
映画「ドキュメンタリー&ドラマ『えんどうの花』」は、2006年から上映開始、東京中野サンプラザを始め、沖縄県内外で広く上映された。県内の小・中・高校の学校現場でも上映され、児童生徒への「長包メロディー」継承に貢献している。最近では、宮良長包音楽協会（会長：泉惠得）の演奏会イベントで上映されている。

72―1　ゲオルクル＝フリードリッヒ・ヘンデル（1685〜1759）作曲のオラトリオ『メサイア』（1741作曲）の〝ハレルヤ〟（39曲目）をヒントに、「沖縄民謡「国頭（くんじゃん）サバクイ」を元歌にして、「琉球木遣歌」を作曲した。

74―1　仲原照子さんの歌唱「国体口説」を録音・採譜・聞き取り調査（2003・1・19）

74―2　『沖縄県師範学校創立五十周年記念誌』沖縄師範学校学友会、昭和6（1931）、335〜336頁

75―1　同、334〜335頁

76―1　「泣く子」は、仲宗根ミツさん（沖縄市／取材当時100歳）によって、記憶を辿って歌われ、奇跡的に甦った作品。仲宗根ミツさんの歌唱を録音・採譜・聴き取り調査（2021・3・1金城泰子録音及び2022・10・28大山伸子録音・採譜）

78―1　「雨乞いの歌」長包の直筆採譜。沖縄県師範学校在学中に沖縄各地の民謡を採譜した（18曲）他1曲は不明。石垣市企画部観光文化課文化推進係・所蔵

80―1　大山喜代さんへの聴き取り調査（2003・2・17）

81―1　宮良スミ編『宮良高夫』自費出版、平成7（1995）、49〜50頁

81―2　同、50頁

82―1　『具志川市誌』具志川市誌編纂委員会、昭和45（1970）、758〜760頁

82―2　宇座孝子さんから「具志川小唄」の作品について聴き取り調査（2009・10・18）

82―3　古波蔵保昌（こはぐら・ほしょう）1927〜1958　沖縄県師範学校卒業。具志川尋常高等小学校を皮切りに、生涯、学校教育に携わり人材育成に勤めた。「具志川小唄」（宮良長包／1931）、「具志川尋常高等小学校校歌」（宮良長包／1929）の作詞者。
※参考『沖縄県姓氏家系大辞典』角川書店、平成4（1992）、322頁

82－4　田場盛徳著『アコーディオンと鉢巻』ゆい出版、平成14（２００２）、２４７～２４９頁

82－5　知念孝一郎（ちねん・こういちろう）１９０６～１９８８　俳号は広径（こうけい）。沖縄県師範学校卒業。沖縄本島北部・国頭村の謝花尋常高等小学校で初任を勤め、北部の他校を勤務後、八重山・西表島の小学校に転任し、その後、与那国島の小学校に着任した。与那国島は、〝渡難（どなん）〟と別称があるように、海上の波が高いため、島を訪れることが困難な島といわれたほど、当時は不便な僻地であった。戦後は、那覇市へ戻り、首里中学校、首里高校、上山中学校を経て、定年退職まで教職を全うした。俳人として異彩を放ち、琉球新報社主催の第一回「遠藤石村賞」を受賞。「石村賞」とは、俳人・遠藤石村の功績を称え、毎年、俳句界の向上に寄与した人に贈られる。琉球新報社が創設し、２０２３年で第44回を迎えた歴史ある賞である。知念広径氏は、「遠藤石村賞」の選考委員としても長年任務にあたり、俳壇の人材育成と発展に尽力した。

85－1　宮良長包・金城侍英編「夏季音楽講習要項」國吉弘文堂、昭和８（１９３３）、「第一章第６節音楽教育の郷土化につき　ｂ．ダルクローズのリズムの思潮」

金城侍英（きんじょう・じえい）は、沖縄県立第一高等女子学校の教諭。長包が勤務する沖縄県師範学校と近隣にあったことが縁で、「夏季音楽講習要項」を共作したと推察できる。金城は、大宜味村立大宜味小学校校歌を作詞した（１９３３）。作曲者は平良仲蔵で新校歌制定（※）までの82年間、愛唱され歌い継がれた校歌である。

注※平成27（２０１５）年、新校歌制定（作詞／藤田元也　作曲／仲村透）

85－2　エミール＝ジャック・ダルクローズ／EMILE = JAQES・DALCROZE（１８７５～１９５０）スイスの音楽教育者・作曲家。身体を通して音楽を感じ、考え、表現するという音楽教育を創案し、ダルクローズ・メソッドとも呼ばれる。ダルクローズ・メソッドの創案は、ダルクローズがジュネーブ音楽院で教鞭を執っていた時、無機質に演奏する学生を見て、「音楽学習

を技巧的ではなく、音楽の生命を感じる指導方法はないものか」、「劇、音楽、表現、感覚、演奏、それらすべてを総合的に学ぶ学習方法はないものか」と音楽教育法を探索し、リトミックのベースとなる身体で音楽を感じ、理解するという発想が生まれた。

日本へは、明治39（１９０６）に初めて導入された。歌舞伎俳優の二代目市川左團次（１８８０～１９４０）が、ロンドンの俳優学校に留学した折、リトミックを学び持ち帰った。リトミックを欧州で学び、影響を受けた日本の芸術家は多いが、長包との関係性で捉えるならば、山田耕筰（１８８６～１９６５）の存在がある。耕筰は、明治43（１９１０）年からドイツのベルリン音楽院に留学した際、ヘレラウにあるダルクローズ音楽院を訪問し、リトミックに触発されて、帰国後、リトミックがベースとなる「舞踊詩」を作曲した。

※参考　大山伸子著『リトミック音楽教育の実践』沖縄キリスト教短期大学紀要第45号、平成29（２０１７）、15～36頁

88－1　瀬名波長宏氏の所蔵資料「献穀田田植歌」２００７・５・25（提供）

88－2　『沖縄教育（第22巻１９４号）』沖縄県教育会、昭和７（１９３２）、95～97頁「復刻版」不二出版、平成23（２０１１）

88－3　神田精輝著『沖縄郷土歴史読本』琉球文教図書、※昭和43（１９６８）

※『沖縄郷土歴史読本』出版年の昭和43年は、神田が他界して28年後だが、歴史研究家の喜舎場永珣等が、神田の研究業績を称え出版した。著書に『ペルリ提督琉球訪問記』等がある。

神田精輝（かんだ・せいき）１８９４～１９３９。沖縄県八重山真栄里に生まれ、長包とは同郷、同窓、同僚。大正３（１９１４）年、沖縄県師範学校卒業後、大正11（１９６８）年、広島高等師範学校卒業。沖縄県師範学校教諭、沖縄県立女子師範学校教諭を経て、沖縄県立第三中学校校長を歴任した。

90−1 神田は、沖縄県師範学校卒業の年、八重山島高等小学校に赴任し、長包とは同僚であったが、翌年、大正4(1915)4月に、東風平校に転任しており、長包もまた、同年4月に、沖縄県師範学校附属小学校に転任している。没年も長包と同じ1939年。

宮良長包著『首里古城　宮良長包創作曲集第一編』共益商社書店、昭和11(1936)年2月、23〜24頁

91−1 ①譜久村エミ楽譜『宮良長包作曲集』プロジェクト・オーガン出版局、昭和55(1980)、89頁

②譜久村エミ楽譜監修『宮良長包作曲集』琉球新報社　平成3(1991)、95頁

93−1 志摩のぞみ執筆「恩師宮良長包先生の足跡を顧みて」海南時報、昭和11(1936)11月23日4面

97−1 ①名嘉真武輝氏記念演奏会プログラム「嵐」管弦楽付合唱　男師コーラス・オーケストラ　指揮：宮良長包　於：昭和会館　昭和9(1934)年3月11日

②第14回春季演奏会プログラム「嵐」ピアノ独奏　外間永律(長包の高弟)　於：本校講堂　昭和11(1936)年2月16日

③男師音楽部・八重山学生会演奏会プログラム「あらしの曲」ピアノ独奏　外間永律　於：八重山館　昭和11(1936)年8月6・6・7日

98−1 『沖縄大百科事典下巻』沖縄タイムス社、昭和58(1983)初版、294頁

98−2 同、同頁

98−3 宮城鷹夫/文『沖縄・わが心の歌声―宮良長包の世界とその背景』プロジェクト・オーガン出版局、昭和55(1980)、233〜234頁

99−1 三木健著『宮良長包―「沖縄音楽」の先駆』ニライ社、平成14(2002)、132頁

99−2 濱崎荘市編『ひるぎの一葉・所収「八重山民謡集」』岩崎卓爾、大正9(1920)、151頁

99−3 篠田正浩著『私が生きたふたつの「日本」』五月書房、平成15(2003)、234頁

100-1　三木健著『宮良長包の世界』南山舎、平成16（２００４）、２４０頁

101-1　宮城鷹夫著『沖縄・わが心のうた声―宮良長包の世界とその背景』プロジェクト・オーガン出版局、昭和55（１９８０）、２２９頁

102-1　玉代勢秀子さんの歌唱を録音・採譜・聴き取り調査（２００２・８・１）

102-2　生誕１２０年記念「宮良長包コンサート」（２００３・６・14　沖縄コンベンションセンター劇場棟）において、「春深し」が、沖縄交響楽団（指揮・編曲：高宮城徹夫）、平山留美子（ソプラノ）で、長包没後の初演が披露され、話題を呼んだ。

103-1　玉代勢秀子さんの歌唱を録音・採譜・聴き取り調査（２００２・６・１）

106-1　「新版　標準　中学音楽３」教育出版株式会社、昭和46（１９７１）、27頁

106-2　「新版　標準　中学音楽３」教育出版株式会社、昭和52（１９７７）、27頁

106-3　「高校音楽教科書『MOUSA1』」教育芸術社、平成28（２０１６）、59頁

107-1　三木健著『宮良長包の世界』南山舎、平成16（２００４）、１２０〜１３２頁

107-2　「宮良長包の音楽教育活動に関する研究（６）―作品研究Ⅲ（昭和篇②）―」沖縄キリスト教短期大学紀要第37号、平成21（２００９）、41〜42頁

108-1　「吾子は逝けり」「主催：沖縄県師範学校学友会　於：昭和会館　時：午後2時開始　午後7時開始」プログラム、昭和10（１９３５）2月17日

111-1　喜友名英文（きゆな・えいぶん）１９１０〜１９９２　石垣島大川生まれ　昭和３（１９２８）年竹富小学校を振り出しに、八重山の小学校教師を歴任、自然界の動植物をテーマにした教育に情熱を注ぎ、音楽教育にも尽力した。戦後は、大浜中学校、八重山高校、宜野座高校に赴任、教育実践を全うした。童謡詩集『おんらいん山』、詩集『おもと連山』、詩曲集『潮がれ浜』他、著書多数。

111－2　玉代勢秀子さんの歌唱「春深し」を録音・採譜・聴き取り調査（2002・8・1）

112－1　〔楠公・菊は十六〕日本児童協会編『情操教育―新らしい学校劇』[ママ]宏元社、昭和10（1935）、212頁、214～225頁

112－2　日本児童協会編『情操教育―新らしい学校劇』宏元社、昭和10（1934）

113－1　〔楠公・父は摂津〕同、213頁、214～225頁

114－1　〔誰にも言うな〕同、55頁、56～64頁

115－1　〔人形（1）〕同、111～112頁、115～120頁

116－1　〔人形（2）〕同、113～114頁、115～120頁

117－1　〔小楠公〕同、227～228頁、229～239頁

117－2　日本教育音楽協会編『新尋常小学校唱歌　伴奏及解説　第4学年』音楽教育書出版協会発行、昭和7（1932）年、16～17頁、48～49頁

118－1　〔養老〕112－2に同じ、240～241頁、242～252頁

118－2　佐々木正昭著「学校劇についての考察」関西学院大学教育学会、平成24（2012）、17～25頁

119－1　金田一春彦／安西愛子編『日本の唱歌（上）明治篇』講談社、平成元年（1989）、128～129頁

120－1　田場盛徳（たば・せいとく）1918～2013　昭和16（1941）年、沖縄県師範学校卒業。在学中に長包の薫陶を受け、作曲活動にも才覚を表わし、校歌作品は80曲、市町村歌や青年団歌など、多くの作品がある。
戦前は、尋常高等小学校教諭や沖縄師範学校訓導、沖縄県立女子師範学校訓導として実践教育に携わり、戦後は、中学校、高等学校教諭として学校教育に心血を注いだ。また、具志川村議や沖縄県議として政界でも敏腕を振るった。

『アコーディオンと鉢巻』ゆい出版、平成14（2002）年を著した。

120－2　田場好子さんへの聴き取り調査（2008・11・28）

124－1　宮良高夫（みやら・たかお）1913～1965　沖縄県石垣市出身、沖縄県第一中学校を卒業後、琉球新報社入社、沖縄日報、毎日新聞社大阪本社を経て、東京本社に勤務し健筆をふるった。『沖縄大百科事典（下巻）』沖縄タイムス社、昭和58（1983）、610頁（大意）
長包とのコンビ作品に、「帰り舟」（1928）、「日暮れ」（1929）、「なんた浜」（1930）、「迷い鳥」（1931）、「首里の城」（1931）、「月の出汐」（1932）、「酒は泡盛」（1936）、「八重山農学校開校記念日の歌」（1937）等があり、名曲を多数遺した。

125－1　安座間マサさんの歌唱「つばくろ」を録音・採譜・聞き取り調査（2002・4・22）

125－2　吉浜俊子さんの歌唱「つばくろ」を録音・採譜・聴き取り調査（2002・7・6）

126－1　山里永吉編「月刊琉球10月号」昭和12（1937）、12～13頁

127－1　『潮がれ浜―喜友名英文詩曲集』石島英文、昭和53（1978）、29頁、38頁

129－1　宮良園子（みやら・そのこ）1933～2019　長包の四女。沖縄から上京し移住。2006年封切の映画「ドキュメンタリー&ドラマ『えんどうの花』」に映画出演し、「園子の歌」を歌った。その透き通った声は、長包譲りか。

129－2　福仲文さんの歌唱「沖縄県女子工芸学校校歌」を録音・採譜・聞き取り調査　2002・10・21

131－1　『石垣市史資料編　近代（5）新聞集成Ⅱ』石垣市役所、昭和62（1987）、61頁

131－2　同、750頁

131－3　『石垣市史巡見Vol.3　村むら探訪―開拓の村むらを歩く―』石垣市役所、平成7（1995）年、31頁

132－1　石垣繁さんの歌唱「白浜のかに」を録音・採譜・聴き取り調査（２００２・10・21）

校歌

137－1　『那覇市立久茂地小学校創立六十周年記念誌「くもじ」』記念事業推進委員会、昭和46（１９７１）、口絵

137－2　『那覇市立久茂地小学校創立七十周年記念誌「くもじ」』記念誌実行委員会、昭和57（１９８２）、口絵

137－3　『那覇市立久茂地小学校創立八十周年記念誌「くもじ」』記念誌編集委員会、平成４（１９９２）、口絵

137－4　『那覇市立久茂地小学校創立九十周年／幼稚園創立50周年記念誌「くもじ」』記念事業期成会、平成14（２００２）、口絵

137－5　『那覇市立久茂地小学校創立百周年／幼稚園創立60周年記念誌「くもじ」』記念事業期成会、平成24（２０１２）、口絵

137－6　『ＣＤ那覇市旧八校校歌』公益財団法人対馬丸記念会、平成30（２０１８）、添付資料３頁

137－7　『那覇市教育史　資料編』那覇市教育委員会、平成12（２０００）、３９５頁

137－8　『二人の歩み渡慶次賀裕・静子自分史』私家版、平成８（１９９６）、４７９頁

138－1　三木健／大山伸子編著『宮良長包著作集―沖縄教育音楽論』ニライ社、平成16（２００４）、39～47頁、１２５～２１８頁

138－2　三木健著『宮良長包の世界』南山舎、平成16（２００４）、28～29頁、

138－3　『浦添市立仲西小学校創立80周年記念誌』仲西小学校、昭和59（１９８４）、27頁

138－4　①『沖縄教育（117号）』沖縄県教育会、46頁②近藤健一郎著「宮良長包作詞作曲『発音唱歌（1919年）』とその周辺（中）―宮良長包の教育論考に注目して―」『南島文化』沖縄国際大学南島文化研究所紀要第29号、平成21（2007）、209頁

138－5　『龍文』沖縄県師範学校附属小学校、大正10（1921）年、5頁

139－1　比嘉繁三郎編「沖縄教育誌投稿収録」私家版、平成9（1997）、58頁

139－2　『古堅小学校七十三周年記念誌』記念事業期成会、昭和50（1975）、34頁

140－1　武田芳さん・田本房子さんの歌唱「大浜尋常高等小学校校歌」を録音・採譜・聴き取り調査（2003・3・17）

140－2　『石垣市立大浜小学校創立百周年記念誌』記念事業期成会、平成3（1991）、69～70頁

140－3　同、139～140頁

140－4　同、140～141頁

140－5　『石垣市史　資料編　近代（5）』石垣市役所、昭和62（1987）年、296頁

141－1　西表秀さん、田本房さん、武田芳さんの歌唱「大浜尋常高等小学校行進曲」を録音・採譜・聴き取り調査（2003・3・17）

142－1　『創立百周年記念誌　白保教育風土記』記念実行委員会、平成2（1990）、71頁　昭和6年3月白良尋常高等小学校高等科2年卒業生　写真提供：辻野正彦（記念誌出版当時81歳）

144－1　『読谷村立古堅小学校七十三周年記念誌』記念事業期成会、昭和50（1975）、34頁

147－1　『名護市立名護小学校記念誌「百周年」』記念事業期成会、昭和58（1983）、114頁

149－1　大山伸子著「宮良長包の音楽教育活動に関する研究（7）―作品研究Ⅳ（昭和篇③）」沖縄県立芸術大学紀要第18号、平成22（2010）、177頁

149－2　『石垣市立石垣小学校「百年誌」』記念事業期成会、昭和57（1982）年、165頁

149－3 同、128～129頁
150－1 『龍文』沖縄県師範学校附属小学校創立四十周年記念、大正10(1921)年、概覧1頁
151－1 『那覇市立真和志小学校「百年」』記念事業実行委員会、昭和56(1981)、30頁
152－1 伊江栄子さん、大城好子さんの歌唱『玉城尋常高等小学校校歌』を録音・採譜・聴き取り調査(2006・7・8)
152－2 『玉城村立玉城小学校創立百周年記念誌　所収「創立五十周年記念誌」』記念事業期成会、昭和53(1983)、口絵
153－1 『今帰仁村立兼次小学校創立百周年記念誌』記念事業期成会、平成12(2000)、253頁
154－1 『今帰仁村立兼次中学校五十五年の記録』兼次中学校廃校に伴う事業期成会、平成15(2003)、口絵
154－2 大山伸子著「宮良長包の音楽活動に関する研究(1)─校歌作品を中心に─」沖縄県立芸術大学紀要第7号、平成11(1999)年、102～103頁
155－1 大山伸子「宮良長包の音楽教育に関する研究(7)─作品研究Ⅳ(昭和篇─③)─」沖縄県立芸術大学紀要第18号、平成22(2010)、178頁、
155－2 大山伸子著「沖縄県の幼稚園・小学校における『宮良長包音楽』の実践状況と方向性(5)─幼少連携の可能性を探る─」沖縄キリスト教短期大学紀要第41号、平成25(2013)、11～18頁
※「汗水節(あしみじぶし)」昭和4(1929)の作品　(作詞：仲本稔　作曲：宮良長包)
具志頭幼稚園、具志頭小学校では、歌意を理解し、道徳教育の一環として園内や校外の掃除を実践している
156－1 福仲文さんの歌唱「沖縄県立女子工芸学校校歌」の録音・採譜・聴き取り調査(2002・10・21)

156－2 『首里高等女学校・首里女子工芸学校創立百周年記念誌』記念事業編集部、平成8（1996）、26～28頁

156－3 『沖縄県立女子工芸学校設置』文部省文書課記録掛

157－1 『知念村立知念小学校創立百周年記念誌』記念事業期成会、昭和60（1985）、69頁、

158－1 『真壁小学校百年の歩み』記念事業期成会、昭和56（1981）、口絵

159－1 『那覇市立城西小学校創立百周年記念誌りゅうたん　所収「五十周年記念誌」』記念事業実行委員会、昭和63（1988）年、218頁

159－2 金城秀雄さんの歌唱「首里第二尋常高等小学校校歌」を録音・採譜・聴き取り調査（2006・4・21）

162－1 『与勝中学校創立二十五周年記念誌』記念誌編集員会、昭和58（1983）、19頁

165－1 『那覇市教育史　資料編』那覇市教育委員会、平成12（2000）、400頁

165－2 「戦前の学校　校歌集」那覇市教育研究会、平成28（2016）、15～16頁

165－3 「会報ガジャンビラ22号」2018、録音：平良徹也、採譜：長嶺和子、歌唱：上江洲美代子の採譜楽譜掲載。本書著者の採譜と歌唱者が違うため、シラブルやポルタメントに異なる箇所がある。

165－4 與儀光枝さんの歌唱「小禄尋常小学校校歌」を録音・採譜・聞き取り調査（2023・8・4）

165－5 坂本作品「Aqua」を盗作したとユ・ヒヨルさんが世間からバッシングを受けたことに対する坂本龍一公式コメント（抜粋）「私は、私が愛して尊敬し、たくさんの事を学んだバッハやドビュッシーからも、確実に強い影響を受けている曲が数曲あります。（略）全ての創造物は、既存の芸術の影響を受けています。（責任の範囲内で）そこに自身の独創性を5～10％ほど加味するとしたら、それは素晴らしく立派で、感謝すべきことです。それが私の長年の考えです」

と、ユ・ヒヨルさんを批判しなかった。

165－6　『中学唱歌』東京音楽学校、明治34（1901）、「箱根八里」掲載

165－7　①『小学生の音楽6』教育芸術社、令和5（2023）、42頁
②『小学音楽　音楽のおくりもの6』教育出版、令和5（2023）、78頁

166－1　『知念村立久高小学校90周年記念誌』記念事業期成会、平成9（1997）、159〜188頁

団体歌・祝典歌

170－1　『ひめゆり―女師・一高女沿革誌』沖縄県女師・一高女同窓会、昭和62（1987）、492頁

171－1　『石垣小学校「百年誌」』記念事業期成会、昭和57（1982）

171－2　同、129頁

173－1　安里康雄さんの歌唱「沖縄県青年団歌」を録音・採譜・聴き取り調査（2006・4・6）

173－2　『八重山古謡　第二輯』郷土研究社、昭和5（1930）「八重山古謡のリズムには、スコットランド民謡風のスコッチ・スナップ(Scotch snap)式の装飾音がある」とし、八重山民謡「無蔵(ンゾ)トーラ・ユンタ」におけるスコッチ・スナップのリズムが、スコットランド民謡「故郷の空」のリズムに類似していると、理論づけている。
参考※三木健／大山伸子編著『宮良長包著作集―沖縄教育音楽論』ニライ社、平成16（2004）、117〜118頁

173－3　『沖縄青年（第1号）』沖縄県連合青年団、昭和5（1930）、3頁

174－1　『具志川尋常高等小学校50周年記念誌』具志川尋常高等小学校、昭和8（1933）、口絵及び2頁、『国頭郡具志川小学校50周年記念誌（復刻版）』具志川市教育委員会、平成5（1933）

【写真提供】敬称略

1. 石垣市立大浜小学校【2．3】
2. 石垣市立八重山博物館／喜舎場孫知謹識工工四寄託（喜舎場孫進資料提供）【4．5】
3. 那覇市歴史博物館【6．7．13．14．20．21．22．23．39．45．48．50．54．55．56．57】
4. 玉代勢秀孝【10．11】
5. 東京藝術大学附属図書館（資料提供）【15．18．19】
6. PIXTA【17．25】
7. 三木健【24】
8. 石垣市企画部観光文化課文化振興係（資料提供）【28．29．30】（写真提供）【40．41】
9. 垣花千春【4．5】
10. 沖縄県公文書館（資料提供）【31】
11. 山里敬子（資料提供）【33】
12. 石垣市教育委員会市史編集課【34】
13. 石垣市立図書館（資料提供）【43】
14. 石垣市白保小学校【44】
15. うるま市教育委員会社会教育部市史編さん係【46．47．61】
16. 大山伸子（著者）撮影【1．8．9．12．15．16．18．19．26．27．28．29．30．31．32．33．35．36．37．38．42．49．51．52．53．58．59．60】

【楽譜提供】敬称略

1. 佐々木すぐる著『改訂唱歌教材集』大正10(1925)【2】
2. 沖縄県立図書館【3.40】
3. 石垣市企画部観光文化課文化振興係【26.28.45】
4. 八重山通俗図書館【14.15】
5. 東京藝術大学附属図書館【19】
6. 砂川富貴子【20】
7. 仲本薫【23】
8. 瀬名波長宏【32】
9. 三木健/大山伸子編著『宮良長包著作集—沖縄教育音楽論—』ニライ社、2004【36.37.38】
10. 高宮城徹夫【39】
11. 教育出版社【43】
12. 教育芸術出版【44】
13. 日本児童劇協会編『新らしい学校劇』宏元社(1935)【50】
14. 山里永吉編『月刊琉球』月刊琉球、(1937)【52】
15. 杉本信夫【54】
16. 喜友名英文著『湖がれ浜　喜友名英文詩曲集』石島英文、昭和53(1978)』【47.51】
17. 琉球大学附属図書館【74】
18. 『生誕120年記念　宮良長包作曲全集』琉球新報社、2003【1.17.34.49】
19. 『生誕140年記念　宮良長包作曲全集　改訂増補版』琉球新報社、2023【7.9.21.22.

20・24・25・29・33・55・56・57・61・65・66・71・73】
大山伸子作成【4・5・6・8・10・11・12・13・16・18・27・30・31・35・41・42・46・48・53・58・59・60・62・63・64・67・68・69・70・72・73・75】

【歌詞提供】本文【注釈】の通り

【参考文献】順不同

1. 宮良長包著「南島唱歌第一輯」共益商社書店、昭和2(1927)、2月
2. 宮良長包著『首里古城　宮良長包創作曲集第一編』共益商社書店、昭和11(1936)、7月
3. 宮良長包著『琉球の新民謡』大阪開成館、昭和11(1936)、7月
4. 宮良長包/金城待英編「夏季音楽講習要項」國吉弘文堂、昭和8(1933)
5. 譜久村エミ楽譜『宮良長包作曲集』プロジェクト・オーガン出版局、昭和55(1980)
6. 譜久村エミ楽譜監修『郷土が誇る永遠のメロディー　宮良長包作曲集』琉球新報社、平成3(1991)
7. 糸洲長良/外間永律編輯・発行(ガリ刷り冊子)「宮良長包曲集第一輯」昭和24(1949)
8. 同、「宮良長包曲集第二輯」昭和25(1950)
9. 同、「宮良長包曲集第三集(ママ)」発行日不明
10. 沖縄教育音楽協会編『宮良長包作曲集　南国の花』響友社、昭和31(1956)
11. 大山伸子編校訂『生誕120年記念　宮良長包作曲全集』琉球新報社、平成15(2003)
12. 宮城鷹夫・文『沖縄・わが心のうた声―宮良長包の世界とその背景―』プロジェクト・オーガン出版局、昭和55(1980)
13. 『ふるさとの歌心よ永遠に(宮良長包先生顕彰記念誌)』宮良長包生誕百周年記念事業期成会、昭和58(1983)
14. 三木健著『宮良長包「沖縄音楽の先駆」』ニライ社、平成14(2002)第一刷
15. 三木健著『宮良長包の世界』南山舎、平成16(2004)
16. 三木健/大山伸子編著『宮良長包著作集―沖縄教育音楽論』ニライ社、平成16(2004)

17. 岩崎卓爾著『石垣島案内記』岩崎卓爾発行、明治42(1909)
18. 浜崎荘一編『ひるぎの一葉「石垣島案内記」「八重山童謡集」』岩崎卓爾発行、大正9(1919)
19. 岩崎卓爾著『岩崎卓爾一巻全集』伝統と現代社、昭和49(1974)
20. 『ひめゆり—女師・一高女沿革誌』沖縄県女師・一高女同窓会、(昭和62)1987
21. 『浦添市立仲西小学校創立三十五周年・創立五十五周年記念年誌(複製版)』記念誌編集部、昭和32(1957)
22. 『浦添市立仲西小学校創立80周年記念誌』仲西小学校、昭和59(1984)
22. 『中頭郡具志川小学校創立五十周年記念誌(復刻版)』具志川市誌編さん室、平成5(1993)
23. 『那覇市立真和志小学校創立九十周年記念誌』記念誌発行部、昭和45(1970)
24. 『那覇市立真和志小学校「百年」』記念事業実行委員会、昭和56(1981)
25. 『那覇市立真和志小学校創立百三十年記念誌』記念事業期成会記念誌委員会、平成22(2010)
26. 『那覇市立久茂地小学校創立六十周年記念誌「くもじ」』記念事業推進委員会、昭和46(1971)
27. 『那覇市立久茂地小学校創立70周年記念「くもじ」』記念誌実行委員会、昭和57(1982)
28. 『那覇市立久茂地小学校創立80周年記念「くもじ」』記念事業記念誌編集委員会、平成4(1992)
29. 『那覇市立久茂地小学校創立90周年/久茂地幼稚園創立50周年「式典・祝賀会しおり」』記念事業期成会、平成14(2002)
30. 『那覇市立久茂地小学校創立90周年/久茂地幼稚園創立50周年記念誌「くもじ」』記念事業期成会、平成14(2002)
31. 『那覇市立久茂地小学校創立100周年/久茂地幼稚園60周年記念誌「くもじ」』記念事業期成会、平成24(2012)
32. 『竹富町立西表小学校百年誌「西の子」』記念事業期成会、平成3(1991)

33.『竹富町立西表小学校創立130周年記念誌「せんだん」』記念事業期成会、令和3(2021)
34.『竹富町誌』竹富町誌編集委員会、昭和49(1974)
35.『石垣市立大浜小学校創立百周年記念誌』記念事業期成会、平成3(1991)
36.『大浜村誌』大浜公民館、平成12(2000)
37.『石垣市立宮良小学校創立百周年記念誌』記念事業期成会、平成14(2002)
38.『石垣市立石垣小学校創立百周年記念誌「百年誌」』記念事業期成会、昭和57(1982)
39.『「大きな空だ青空だ」石垣市立石垣小学校創立130周年記念誌』記念事業期成会、平成24(2012)
40.『読谷村立古堅小学校創立七十三周年記念誌』記念事業期成会、昭和50(1975)
41.『読谷村立古堅小学校創立百周年記念誌』記念事業期成会、平成15(2003)
42.『名護市立名護小学校百年誌』記念事業期成会記念誌編集部、昭和58(1983)
43.『名護市立真喜屋小学校創立百周年記念誌』記念事業期成会、平成8(1996)
44.『名護市立真喜屋小学校/幼稚園創立118周年記念誌』記念事業期成会、平成25(2013)
45.『今帰仁村立天底小学校百周年記念誌』記念事業期成会、平成元(1989)
46.『大宜味村立大宜味小学校創立百周年記念誌』記念事業期成会、昭和58(1983)
47.『玉城村立玉城小学校創立百周年記念誌』記念誌編集委員会、昭和58(1983)
48.『那覇市立城西小学校創立八十周年記念誌』事業期成会記念誌部、昭和41(1966)
49.『那覇市立城西小学校創立百周年記念誌「りゅうたん」』記念事業実行委員会、昭和63(1988)
50.『那覇市立城西小学校創立百十周年記念誌「りゅうたん」』事業期成会記念誌部会、平成9(1997)
51.『那覇市立小禄小学校/幼稚園創立50周年記念誌』小禄小学校、平成10(1998)

52.『那覇市立高良小学校／幼稚園創立70周年記念誌「若鷹」』記念事業実行委員会、平成28（2016）
53.『知念村立知念小学校創立百周年記念誌』記念事業期成会、昭和60（1985）
54.『知念村立久高小学校創立90周年』記念事業期成会、平成9（1997）
55.『沖縄師範学校百年記念誌「龍潭百年」』龍潭同窓会、昭和55（1980）
56.『記念誌　伊波南哲の世界』刊行委員会、平成10（1998）
57. 神田輝輝著『沖縄郷土歴史読本』琉球文教図書、昭和43（1968）
58.『沖縄教育　第10巻　復刻版』不二出版、平成22（2010）、5月
59.『沖縄教育　第18巻　復刻版』不二出版、平成22（2010）、11月
60.『沖縄教育　第20巻　復刻版』不二出版、平成23（2011）、5月
61.『沖縄教育　第22巻　復刻版』不二出版、平成23（2011）、5月
62.『沖縄教育　第27巻　復刻版』不二出版、平成23（2011）、11月
63.『石垣島村むら探訪』石垣市、平成10（1998）
64.『石垣市史　資料編近代（5）新聞集成Ⅱ』石垣市役所、昭和62（1987）
65.『石垣市史　各論編民俗（上）』石垣市、平成6（1994）
66.『石垣市史　各論編民俗（下）』石垣市、平成19（2007）
67.『石垣市民憲章の40年記念誌』制定40周年記念誌制作部会、平成30（2018）
68. 渡慶次賀裕／静子著『二人の歩み—渡慶次賀裕・静子自分史』私家版、平成8（1996）
69.「海南時報　創刊号」昭和10（1935）年8月8日（第1号）
70. 志磨のぞみ執筆「海南時報〈恩師宮良長包先生の足跡を顧みて〉」昭和11（1936）年11月14日（第146号）

71. 同、昭和11（１９３６）年11月17日（第１４７号）
72. 同、昭和11（１９３６）年11月20日（第１４８号）
73. 同、昭和11（１９３６）年11月23日（第１４９号）
74. 同、昭和11（１９３６）年11月26日（第１５０号）
75. 同、昭和11（１９３６）年11月29日（第１５１号）

※志磨のぞみ氏について、右記の新聞記事によると「志磨のぞみ生」と署名しており、男性と思われる。タイトルには《恩師宮良長包先生》と明記されているが、沖縄県師範学校の教え子か？「志磨のぞみ」は、ペンネームの可能性もある。

76. 中嶋修二編著『和田喜八郎―その生涯と教育実践』平成10（１９９８）
77. 海老沢敏著『むすんでひらいて考―ルソーの夢』岩波書店、昭和62（１９８７）
78. 『THE NEW GROVE DICTIONARY of MUSIC&MUSICIANS(16)』Edited by Stanley Sadie, 1980 (Rousseau ,Jean-Jacques 1712-1778)
79. 『THE GROVE DICTIONARY of MUSIC&MUSICIANS (4)』Edited by Stanley Sadie, 1980 (Cheve`、Emile Joseph Maurice 1804-1864)
80. 『音楽大事典（3巻）』平凡社、平成3（１９９２、初版14刷）、１２８２頁（数字記譜法）
81. 『同、（5巻）』平凡社、平成3（１９９２、初版12刷）、２７５９頁（ジャン＝ジャック・ルソー）
82. 『沖縄大百科事典（上巻）』沖縄タイムス社、昭和58（１９８３）、２２９頁（伊波南哲）、５５２頁
83. 琉球政府文化局『琉球史料　第九集文化編1』、那覇出版社、昭和63（１９８８）、１１４頁（詩三題
宮里静湖「首里古城」、「女」、「男」）
84. 『沖縄県姓氏家系大辞典―角川日本姓歴史人物大辞典47』角川春樹、平成4（１９９２）
85. 沖縄満州会編『沖縄それぞれの満州―語りつくせぬ記憶―』記念誌委員会、平成27（２０１５）

86．三木健編著『西表炭鉱写真集〈新装版〉』ニライ社、平成15（２００３）
87．日本児童劇協会編『情操教育　新らしい学校劇』宏元社書店、昭和10（１９３５）
88．島袋盛敏著『琉歌集』風土記社、昭和47（１９７２）
89．『那覇今昔の焦点―写真に見る那覇の史跡―』沖縄文教出版株式会社、昭和46（１９７１）
90．『写真集那覇百年のあゆみ』那覇市企画部市史編集室、昭和55（１９８０）
91．琉球新報社編『写真集　むかし沖縄』琉球新報社発行、昭和53（１９７８）
92．野々村孝男編著『写真集　懐かしき沖縄』琉球新報社、平成12（２０００）
93．喜舎場永珣編『八重山島民謡誌』郷土研究社、大正13（１９２４）
94．『八重山写真帖―20世紀のわだち―（上巻・下巻）』石垣市総務部市史編集室、平成13（２００１）
95．『藤原義江／藤原義江記念館〈紅葉館〉』大司満邦発行、平成14（２００２）
96．藤原義江著『オペラのうらおもて―藤原オペラの二十五年―』カワイ楽器、昭和37（１９６２）
97．「Yosie fujiwara」program, 30, jun, 1959, hibiya hall
98．喜舎場永純珣著『石垣町誌』国書刊行会、昭和50（１９７５）
99．『てんじゃばな　石島英文詩碑建立記念誌』詩碑建立実行委員会、昭和60（１９８５）
100．『新聞・沖縄戦後史―沖縄タイムス社史』沖縄タイムス刊、昭和44（１９６９）
101．『琉球新報百年史』琉球新報社、平成5（１９９３）
102．山城善三・佐久田繁編著『明治・大正・昭和―事件と暮らし　沖縄事始め・世相史事典』月刊沖縄社、昭和58（１９８３）
103．山里永吉編『月刊琉球　10月号』月刊琉球、昭和12（１９８３）
104．田場盛徳著『アコーディオンと鉢巻』ゆい出版、平成14（２００２）
105．『喜友名英文詩曲集―潮がれ浜』石島英文、昭和53（１９７８）

106．備瀬知範氏音楽歴（氏と記入されているので備瀬自身の執筆ではないだろう） 原稿用紙400字×6枚

107．『小禄村誌』小禄村誌発刊委員会、平成4（1992）、138〜147頁、150頁（小禄尋常高等小学校50周年記念写真）、231〜237頁（小禄村年表）

108．那覇市史編集室編『那覇市史 資料編第2巻中の3』、那覇市役所、昭和45（1970）

109．那覇市史編集室編『那覇市史 資料編第2巻下』那覇市役所、昭和42（1967）

110．那覇市教育委員会編『那覇市教育史 資料編』那覇市教育委員会発行、平成12（2000）

111．編集委員会編『當間字誌』當間郷友会、令和元（2019）

112．『田原字誌』編集委員会、平成24（2012）

113．『島尻郡誌』島尻郡教育部会、昭和12（1937）

114．島尻郡教育部会員編『島尻郡誌』島尻郡教育部会、昭和35（1960）

115．編集委員会編『島尻郡誌（続）』南部振興会、昭和52（1977）

116．『島尻郡誌』島尻郡教育部会、昭和60（1985）

117．「戦前の学校 校歌集」那覇市教育研究会、平成28（2016）

118．「白梅 会報第23号」白梅同窓会、平成14（2002）

119．仲村顕著「宮良長包関係新資料紹介―附宮良長包年譜―」『沖縄文化』第41巻2号、平成19（2007）

120．近藤健一郎著「宮良長包作詞作曲『発音唱歌』（1919年）とその周辺（中）―宮良長包の教育論考に注目して―」『南島文化』沖縄国際大学南島文化研究所紀要第29号、平成19（2007）

【大山伸子／宮良長包に関する著書・論文等】

1. 大山伸子編・校訂『生誕120周年記念　宮良長包作曲全集』琉球新報社、平成15（2003）
2. 大山伸子編著『生誕140周年記念　増補改訂　宮良長包作曲全集』琉球新報刊、令和5（2023）
3. 大山伸子著『生誕140周年記念　宮良長包作品解説全集』琉球新報社、令和5（2023）
4. 三木健／大山伸子編著『宮良長包著作集―沖縄教育音楽論』ニライ社、平成16（2004）
5. 絵：松崎洋作／楽譜・曲解説：大山伸子／工工四譜：入里叶男『沖縄のうた絵本　えんどうの花―宮良長包メロディー』ニライ社、平成15（2003）
6. 『音楽教育学　「宮良長包パネル展」』日本音楽教育学会誌第35巻2号、平成17（2005）、23～25頁
7. 「宮良長包の音楽教育活動に関する研究（1）―校歌作品を中心に」沖縄県立芸術大学紀要第7号、平成11（1999）、89～112頁
8. 「宮良長包の音楽教育活動に関する研究（2）―発掘作品のパフォーマンス化」沖縄キリスト教短期大学紀要第35号、平成18（2006）、27～42頁
9. 「宮良長包の音楽教育活動に関する研究（3）―最新の発掘作品を中心に」沖縄キリスト教短期大学紀要第35号、平成18（2006）、43～57頁
10. 「宮良長包の音楽教育活動に関する研究（4）―作品研究Ⅰ（明治・大正篇）」沖縄県立芸術大学紀要第16号、平成20（2008）、187～206頁
11. 「宮良長包の音楽教育活動に関する研究（5）―作品研究Ⅱ（昭和篇①）」沖縄キリスト教短期大学紀要第36号、平成20（2008）、39～58頁
12. 「宮良長包の音楽教育活動に関する研究（6）―作品研究Ⅲ（昭和篇②）」沖縄キリスト教短期大学紀要第37号、平成21（2009）、31～60頁

13.「宮良長包の音楽教育活動に関する研究(7)―作品研究Ⅳ(昭和篇③)」沖縄県立芸術大学紀要第18号、平成22(2010)、163〜182頁

14.「宮良長包の音楽教育活動に関する研究(8)―教育誌『教育音楽』を手掛かりに」沖縄キリスト教短期大学紀要第42号、平成26(2014)、11〜24頁

15.「宮良長包の音楽教育活動に関する研究(9)―校歌作品の継続研究」沖縄キリスト教短期大学紀要第44号、平成28(2016)、17〜32頁

16.「宮良長包の音楽教育活動に関する研究(10)―作品研究Ⅴ(作曲年不明篇)」沖縄県立芸術大学紀要第27号、平成31(2019)、29〜47頁

17.「沖縄県の幼稚園における宮良長包音楽の実践状況と方向性(1)―幼稚園教諭へのアンケート調査に基づいて」沖縄キリスト教短期大学紀要第38号、平成22(2010)、3〜27頁

18.「沖縄県の幼稚園における宮良長包音楽の実践状況と方向性(2)―保育実践への可能性を探る」沖縄キリスト教短期大学紀要第39号、平成23(2011)、3〜22頁

19.「沖縄県の小学校における宮良長包音楽の実践状況と方向性(3)―小学校音楽担当教諭へのアンケート調査に基づいて」沖縄キリスト教短期大学紀要40号、平成24(2012)、3〜25頁

20.「沖縄県の中学校・高校における宮良長包音楽の実践状況と方向性(4)―中学校・高校音楽担当教諭へのアンケート調査に基づいて」沖縄県立芸術大学紀要第20号、平成24(2012)、69〜87頁

21.「沖縄県の幼稚園・小学校における宮良長包音楽の実践状況と方向性(5)―幼少連携の可能性を探る」沖縄キリスト教短期大学紀要41号、平成25(2013)、3〜26頁

22.「教養科目としての『音楽』の位置づけ―『音楽の世界』の授業内容と授業評価アンケート調査結果に基づいて」琉球大学大学教育センター、平成20(2008)、70〜90頁

23.『那覇市立久茂地小学校創立90周年/幼稚園創立50周年記念誌　くもじ』記念事業期成会、平成14(2002)33〜36頁

【謝辞】 敬称略・順不同

本書出版に当たり、資料の提供及び閲覧、情報提供にご協力いただき、誠に有難うございました。心から、感謝申し上げます。

・国立国会図書館　・東京藝術大学附属図書館　・教科書研究センター／教科書図書館
・早稲田大学中央図書館　・琉球大学附属図書館　・沖縄県立図書館　・沖縄県公文書館
・名護市立中央図書館　・那覇市立図書館　・石垣市立図書館　・読谷村立図書館
・那覇市歴史博物館　・石垣市立八重山博物館　・八重山通俗図書館（２０１２・３閉館）
・大宜味村教育委員会教育課市史編纂係　・うるま市教育委員会社会教育部文化財課市誌編さん係
・石垣市教育委員会市史編集課　・石垣市企画部観光文化課文化振興係　・対馬丸記念館
・竹富町立西表小中学校　・石垣市立白保小学校　・石垣市立大浜小学校　・浦添市立仲西小学校
・那覇市立那覇小学校　・那覇市立真和志小学校

・仲地千賀子　・宮城鷹夫　・三木健　・仲本薫　・瀬名波長宏　・泉惠得　・波照間永吉
・近藤健一郎　・三嶋わかな　・高宮城徹夫　・喜舎場孫進　・平良徹也　・與儀光枝　・與儀勉
・仲宗根ミツ　・金城泰子　・野々村孝男　・仲村顕　・太田静男　・鎌田佐多子　・外間邦子
・小川貴美江　・与那城哲男　・玉代勢秀孝　・山里敬子　・砂川富貴子　・金城茂　・山田美枝子
・奥原友紀乃　・長嶺明浩　・長嶺美佐子　・上江洲司　・高良勲　・長嶺和子　・児玉啓子
・喜納千鶴子　・杉本弘子　・吉浜俊子　・仲原照子　・伊江栄子　・大城好子　・外間久美子
・福仲文　・石垣繁
・玉代勢秀子（２００６・没）　・川平永介（２００９・没）　・田場盛徳（２０１３・没）
・田本房子（２０１５・没）　・宮城貞子（２０１６・没）　・西表秀（２０１７・没）
・大山嘉代（２０１７・没）　・安座間マサ（２０１７・没）　・杉本信夫（２０２２・没）
・玉代勢泰興（２０２３・没）　・武内芳（２０２３・没）

昭和3(1928)年	45歳	ミニオーケストラ結成(3月) 「駅路」(4月)、「春小雨」(5月)、「オランダ屋敷」(5月)、「船路」、「夕立」(8月)、「首里古城」、「帰り舟」(10月)作曲「ハンタン山童話会」結成、離島・僻地を巡回	・宮良當壮解説・宮良長包共著『八重山古謡』郷土研究会より第一輯発刊(4月)採譜12曲
昭和4(1929)年	46歳	「汗水節」(5月)、「日暮れ」(8月)、「コイナユンタ」(10月)作曲	
昭和5(1930)年	47歳	「廣野の涯」作曲、「猫ユンタ」(3月)、「稲刈歌」、「だんじゅ嘉利吉」(6月)、「国体口説」(7月)、「琉球木遣歌」(8月)、「なんた浜」(10月)、「泣く子」作曲	・宮良當壮解説・宮良長包共著『八重山古謡』郷土研究会より第二輯発刊(4月)19曲
昭和6(1931)年	48歳	「夜雨」(2月)、「迷い鳥」、「首里の城」、「山の子守唄」(12月)作曲	
昭和7(1932)年	49歳	「唐船」(5月)、「母の声」作詞・作曲(8月)、「桑の実」(8月)、「月の出汐」(11月)、「若夏祭」、「献穀田田植歌」作曲 全国音楽教育功労者として表彰(11月)	・「歌の国・八重山への音信」を『八重山民報』に発表(1月)
昭和8(1933)年	50歳	「八重山音頭」(10月)、「酒は泡盛」(10月)「名護小唄」(12月)作曲、「母の声」大濱孫佑作詞・宮良長包作曲 四女・園子誕生(10月)	・「夏季音楽講習要項」(宮良長包・金城侍英編)國吉弘文堂印刷(7月)
昭和9(1934)年	51歳	「嵐の歌/嵐の曲」、「久松五勇士の歌」、「安里屋ユンタ」(9月)、「万才かふす」作曲 二男・長佑結核のため死去(11月)	
昭和10(1935)年	52歳	「養老」(1月)、「誰にも言うな」、「人形」、「楠公」、「小楠公」、「荒磯の歌」作曲(9月)	昭和10年「情操教育　新らしい学校劇」(長包作品7曲収録)宏元社書店より出版(1月)
昭和11(1936)年	53歳	長包等の招聘により作曲家・山田耕筰来沖、那覇市昭和会館において講演と演奏会(6月)	・『首里古城—宮良長包創作曲集第一編』(長包著)共益商社書店より出版(2月) ・『琉球の新民謡』(長包著)大阪開成館より出版(7月)
昭和13(1938)	55歳	妻・安津子45歳で死去(4月) 「園子の歌」(4月)作詞・作曲 島尻・中頭に出征兵士留守家族慰問演奏旅行	
昭和14(1939)年	56歳	沖縄県師範学校退職(3月) 結核で死去(6月29日)	

※長包のご子息・ご息女は、エミ(長女)、長一(長男)、英(二女)、長佑(二男)、キク(三女)、長尚(三男)、長顯(四男)、園子(四女)である。　(戸籍謄本調べ)

大正4-7 (1915〜18)年	32－ 35歳	「すみれ」作曲	
大正6(1917)年	34歳		・『沖縄教育』(106号)に「初学年児童の普通語につき」発表(7月)
大正7(1918)年	35歳	仲西尋常高等小学校校長就任(12月)	
大正8(1919)年	36歳	「発音唱歌」、「職員の歌」作詞・作曲、 「仲西尋常高等小学校校歌」作曲 感性教育をめぐり若い教師と対立	
大正9(1920)年	37歳	島尻郡小禄尋常高等小学校校長に転任(4月) 三男・長尚誕生(9月)	
大正10(1921)年	38歳	父・長英死去(3月) 沖縄県師範学校教諭心得(4月) 「大鷹小鷹」作曲 「鳩間節」作詞・作曲、那覇の帝国館で発表(12月) 「潮花節」作詞・作曲	
大正11(1922)年	39歳	「赤ゆらの花」「嘆きの海」「夕やけ」 「静夜の調べ」(2月)作曲	・楽譜ピース「鳩間節」共益商社書店より発行(12月) ・『沖縄教育』「教育の中で子供の独創性をどう育てるか」学制発布50年記念誌(10月)
大正12(1923)	年40歳	「泊り舟」(3月)、「南国の花」(7月)作曲 音楽会で男女混声二部合唱を発表(8月) 「朝暁の光」 作曲 四男・長顥誕生(1月)	・「音楽雑話」を『八重山新報』に発表(8月)
大正13(1924)年	41歳	沖縄県立女子工芸学校の講師兼任(4月) 「えんどうの花」(6月)、「綾雲」(7月)、「姫椿」(8月)、「母恋し」、「労れた小鳥」(9月)、「夜の響き」(10月)、「牛」(11月)、「岩崎翁を頌す」「子供を頌す」(11月)作曲	
大正14(1925)年	42歳	「ふる里」(9月)、「でいご」(10月)、「楽しく遊べ」、「鈴虫」、「雀のお宿」作曲	・楽譜ピース「南国の花」(1月)、「嘆きの海」(2月)共益商社書店より発行
大正15(1926)年	43歳	「緋色の小袋」(4月)、「孤児」(5月)、 「亡父追善歌」(8月)作曲	
昭和2(1927)年	44歳	「鶯の鳥」作曲(1月)、「旅心(へちまの棚)」、「あきずすいすい」、「ちゅんちゅん雀」、 「月夜の鷗」、「月」作曲 男子師範学校生徒と沖縄県立女子工芸学校生徒による混声合唱団結成	・「小学校唱歌の本質的要項」を『沖縄教育(161号)』に発表(4月) ・「南島唱歌第一輯」(長包著・8月)、楽譜ピース「綾雲」(10月)共益商社書店より発行

宮良長包略年譜

年　表	年齢	経歴と主な作品	作曲集・論文等
明治16(1883)年	誕生	石垣間切新川で６人兄弟の三男として２月出生。(戸籍は3月18日)	
明治24(1891)年	8歳	石垣南尋常小学校(同年大川尋常高等小学校と改称)に入学(4月)	
明治28(1895)年	12歳	八重山島高等小学校入学(4月)	
明治29(1896)年	13歳	同校中退、３年間休学(3月)	
明治32(1899)年	16歳	八重山島高等小学校復学(4月)	
明治35(1902)年	19歳	同校卒業。同校代用教員(4月)	
明治36(1903)年	20歳	沖縄県師範学校入学(4月)	在学中県内(特に八重山)の民謡採譜
明治38(1905)年	22歳	初作「笛」作曲	
明治40(1907)年	24歳	沖縄県師範学校卒業(3月) 八重山島高等小学校(後登野城尋常小)訓導(4月) この頃から毎年旧暦11月に童話会「義士会」開く。「義士会の歌」作詞・作曲	
明治42(1909)年	26歳	「送別の歌」作詞・作曲 喜友名マワツ(安津子)と結婚(10月)	
明治43(1910)年	27歳	長女・エミ誕生(5月)	
明治44(1911)年	28歳	長男・長一誕生(9月) 「師を送る歌」作詞・作曲	・『沖縄教育』(66号)に「教育唱歌の研究」発表(10月)
大正元(1912)年	29歳		・『沖縄教育』(67号)に「唱歌題目について」教育唱歌に関する論文発表(1月) ・『沖縄教育』(76号)に「沖縄音楽の沿革及び家庭音楽の普及策」論文発表(8月)
大正2(1913)年	30歳	二女・英誕生(9月) 毎月一回の校外活動「八重山子供会」を発足(9月)「子供会の歌」作詞・作曲	
大正3(1914)年	31歳	二男・長佑誕生	
大正4(1915)年	32歳	沖縄県師範学校附属小学校へ転任(4月) 首里当蔵に家族と共に転居	
		二女・英死去(6月) 三女・キク誕生(11月)	

＊この項の表組は433頁からご覧下さい。

171	南城市立久高小中学校校歌＊	不明	不明	外間良儀	○
172	糸満市立高嶺小学校校歌＊	不明	不明	山城篤男	○
173	竹富町立西表小中学校校歌＊	不明	不明	石田鶴鳳	○
174 ◎	八重うるま	不明	不明	不　明	☆
175 ◎	古城のほとり	不明	不明	不　明	☆
176 ◎	平和	不明	不明	不　明	☆
177 ◎	久高島の唄	不明	不明	不　明	○

宮良長包作品として断定が難しい曲

No.	曲　名	No.	曲　名	No.	曲　名
1	運動会の歌	2	卒業式の歌	3	ほたる
4	虹	5	稲嶺尋常高等小学校校歌	6	秋の口笛

154 ◎	首里第二尋常高等小学校校歌	昭和11 (1936)	53	神田精輝	○
155 ◎	新川青年団団歌	昭和11 (1936)	53	伊志嶺安保	△
156 ◇	つばくろ	昭和11 (1936)	53	不明	1·2番歌詞 9-16小節(補)○
157 ◎	新桃太郎の歌	昭和12 (1937)	54	宮良長包	○
158 ◇	花と蜂	昭和12 (1937)	54	喜友名英文	○
159	八重山農学校開校記念日の歌	昭和13 (1938)	55	宮良高夫	○
160 ◎	のぞみ(のぞみは)	昭和13 (1938)	55	不明	☆
161	園子の歌	昭和13 (1938)	55	宮良長包	○
162 ◎	国難突破	昭和13 (1938)	55	吉永清一郎	○
163	久米島町立久米島小学校校歌＊	昭和13 (1938)	55	宮里静湖	○
164 ◎	與勝尋常高等小学校校歌	昭和５-13 (1930-38)	47-55	新屋敷幸繁	△
〃	(うるま市立与勝中学校校歌の前身)	〃	〃	〃	〃
165 ◇	うるま市立与勝中学校校歌＊	昭和５-13 (1930-38)	47-55	新屋敷幸繁	○
166	沖縄県立第二高等女学校校歌	昭和10-13 (1935-38)	52-55	山城正忠	○
167 ◎	八重山茶摘歌	不明	不明	不明	☆
168 ◎	朝鮮公州公立女学校校歌	不明	不明	不明	☆
169	白浜のかに	戦前～戦中	不明	不明	○
170 ◎	小禄尋常小学校 (小禄第二国民学校)	宮良長包	不明	宮良長包	○

136 ◎	珊瑚礁	昭和10 (1935)	52	瀬名波長宣	△
137 ◎	仲里節	昭和10 (1935)	52	不　明	☆
138	糸満市立真壁小学校校歌＊	昭和10 (1935)	52	比嘉俊成	○
139	石垣町歌	昭和10 (1935)	52	伊波南哲	○
140 ◇	白さぎ	昭和10 (1935)	52	喜友名英文	○
141 ◎	楠公(菊は十六)	昭和10 (1935)	52	河原杏子	○
142 ◎	楠公(父は摂津)	昭和10 (1935)	52	河原杏子	○
143 ◎	誰にも言うな	昭和10 (1935)	52	河原杏子	○
144 ◎	人形(１)	昭和10 (1935)	52	河原杏子	○
145 ◎	人形(２)	昭和10 (1935)	52	河原杏子	○
146 ◎	小楠公	昭和10 (1935)	52	河原杏子	○
147 ◎	養老	昭和10 (1935)	52	井上胡蝶	○
148	桃太郎	昭和11 (1936)	53	喜友名英文	○
149	酒は泡盛	昭和11 (1936)	53	宮良高夫	○
150 ◎	沖縄健男児	昭和11 (1936)	53	吉永清一郎	△
151 ◎	鶯の歌	昭和11 (1936)	53	比嘉俊成	歌詞△低音部 作曲☆
152 ◎	勤学	昭和11 (1936)	53	比嘉俊成	△
153 ◎	豊年踊	昭和11 (1936)	53	宮良高夫	△

119	今帰仁村立兼次中学校校歌	昭和８ (1933)	50	平敷兼仙	○
120 ◇	八重瀬町立具志頭小学校校歌＊	昭和８ (1933)	50	戊申琉歌会	○
121 ◎	千代栄節（廃酒歌）	昭和９ (1934)	51	山川文信	△
122 ◎	嵐の歌／嵐の曲	昭和９ (1934)	51	オーケストラ／ 合唱部 （瀬名波長宣）	○
123 ◎	久松五勇士の歌	昭和９ (1934)	51	宮良高夫	△
124	安里屋ユンタ	昭和９ (1934)	51	星　迷鳥	○
125 ◎	万才かふす	昭和９ (1934)	51	泉国夕照	☆
126 ◎	あさどーやゆんた	昭和９ (1934)	51	泉国夕照	△
127	春深し	昭和９ (1934) 頃	51	不明	○
128	しぐれ	昭和９ (1934) 頃	51	不明	○
129 ◎	非常時日本の歌	昭和９ (1934)	51	藤村　作	△
130 ◎	久米島小唄	昭和９ (1934) 頃	51	宮里静湖	☆
131	沖縄県立女子工芸学校校歌	昭和９ (1934)	51	勝連盛英	○
132	南城市立知念小学校校歌＊	昭和９ (1934)	51	松根盛秀	○
133	荒磯の歌	昭和10 (1935)	52	宮里静湖	○
134 ◎	宮良橋の歌	昭和10 (1935)	52	大浜信光	五線譜○ 工工四○
135 ◎	吾子は逝けり	昭和10 (1935)	52	宮良長包	△

102	沖縄県師範学校附属小学校校歌	昭和６ (1931)	48	福重猛治	○
103	唐船	昭和７ (1932)	49	泉国夕照	○
104	桑の実	昭和７ (1932)	49	宮里静湖	○
105	月の出汐	昭和７ (1932)	49	宮良高夫	○
106	若夏祭	昭和７ (1932)	49	泉国夕照	○
107 ◎	献穀田田植歌	昭和７ (1932)	49	神田精輝	五線譜○
108	母の声	昭和７ (1932)	49	宮良長包	○
109	那覇市立真和志小学校校歌＊	昭和７ (1932)	49	上原　晃	○
〃	歌詞（２～４番）改訂	昭和30 (1955)	長包 没後	真和志小学校	〃
110 ◎	玉城尋常高等小学校校歌	昭和７ (1932)	49	新屋敷幸繁	○
111	具志川小学校50周年記念奉祝歌	昭和７ (1932)	49	古波蔵保昌	○
112 ◎	母の声	昭和８ (1933)	50	大濱孫佑	△
113	八重山音頭	昭和８ (1933)	50	名嘉地用挙	○
114	名護小唄	昭和８ (1933)	50	嶋袋全幸 （島幸太）	○
115 ◎	新日本建設の歌	昭和８ (1933)頃	50	永井柳太郎	☆
116 ◎	日本国民の歌	昭和８ (1933)	50	永井柳太郎	△
117 ◎	桜の朝日	昭和８ (1933)	50	八波則吉	△
118	今帰仁村立兼次小学校校歌＊	昭和８ (1933)	50	平敷兼仙	○

84	猫ユンタ	昭和５ (1930)	47	宮良長包	○
85	稲刈歌	昭和５ (1930)	47	泉国夕照	○
86	だんじゅ嘉利吉	昭和５ (1930)	47	泉国夕照	○
87	琉球木遣歌	昭和５ (1930)	47	新屋敷幸繁	○
88	なんた浜	昭和５ (1930)	47	宮良高夫	○
89 ◇	国体口説	昭和５ (1930)	47	宮良長包	○
90 ◎	沖縄県青年団歌	昭和５ (1930)	47	名嘉元浪村	○
91 ◎	赤陽羅	昭和５ (1930)	47	伊波南哲	△
92 ◎	泣く子	昭和５ (1930)	47	不　明	○
93 ◎	感謝	昭和５ (1930)	47	不　明	☆
94 ◎	雨乞いの歌	昭和５ (1930)	47	不　明	☆
95	具志川尋常高等小学校校歌	昭和５ (1930)	47	古波蔵保昌	○
96	夜雨	昭和６ (1931)	48	大濱孫佑	○
97	迷い鳥	昭和６ (1931)	48	宮良高夫	○
98 ◎	首里の城	昭和６ (1931)	48	宮良高夫	△
99 ◎	具志川小唄	昭和６ (1931)	48	古波蔵保昌	○
100	山の子守唄	昭和６ (1931)	48	宮良高司	○
101	石垣尋常高等小学校校歌	昭和６ (1931)	48	豊田信時	○

67	駅路	昭和３ (1928)	45	泉国夕照	○
68	春小雨	昭和３ (1928)	45	泉国夕照	○
69	オランダ屋敷	昭和３ (1928)	45	松山晴児	○
70	首里古城	昭和３ (1928)	45	伊波南哲	○
71	帰り舟	昭和３ (1928)	45	宮良高夫	○
72	船路	昭和３ (1928)	45	宮里静湖	○
73	夕立	昭和３ (1928)	45	新屋敷幸繁	○
74	沖縄県立第二中学校校歌	昭和３ (1928)	45	二中国語科 教員	○
75	沖縄県立第三中学校校歌	昭和３ (1928)	45	新屋敷幸繁	○
76 ◎	瀧口マーチ	昭和３ (1928)	45	ピアノ／ オーケストラ	☆
77 ◇	汗水節	昭和４ (1929)	46	仲本　稔	○
78	日暮れ	昭和４ (1929)	46	宮良高夫	○
79	コイナユンタ	昭和４ (1929)	46	泉国夕照	○
80	名護市立名護小学校校歌＊	昭和４ (1929)	46	名嘉元精一	○
81	那覇市市歌＊	昭和４ (1929)	46	安藤佳翠	○
〃 ◇	(歌詞４～７番加筆)	平成29 (2017)	長包 没後	那覇市歌 選定委員会	○
82 ◎	慈愛	昭和４ (1929)	46	八波則吉 (合唱曲)	低音部 長包作曲☆
83	廣野の涯	昭和５ (1930)	47	宮良高司	○

50	でいご	大正14 (1925)	42	北村重敬	○
51 ◎	静思	大正14 (1925)	42	不　明	☆
52 ◎	雀のお宿	大正14 (1925)	42	北原白秋	△
53 ◎	無人島の曲	大正14 (1925)	42	不明	☆
54 ◎	五十音歌	大正12-14 (1923-25)	40-42	北原白秋	△
55	緋色の小袋	大正15 (1926)	43	桃原思石	○
56	孤児	大正15 (1926)	43	福井直秋	○
57	亡父追善歌	大正15 (1926)	43	北村重敬	○
58 ◎	白良尋常高等小学校校歌	大正15 (1926)	43	北村重敬	○
〃	(石垣市立白保小学校校歌の前身)	〃	〃	〃	〃
59 ◇	石垣市立白保小学校校歌＊	大正15 (1926)	43	北村重敬	○
60	鷲の鳥	昭和２ (1927)	44	泉国夕照	○
61 ◎	ちゅんちゅん雀	昭和２ (1927)	44	新垣隆正	○
62 ◎	月夜の鷗	昭和２ (1927)	44	新垣隆正	○
63 ◎	月	昭和２ (1927)	44	不　明	○
64 ◎◇	旅心(へちまの棚)	昭和２ (1927)	44	金城栄治	○
65 ◎	あきずすいすい	昭和２ (1927)	44	新垣隆正	○
66	読谷村立古堅小学校校歌＊	昭和２ (1927)	44	松根星舟	○

32	えんどうの花	大正13 (1924)	41	金城栄治	○
33	綾雲	大正13 (1924)	41	宮良當壮	○
34	姫椿	大正13 (1924)	41	金城永船	○
35	夜の響き	大正13 (1924)	41	桃原思石	○
36	母恋し	大正13 (1924)	41	宇久本政元	○
37	岩崎翁を頌す	大正13 (1924)	41	北村重敬	○
38	子供を頌す	大正13 (1924)	41	北村重敬	○
39	労れた小鳥	大正13 (1924)	41	三千三樓	○
40 ◇	牛	大正13 (1924)	41	南満州教育会 教科書編	○
41 ◎	心の花	大正13 (1924)	41	近藤鐵太郎	☆
42 ◎	お祭	大正13 (1924)	41	北原白秋	△
43 ◎	故郷	大正13 (1924)	41	不　明	☆
44 ◎	銀の月夜	大正13 (1924)	41	新垣隆生	☆
45 ◎	ふるさと	大正13 (1924)	41	北村重敬／ 名嘉山興真	☆
46 ◇	中山城万歳マーチ	大正13 (1924)	41	不　明	○
47	楽しく遊べ	大正14 (1925)	42	松岸寛一	○
48 ◇	鈴虫	大正14 (1925)	42	野口雨情	○
49	ふる里	大正14 (1925)	42	金城栄治	○

14 ◎	沖縄女子師範学校・第一高等女学校寮歌	大正10 (1921)	38	近藤鐵太郎	△
15	ハンタン山マーチ	大正10 (1921)	38	不　明	☆
16	石垣小学校40周年記念の歌	大正10 (1921)	38	北村重敬 (しげゆき)	☆
17	赤ゆらの花	大正11 (1922)	39	大浜信光	○
18	嘆きの海	大正11 (1922)	39	大浜信光	○
19	夕やけ	大正11 (1922)	39	大浜信光	○
20	静夜の調べ	大正11 (1922)	39	中山興真	○
21	ノスタルジア	大正11-12 (1922-23)	39-40	大浜信光	☆
22 ◎	津堅尋常高等小学校校歌	大正11 (1922)	39	松根盛秀	△
23	大浜尋常高等小学校校歌	大正11 (1922)	39	北村重敬	○
24	大浜尋常高等小学校行進曲	大正11 (1922)	39	北村重敬	○
25 ◇	朝暁の光	大正12 (1923)	40	不　明	○
26	泊り舟	大正12 (1923)	40	大浜信光	○
27	南国の花	大正12 (1923)	40	北村重敬	○
28 ◎	兎の電報	大正12 (1923)	40	北原白秋	△
29 ◎	石垣校万歳マーチ	大正12 (1923)	40	宮良長包	☆
30 ◎	高離節変奏曲	大正12 (1923)	40	不　明	斉唱／ 三部合唱☆
31 ◎	我が家	大正12-13 (1923-24)	40-41	不　明	☆

宮良長包全作品表－177曲(作曲年代順)

左欄→◎新発掘曲　◇校訂・補訂曲　右欄→○旋律・歌詞判明　△歌詞のみ判明　☆旋律・歌詞不明

＊現在歌われている校歌／団体歌・祝典歌

No.	曲　名	作曲・発表年	年齢	作詞者	旋律○詞△不明×
1◇	笛	明治38(1905)	22	改訂唱歌科教材集より	○
2	義士会の歌	明治40(1907)	24	宮良長包	○
3	送別の歌	明治42(1909)	26	宮良長包	○
4	師を送る歌	明治44(1911)	28	宮良長包	○
5	子供会の歌	大正2(1913)	30	宮良長包	○
6	すみれ	大正4-7(1915-18)	32-35	新垣菊子	○
7◇	旧那覇市立久茂地小学校校歌	大正6(1917)	34	漢那憲康	○
〃	(歌詞一部改訂)	平成6(1994)	長包没後	久茂地小学校	〃
8◇	発音唱歌(4番歌詞加筆)	大正8(1919)	36	宮良長包	五線譜○ 数字譜○
9◇	仲西尋常高等小学校校歌	大正8(1919)	36	田端一村	○
10	職員の歌	大正8(1919)	36	宮良長包	☆
11	鳩間節	大正10(1921)	38	宮良長包	○
12	大鷹小鷹	大正10(1921)	38	大浜信光	○
13◎	潮花節	大正10(1921)	38	宮良長包	工工四譜○

宮良長包団体歌・祝典歌作品表－９曲

左欄→◎発掘曲　◇改訂・補訂曲　右欄→○旋律・歌詞判明　△歌詞のみ判明　☆旋律・歌詞不明
＊現在歌われている団体歌・祝典歌

No.	曲　名	作曲・発表年	年齢	作詞者	旋律○詞△不明☆
169	職員の歌	大正８(1919)	36	宮良長包	☆
170 ◎	沖縄女子師範学校・第一高等女学校寮歌	大正10(1921)	38	近藤鐵太郎	△
171	石垣小学校40周年記念日の歌	大正10(1921)	38	北村重敬	☆
172 ◇	那覇市市歌＊	昭和４(1929)	46	安藤佳翠	○
〃	(歌詞4～7番加筆)	平成29(2017)	長包没後	那覇市歌選定委員会	〃
173 ◎	沖縄県青年団歌	昭和５(1930)	47	名嘉元浪村	○
174	具志川小学校50周年記念奉祝歌	昭和７(1932)	49	古波蔵保昌	○
175	石垣町歌	昭和10(1935)	52	伊波南哲	○
176 ◎	新川青年団歌	昭和11(1936)	53	伊志嶺安保	△
177	八重山農学校開校記念日の歌	昭和12(1937)	54	宮良高夫	○

165◎	小禄尋常小学校 (小禄第二国民学校)校歌	不明	不明	宮良長包	○
166	南城市立久高小中学校校歌＊	不明	不明	外間良儀	○
167	糸満市立高嶺小学校校歌＊	不明	不明	山城篤男	○
168	竹富町立西表小中学校校歌＊	不明	不明	石田鶴鳳	○

149	石垣尋常高等小学校校歌	昭和 6 (1931)	48	豊田信時	○
150◇	沖縄県師範学校附属小学校校歌	昭和 6 (1931)	48	福重猛治	○
151	那覇市立真和志小学校校歌＊	昭和 7 (1932)	49	上原　晃	○
〃	歌詞 2 ～ 4 番改訂	昭和30 (1955)	長包 没後	真和志小学校	〃
152◎	玉城尋常高等小学校校歌	昭和 7 (1932)	49	新屋敷幸繁	○
153	今帰仁村立兼次小学校校歌＊	昭和 8 (1933)	50	平敷兼仙	○
154	今帰仁村立兼次中学校校歌	昭和 8 (1933)	50	平敷兼仙	○
155	八重瀬町立具志頭小学校校歌＊	昭和 8 (1933)	50	戊申琉歌会	○
156	沖縄県立女子工芸学校校歌	昭和 9 (1934)	51	勝連盛英	○
157◇	南城市立知念小学校校歌＊	昭和 9 (1934)	51	松根盛秀	○
158	糸満市立真壁小学校校歌＊	昭和10 (1935)	52	比嘉俊成	○
159◎	首里第二尋常高等学校校歌	昭和11 (1936)	53	神田精輝	○
160	久米島町立久米島小学校校歌＊	昭和13 (1938)	55	宮里静湖	○
161◎	與勝尋常高等学校校歌	昭和 5 -13 (1930-38)	47-55	新屋敷幸繁	△
〃	(うるま市立与勝中学校の前身)	〃	〃	〃	〃
162◇	うるま市立与勝中学校校歌＊	昭和 5 -13 (1930-38)	47-55	新屋敷幸繁	○
163	沖縄県立第二高等女学校校歌	昭和10-13 (1935-38)	52-55	山城正忠	○
164◎	朝鮮公州公立女学校校歌	不明	不明	不　明	☆

宮良長包校歌作品表－32曲

左欄→◎発掘曲　◇改訂・補訂曲　右欄→○旋律・歌詞判明　△歌詞のみ判明　☆旋律・歌詞不明
＊現在も歌われている校歌（13校）

No.	曲　名	作曲・発表年	年齢	作詞者	旋律○詞△不明☆
137 ◇	那覇市久茂地小学校校歌	大正６（1917）	34	漢那憲康	○
〃	（歌詞一部改訂）	〃	長包没後	久茂地小学校	〃
138 ◇	仲西尋常高等小学校校歌	大正８（1919）頃	36	田端一村	○
139 ◎	津堅尋常高等小学校校歌	大正11（1922）	39	松根盛秀	△
140	大浜尋常高等小学校校歌	大正11（1922）	39	北村重敬	○
141	大浜尋常高等小学校行進曲	大正11（1922）	39	北村重敬	○
142 ◎	白良尋常高等小学校校歌	大正15（1926）	43	北村重敬	○
〃	（石垣市立白保小学校校歌の前身）	〃	〃	〃	〃
143 ◇	石垣市立白保小学校校歌＊	大正15（1926）	43	北村重敬	○
144	読谷村立古堅小学校校歌＊	昭和２（1927）	44	松根星舟	○
145	沖縄県立第二中学校校歌	昭和３（1928）	45	二中国語科教員	○
146	沖縄県立第三中学校校歌	昭和３（1928）	45	新屋敷幸繁	○
147	名護市立名護小学校校歌＊	昭和４（1929）	46	名嘉元精一	○
148	具志川尋常高等小学校校歌	昭和５（1930）	47	古波蔵保昌	○

122 ◎	鶯の歌	昭和11 (1936)	53	比嘉俊成	歌詞△
123 ◎	勤学	昭和11 (1936)	53	比嘉俊成	△
124 ◇	豊年踊	昭和11 (1936)	53	宮良高夫	△
125 ◇	つばくろ	昭和11 (1936)	53	不　明	1 番歌詞 9-16 小節(補)○
126 ◎	新桃太郎の歌	昭和12 (1937)	54	宮良長包	○
127 ◇	花と蜂	昭和12 (1937)	54	喜友名英文	○
128 ◎	のぞみ(のぞみは)	昭和13 (1938)	55	不　明	☆
129	園子の歌	昭和13 (1938)	55	宮良長包	○
130 ◎	国難突破	昭和13 (1938)	55	吉永清一郎	☆
131 ◎	八重山茶摘歌	不明	不明	不　明	☆
132	白浜のかに	戦前～戦中	不明	不　明	○
133 ◎	八重うるま	不明	不明	不　明	☆
134 ◎	古城のほとり	不明	不明	不　明	☆
135 ◎	平和	不明	不明	不　明	☆
136 ◎	久高島の唄	不明	不明	不　明	○

104 ◎	非常時日本の歌	昭和９ (1934)	51	藤村　作	△
105 ◎	久米島小唄	昭和９ (1934)頃	51	宮里静湖	☆
106	荒磯の歌	昭和10 (1935)	52	宮里静湖	○
107 ◎	宮良橋の歌	昭和10 (1935)	52	大浜信光	五線譜○ 工工四○
108 ◎	吾子は逝けり	昭和10 (1935)頃	52	宮良長包	△
109 ◎	珊瑚礁	昭和10 (1935)	52	瀬名波長宣	△
110	仲里節	昭和10 (1935)頃	52	不　明	☆
111 ◇	白さぎ	昭和10 (1935)	52	喜友名英文	○
112 ◎	楠公(菊は十六)	昭和10 (1935)	52	河原杏子	○
113 ◎	楠公(父は摂津)	昭和10 (1935)	52	河原杏子	○
114 ◎	誰にも言うな	昭和10 (1935)	52	河原杏子	○
115 ◎	人形(１)	昭和10 (1935)	52	河原杏子	○
116 ◎	人形(２)	昭和10 (1935)	52	河原杏子	○
117 ◎	小楠公	昭和10 (1935)	52	河原杏子	○
118 ◎	養老	昭和10 (1935)	52	井上胡蝶	○
119 ◇	桃太郎	昭和11 (1936)	53	喜友名英文	○
120	酒は泡盛	昭和11 (1936)	53	宮良高夫	○
121 ◎	沖縄健男児	昭和11 (1938)	53	吉永清一郎	△

87	若夏祭	昭和7 (1932)	49	泉国夕照	○
88 ◎	献穀田田植歌	昭和7 (1932)	49	神田精輝	五線譜○
89	母の声	昭和7 (1932)	49	宮良長包	○
90 ◎	母の声	昭和8 (1933)	50	大濱孫佑	△
91	八重山音頭	昭和8 (1933)	50	名嘉地用挙	○
92	名護小唄	昭和8 ((1933)	50	嶋袋全幸 (島　幸太)	○
93 ◎	新日本建設の歌	昭和8 (1933)	50	永井柳太郎	☆
94 ◎	日本国民の歌	昭和8 (1933)	50	永井柳太郎	△
95 ◎	桜に朝日	昭和8 (1933)	50	八波則吉	△
96 ◎	千代栄節(廃酒歌)	昭和9 (1934)	51	山川文信	△
97 ◎	嵐の歌 / 嵐の曲	昭和9 (1934)	51	オーケストラ／合唱部 (瀬名波長宣)	○
98 ◎	久松五勇士の歌	昭和9 (1934)	51	泉国夕照	△
99	安里屋ユンタ	昭和9 (1934)	51	星　迷鳥	○
100	万才かふす	昭和9 (1934)	51	泉国夕照	☆
101 ◎	あさどーやゆんた	昭和9 (1934)	51	泉国夕照	△
102	春深し	昭和9 (1934)頃	51	不　明	○
103	しぐれ	昭和9 (1934)頃	51	不　明	○

69	猫ユンタ	昭和5(1930)	47	宮良長包	○
70	稲刈歌	昭和5(1930)	47	泉国夕照	○
71	だんじゅ嘉利吉	昭和5(1930)	47	泉国夕照	○
72	琉球木遣歌	昭和5(1930)	47	新屋敷幸繁	○
73	なんた浜	昭和5(1930)	47	宮良高夫	○
74◇	国体口説	昭和5(1930)	47	宮良長包	○
75◎	赤陽羅(あかようら)	昭和5(1930)	47	伊波南哲	△
76◎	泣く子	昭和5(1930)	47	不　明	○
77◎	感謝	昭和5(1930)	47	不　明	☆
78◎	雨乞いの歌	昭和5(1930)	47	不　明	☆
79	夜雨	昭和6(1931)	48	大濱孫佑	○
80	迷い鳥	昭和6(1931)	48	宮良高夫	○
81◎	首里の城	昭和6(1931)	48	宮良高夫	△
82◎	具志川小唄	昭和6(1931)	48	古波蔵保昌	○
83	山の子守唄	昭和6(1931)	48	宮良高司	○
84	唐船	昭和7(1932)	49	泉国夕照	○
85	桑の実	昭和7(1932)	49	宮里静湖	○
86	月の出汐	昭和7(1932)	49	宮良高夫	○

51 ◎	ちゅんちゅん雀	昭和2 (1927)	44	新垣隆正	○
52 ◎	月夜の鷗	昭和2 (1927)	44	新垣隆正	○
53 ◎	月	昭和2 (1927)	44	不　明	○
54 ◎◇	旅心(へちまの棚)	昭和2 (1927)	44	金城栄治	○
55 ◎	あきずすいすい	昭和2 (1927)	44	新垣隆正	○
56	駅路	昭和3 (1928)	45	泉国夕照	○
57	春小雨	昭和3 (1928)	45	泉国夕照	○
58	オランダ屋敷	昭和3 (1928)	45	松山晴児	○
59	首里古城	昭和3 (1928)	45	伊波南哲	○
60	帰り舟	昭和3 (1928)	45	宮良高夫	○
61	船路	昭和3 (1928)	45	宮里静湖	○
62	夕立	昭和3 (1928)	45	新屋敷幸繁	○
63 ◎	瀧口マーチ	昭和3 (1928)	45	ピアノ／ オーケストラ	☆
64 ◇	汗水節	昭和4 (1929)	46	仲本　稔	○
65	日暮れ	昭和4 (1929)	46	宮良高夫	○
66	コイナユンタ	昭和4 (1929)	46	泉国夕照	○
67 ◎	慈愛	昭和4 (1929)	46	八波則吉 (合唱曲)	低音部 長包作曲☆
68	廣野の涯	昭和5 (1930)	47	宮良高司	○

33 ◎	心の花	大正13 (1924)	41	近藤鐵太郎	☆
34 ◎	お祭	大正13 (1924)	41	北原白秋	△
35 ◎	故郷	大正13 (1924)	41	不　明	☆
36 ◎	銀の月夜	大正13 (1924)	41	新垣隆生	☆
37 ◎	ふるさと	大正13 (1924)	41	北村重敬／ 名嘉山興真	☆
38 ◇	中山城万歳マーチ	大正13 (1924)	41	不　明	○
39 ◇	楽しく遊べ	大正14 (1925)	42	松岸寛一	○
40 ◇	鈴虫	大正14 (1925)	42	野口雨情	○
41	ふる里	大正14 (1925)	42	金城栄治	○
42	でいご	大正14 (1925)	42	北村重敬	○
43 ◎	静思	大正14 (1925)	42	不　明	☆
44 ◎	雀のお宿	大正14 (1925)	42	北原白秋	△
45 ◎	無人島の曲	大正14 (1925)	42	不　明	☆
46 ◎	五十音歌	大正12-14 (1923-25)	40-42	北原白秋	△
47 ◇	緋色の小袋	大正15 (1926)	43	桃原思石	○
48	孤児	大正15 (1926)	43	福井直秋	○
49	亡父追善歌	大正15 (1926)	43	北村重敬	○
50	鷲の鳥	昭和2 (1927)	44	泉国夕照	○

15	静夜の調べ	大正11 (1922)	39	中山興真	○
16	ノスタルジア	大正11-12 (1922-23)	39-40	大浜信光	☆
17 ◇	朝暁の光	大正12 (1923)	40	不　明	○
18	泊り舟	大正12 (1923)	40	大浜信光	○
19	南国の花	大正12 (1923)	40	北村重敬 (しげゆき)	○
20 ◎	兎の電報	大正12 (1923)	40	北原白秋	△
21 ◎	石垣校万歳マーチ	大正12 (1923)	40	宮良長包	☆
22 ◎	高離節変体(変奏)曲	大正12 (1923)	40	不　明	斉唱 / 三部合唱 ☆
23 ◎	我が家	大正12-13 (1923-24)	40-41	不　明	☆
24	えんどうの花	大正13 (1924)	41	金城栄治	○
25	綾雲	大正13 (1924)	41	宮良當壮	○
26	姫椿	大正13 (1924)	41	金城永船	○
27	夜の響き	大正13 (1924)	41	桃原思石	○
28	母恋し	大正13 (1924)	41	宇久本政元	○
29	岩崎翁を頌す	大正13 (1924)	41	北村重敬	○
30	子供を頌す	大正13 (1924)	41	北村重敬	○
31	労れた小鳥	大正13 (1924)	41	三千三樓	○
32 ◇	牛	大正13 (1924)	41	南満州教育会 教科書編	○

宮良長包歌曲・オーケストラ曲作品表－136曲

左欄→◎新発掘曲　◇校訂・補訂曲　右欄→○旋律・歌詞判明　△歌詞のみ判明　☆旋律・歌詞不明

No.	曲　名	作曲・ 発表年	年齢	作詞者	旋律○詞 △不明☆
1◇	笛	明治38 (1905)	22	改訂唱歌科 教材曲集	○
2	義士会の歌	明治40 (1907)	24	宮良長包	○
3	送別の歌	明治42 (1909)	26	宮良長包	○
4	師を送る歌	明治44 (1911)	28	宮良長包	○
5	子供会の歌	大正２ (1913)	30	宮良長包	○
6	すみれ	大正４－７ (1915-18)	32-35	新垣菊子	○
7◇	発音唱歌	大正８ (1919)	36	宮良長包	五線譜○ 数字譜○
8	鳩間節	大正10 (1921)	38	宮良長包	○
9	大鷹小鷹	大正10 (1921)	38	大浜信光	○
10◎	潮花節	大正10 (1921)	38	宮良長包	工工四譜 ○
11	ハンタン山マーチ	大正10 (1921)	38	不　明	☆
12	赤ゆらの花	大正11 (1922)	39	大浜信光	○
13	嘆きの海	大正11 (1922)	39	大浜信光	○
14	夕やけ	大正11 (1922)	39	大浜信光	○

著者プロフィール

大山　伸子(おおやま・のぶこ)

沖縄県石垣市生まれ。八重山高等学校、国立音楽大学卒業。国立音楽大学大学院音楽研究科修士課程修了・音楽教育学専攻(芸術学修士号)。米国のニューヨーク・ダルクローズ音楽院、ロンギィ音楽院(沖縄県人材育成財団国外派遣研究員)、ジュリアード音楽院(宇流麻財団研究助成)に留学し、ピアノをLudmilla Lifson、ピアノ即興法をLisa Perker、ダルクローズ・メソッドをRobert M. Abramson, Janet Kessenichに師事し研鑽を積んだ。

沖縄キリスト教短期大学准教授、教授を歴任し、短期大学部長を二期務める。沖縄県立芸術大学、琉球大学の非常勤講師を兼任し、後進の指導に当たった。

現在、沖縄キリスト教短期大学名誉教授、宮良長包音楽研究者、日本音楽教育学会会員。

戦火に埋もれた宮良長包メロディーを記憶して歌える方を訪ねあて、歌唱を採譜・楽譜化する発掘研究に継続して取り組んでいる。

宮良長包に関する主な著書・研究論文等・音楽活動

【著書】
- 大山伸子編・校訂『生誕120年　宮良長包作曲全集』(琉球新報社刊、2003)
- 大山伸子楽譜監修・解説『沖縄うたの絵本「えんどうの花」―宮良長包メロディー』(ニライ社刊、2003)
- 三木健／大山伸子編著『宮良長包著作集―沖縄教育音楽論』(ニライ社刊、2004)
- 大山伸子著『生誕140年記念　増補改訂　宮良長包作曲全集』(琉球新報社刊、2023)

【研究論文等】
- 「宮良長包の音楽教育活動に関する研究」をテーマに論文を多数出版、日本音楽教育学会等にて、「宮良長包の音楽教育活動」の研究発表を行っている。

【音楽活動】
- 映画「宮良長包ドキュメンタリー&ドラマ『えんどうの花』」(映画製作委員会／シネマ沖縄　2006)や「宮良長包生誕130年記念音楽祭(2013)」、「宮良長包生誕135年記念音楽祭(2018)」の音楽監督を務め、また、「宮良長包生誕140年音楽祭(2023)」(主催：宮良長包音楽祭実行委員会)の音楽監督として、現在活動している。

宮良長包作品解説全集

二〇二三年一一月一日　初版第一刷発行

著　者　大山伸子
発行者　普久原　均
発行所　琉球新報社
〒九〇〇-八五二五
沖縄県那覇市泉崎一-一〇-三
問合せ　琉球新報社統合事業局出版部
電話（〇九八）八六五-五一〇〇
発　売　琉球プロジェクト
制作・印刷　新星出版株式会社

日本音楽著作権協会出許諾　2307905-301

ISBN978-4-86764-013-5
定価はカバーに表示してあります。